Hochgefühl Dolomiten

Marmolada di Penìa und Gran Vernel sind die Schaustücke am berühmten Bindelweg (TOUR 17).

Mark Zahel

Hochgefühl DOLOMITEN

40 Panoramawege
mit spektakulären Aussichten

BRUCKMANN

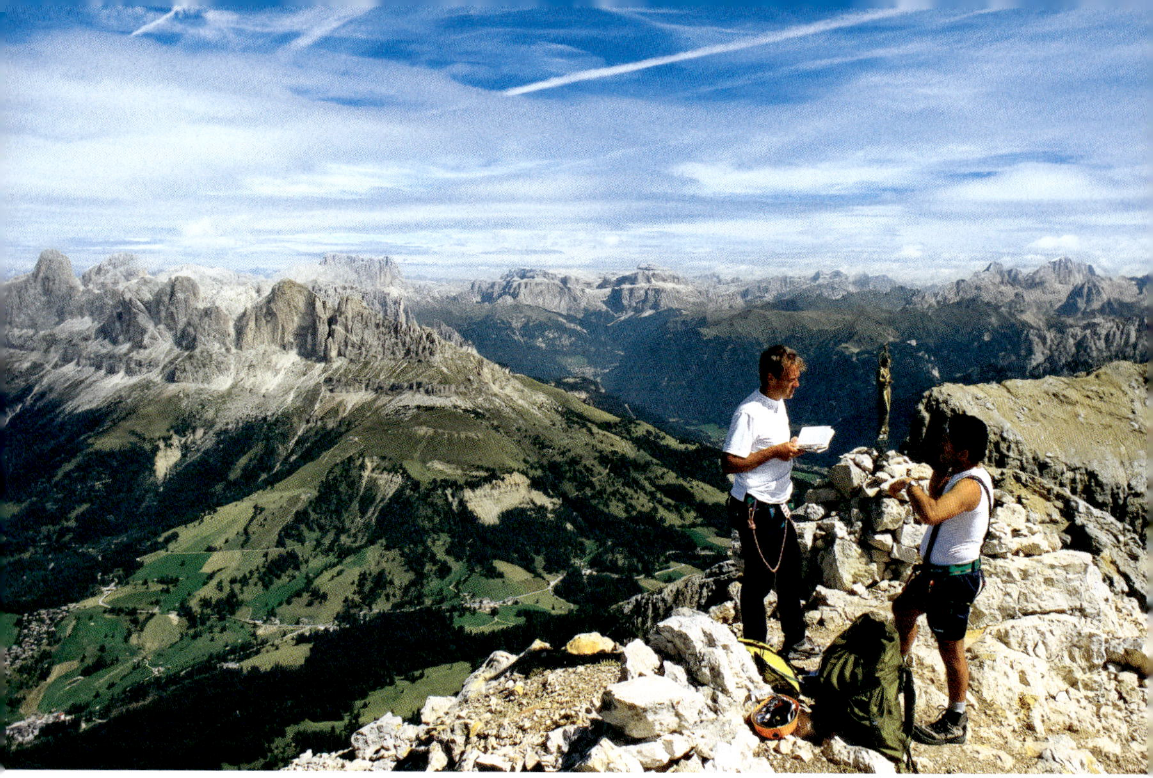

Der Blick vom Latemar gegen den Rosengarten; ganz markant die Westwand der Rotwand (TOUR 15)

Der Adolf-Munkel-Weg verläuft unter den Geislerspitzen. (TOUR 5).

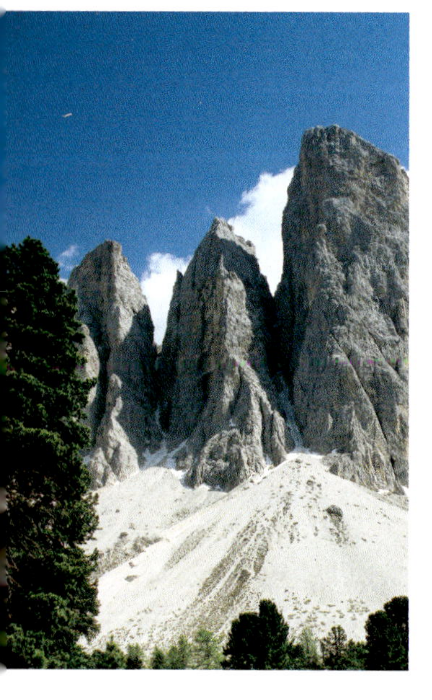

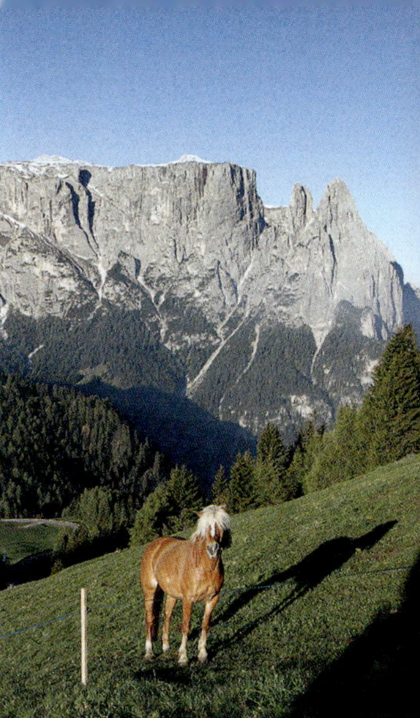

Pferdeweide vor dem unverwechselbaren Schlernprofil (TOUR 10)

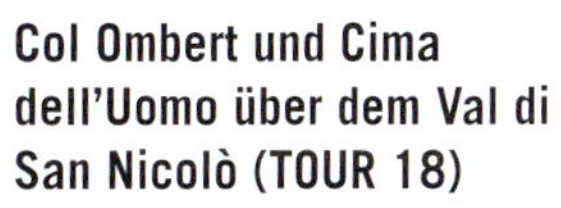

Col Ombert und Cima dell'Uomo über dem Val di San Nicolò (TOUR 18)

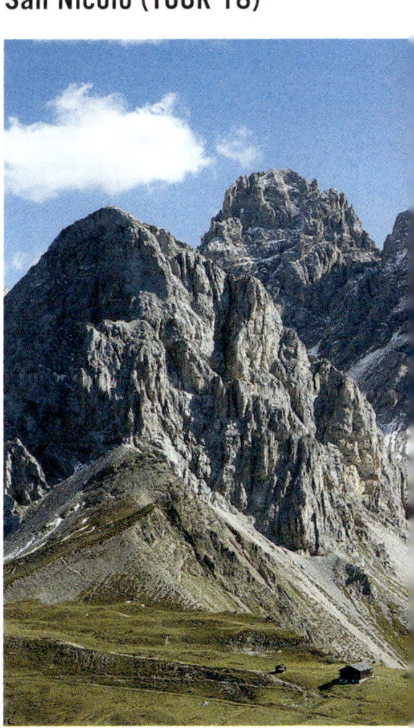

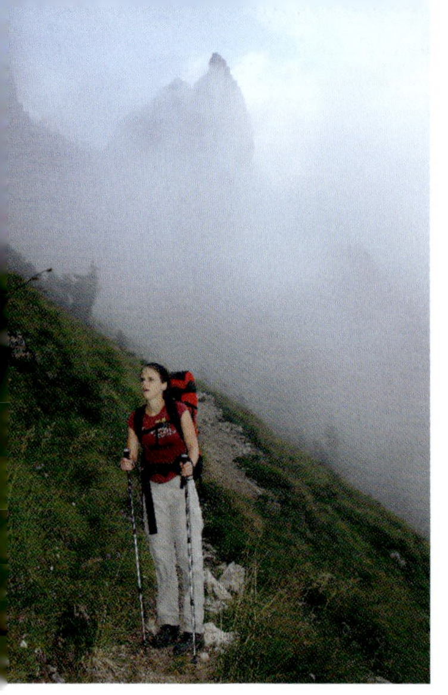

Nebeltreiben an der Pala-Südkette (TOUR 22)

Die kühne Nadel der Gusela über dem Passo Giau (TOUR 29)

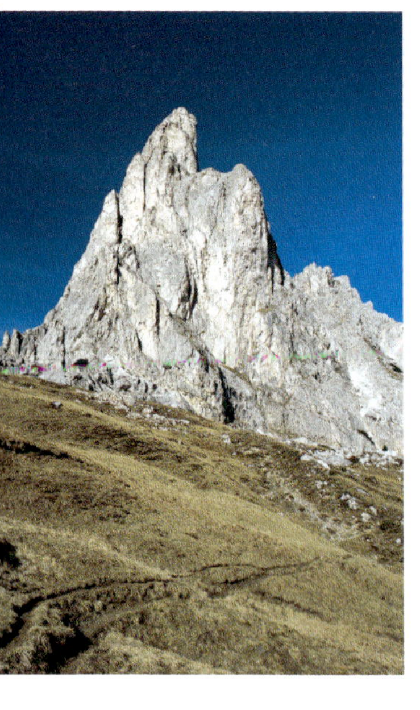

Unterwegs auf schmalen Bändern am Sentiero Dibona (TOUR 35)

Zentraler Stützpunkt in den Cadini di Misurina ist das Rifugio Fonda Savio (TOUR 36).

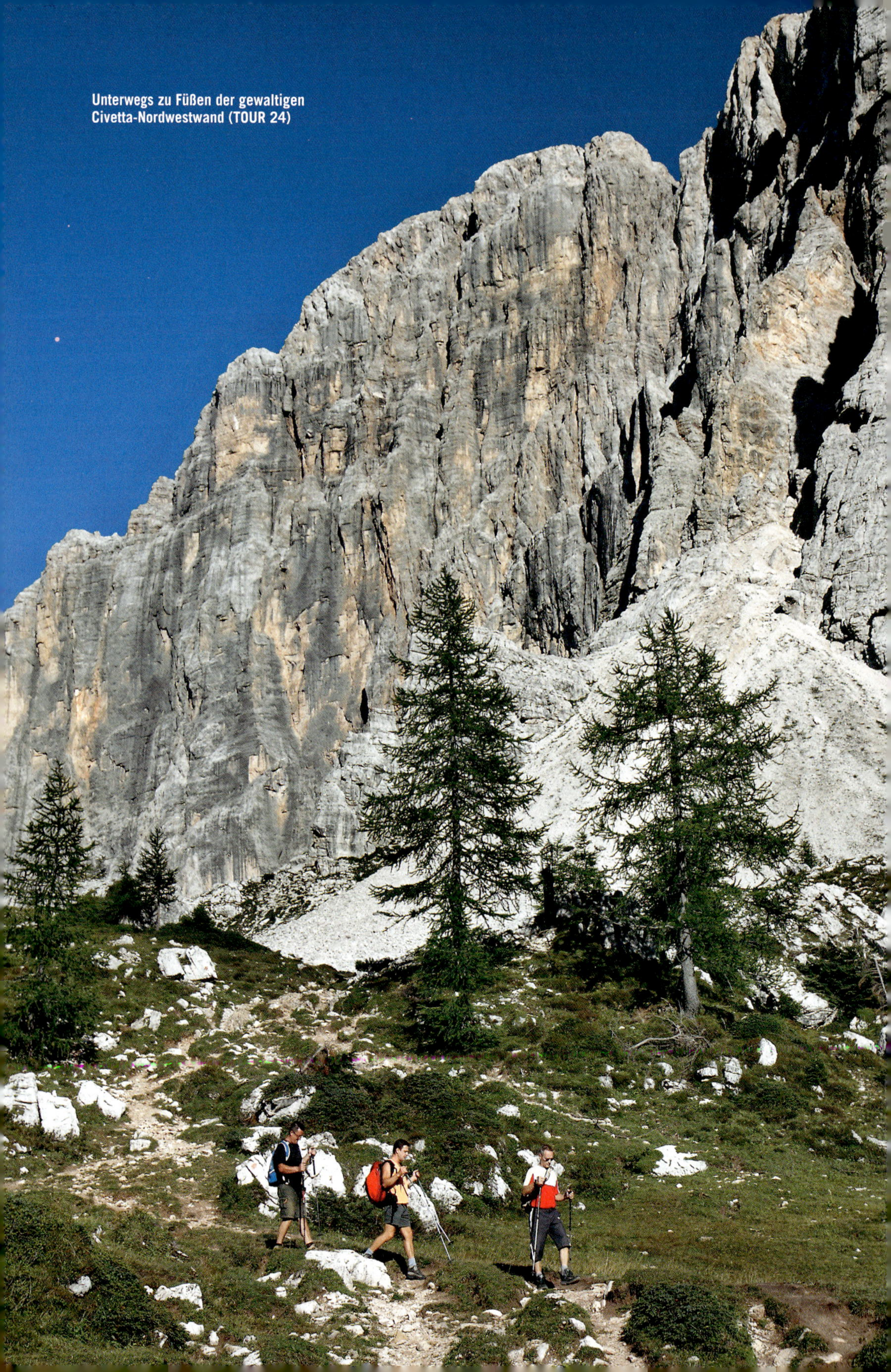

Unterwegs zu Füßen der gewaltigen Civetta-Nordwestwand (TOUR 24)

Vorwort

Vor über 20 Jahren unternahm ich voller Entdeckungslust meine ersten Dolomitentouren: Höhenwege in den Sextenern. Ihnen eilte ein legendärer Ruf voraus – und tatsächlich: Die Berge dort verströmten eine besondere Aura! Welch gewaltige Formen präsentierten Drei Zinnen, Zwölferkofel und Co., und zwar ganz bereitwillig – ohne dass ich besonders waghalsige Aktionen hätte eingehen müssen. Der Funke sprang sofort über! Nach und nach lernte ich dann sämtliche Dolomitengruppen kennen, auf Klettersteigen und ungezähmten Gipfelrouten, mitunter auf geheimen Schleichpfaden und immer wieder auch auf Panoramawegen in des Wortes bester Bedeutung. Solch ein Panoramaweg ist schon so etwas wie eine Zauberformel für garantiertes Bergglück: mal durch liebliches Wiesengrün, mal durch schroffes Felsterrain, dazu stets herrlichste Impressionen, berauschende Ausblicke zu majestätischen Gipfeln und weiten Horizonten …

Nun ist es an der Zeit, ebendiese Wander-Highlights gebündelt in einem speziellen Buch zu behandeln. Manche der vorgestellten Touren sind sicher kein Novum, wenn ich etwa an einen Bindelweg, einen Friedrich-August-Weg oder an die beliebte Drei-Zinnen-Runde denke. An solchen Standards kommt man kaum vorbei, wenn man seine Leser zu den prächtigsten Logenplätzen der Dolomiten leiten möchte. Doch darin erschöpft sich die Auswahl keineswegs. Unter dem Hauptkriterium der landschaftlichen Attraktivität habe ich meinen ganzen Erfahrungsschatz durchforstet und praktikable Vorschläge mit beachtlichen Erlebniswerten entworfen. Mancher Almweg verlangt allenfalls ein Mindestmaß an Bergtauglichkeit, manche hochalpine – mitunter auch klettersteigartig ausgebaute – Route schon deutlich mehr alpine Erfahrung. So findet sowohl der reine Genusswanderer als auch der sportlich Ambitionierte seine ganz persönlichen Favoriten. In ihrer Gesamtheit zeichnen die 40 Touren ein umfassendes Bild der Dolomiten, zumal sie sich über das ganze Gebiet zwischen Eisack und Piave verteilen.

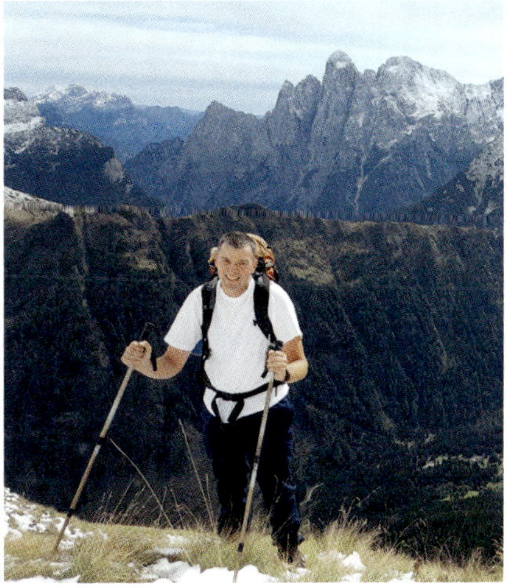

Die ausführlichen Informationen und Wegbeschreibungen sind vom Autor allesamt sorgfältig und praxisbezogen erkundet. Damit sei eine nützliche Grundlage bereitgestellt. Darüber hinaus hoffe ich, mit einem lebendigen Stil, manch Wissenswertem und nicht zuletzt mit reizvollen Landschaftsfotos, die von den großartigen Schauerlebnissen künden, die Lust aufs Unterwegssein zu befeuern. Jeder in den Dolomiten verbrachte Tag ist ein guter Tag! In diesem Sinne viel Freude bei der Lektüre und draußen auf den spannenden Panoramawegen …

Mark Zahel, Frühling 2018

Einleitung

Zur Auswahl der Touren

Höhenwege können recht unterschiedlichen Charakter aufweisen, vom gemütlichen Almbummel bis zum rassigen Felssteig, bei dem man sogar ab und zu einmal Hand anlegen muss. Wirklich anspruchsvoll sind aber nur wenige der hier vorgestellten Routen, etwa die Strada Sanmarchi, der Sentiero Dibona oder der Alpinisteig über Sexten. Schließlich soll sich das Gros der Touren für den normalen Bergwanderer eignen, der über eine grundlegende Trittsicherheit, passable Ausdauer und die obligatorische Bergtauglichkeit verfügt. Wer diesbezüglich noch etwas unsicher ist, findet auch etliche kürzere und völlig problemlose Touren, mit denen man idealerweise in das alpine Wandern »hineinschnuppern« kann. Mitunter nehmen uns auch Seilbahnen den Zustieg in die Höhenweg-Etage ab. Entscheidend ist stets die Freude am Gehen, damit die Stunden am Berg auch wirklich genussreich verlaufen.

Das wird uns insofern leicht gemacht, als dass den ausgewählten Touren allesamt bestechende landschaftliche Reize innewohnen. Und zwar in erster Linie durch das Panorama. Der im Untertitel des Buches gebrauchte Begriff »Panoramaweg« ist eigentlich nicht fest definiert. Er soll auf Höhenrouten angewendet werden, die mit besonders attraktiven Ausblicken glänzen und dabei als Streckenwanderung (und nicht primär als Gipfeltour) mehr oder weniger ausgedehnte Bereiche durchmessen.

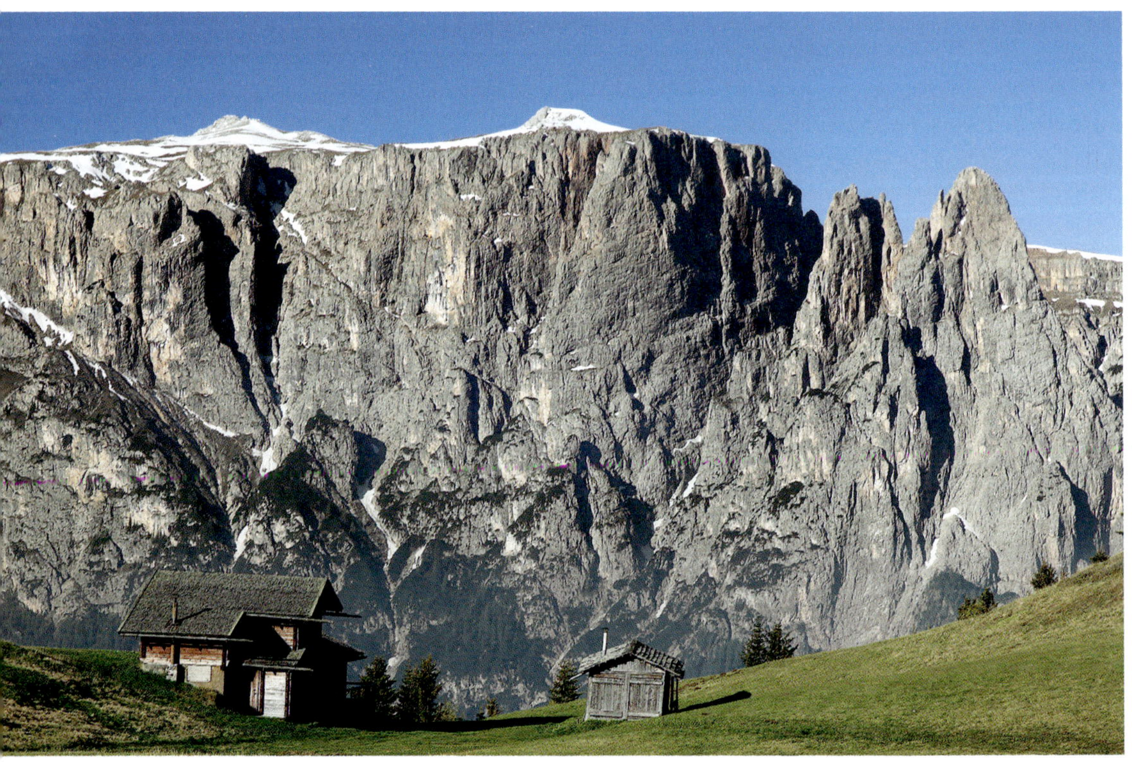

Almhütten vor dem Schlern – ein Inbegriff Südtiroler Bergidylle

In den meisten Fällen handelt es sich um Flankensteige in und oberhalb der Almregion, manchmal werden aber auch Kämme und Grate berührt bzw. einige Zeit überschritten.

Tourenplanung

Eine sorgfältige Vorbereitung bildet die Grundlage für jede gelungene Tour. Folgende Mittel sind zur Planung wichtig:

Topografische Karte: Hier sei die Tabacco-Wanderkarte empfohlen. Vereinzelte Schwächen bei der Schreibweise geografischer Begriffe werden durch die solide Geländedarstellung und den vorteilhaften Maßstab (1:25 000) mehr als aufgewogen.

Tourenbeschreibung: Alles Notwendige findet sich im vorliegenden Buch; aufgrund der detaillierten Angaben kann auf zusätzliche Literatur verzichtet werden.

Aktuelle Wetterinformationen: Eine ausführliche Prognose für mehrere Tage findet man im Internet auf folgenden Websites der drei Provinzen: www.provinz.bz.it; www.meteotrentino.it; www.arpa.veneto.it. Oft sind diese auch bei Tourismusbüros verfügbar.

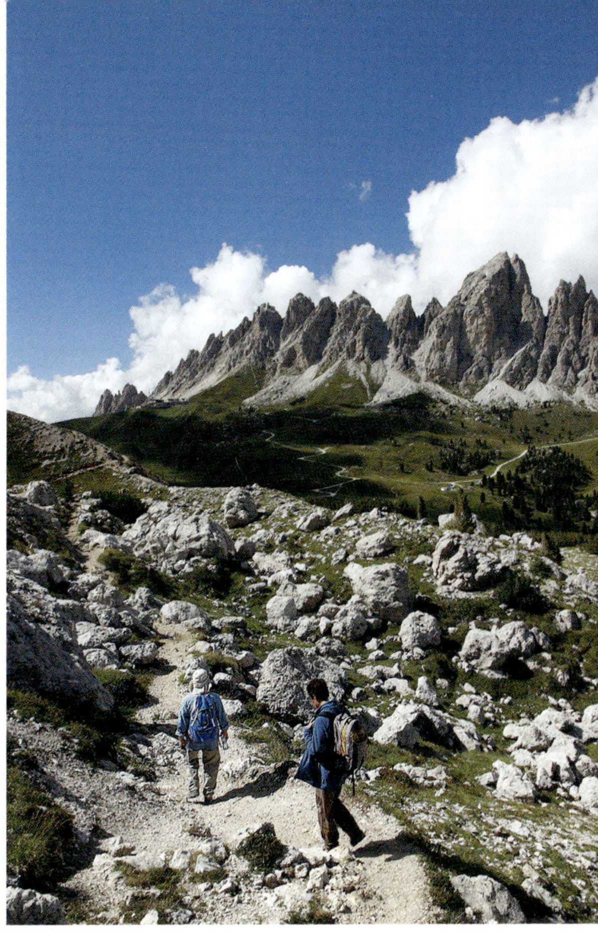

Die Zackenreihe der Cirspitzen zieht die Blicke über dem Grödner Joch auf sich.

Touristische Informationen: Gute Einstiegsseiten im Internet sind www.suedtirol.info und www.visittrentino.it. Vor Ort erkundigt man sich am besten bei den örtlichen Tourismusbüros, die flächendeckend in allen halbwegs größeren Orten vorhanden sind.

Zum Gebrauch des Buches

Die grün unterlegte Randspalte dient als Instrument für die Tourenplanung. Ganz oben sind die wichtigsten Parameter in Piktogrammform dargestellt: Schwierigkeit, Gehzeit, Aufstiegsmeter, Streckenlänge und ggf. ein Seilbahnsymbol. Einige Punkte werden darunter nochmals detaillierter aufgegriffen, vor allem der Tourencharakter (welcher ja zur Schwierigkeitseinschätzung führt) verbal erklärt. Für Ausgangspunkt und – falls abweichend – Endpunkt gibt es einen ergänzenden Hinweis auf die öffentlichen Verkehrsmittel. Die Angabe zur besten Jahreszeit dient zur Groborientierung; praktisch kommt es natürlich stets auf die herrschenden Bedingungen an. Hinsichtlich der Einkehrstationen bedenke man etwaige Einschränkungen in den Bewirtschaftungszeiten, vor allem im Herbst. Für Hütten und Gasthäuser mit Übernachtungsmöglichkeit wird der telefonische Kontakt genannt. Die Tourenbeschreibungen sind in einen allgemeinen Lesetext eingebettet. Dabei wird eben auch mal nach links und rechts geschaut, denn mit allzu nüchterner Sachlichkeit wollen wir uns diesen schönen Touren doch nicht widmen, oder?

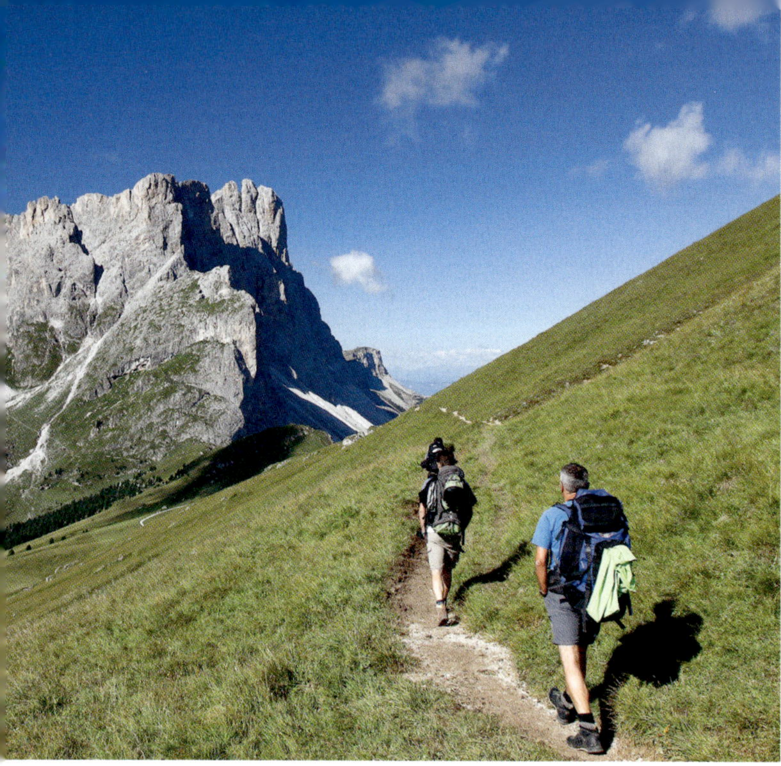

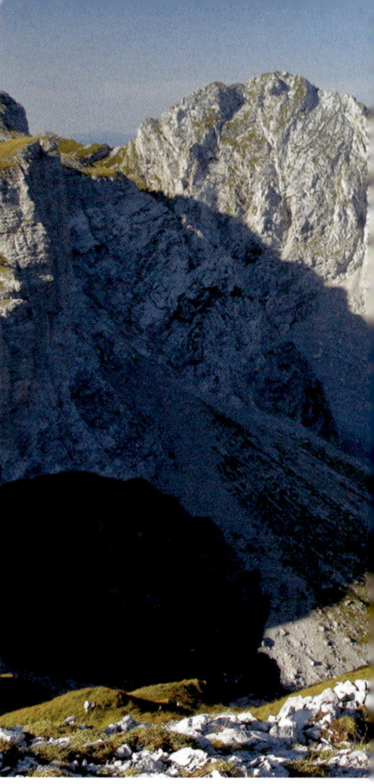

So kann man sich die verschiedenen Schwierigkeitsniveaus vorstellen: vom leichten Höhenweg (links) über eine Schrofenpassage, die elementare Trittsicherheit verlangt (Mitte), bis zur anspruchsvollen Klettersteigroute (rechts).

Schwierigkeitsbewertung

Die Touren sind in drei Schwierigkeitsklassen eingeteilt, die sich wie folgt definieren:

● **leicht :** Gut ausgebaute, nur selten steil angelegte Bergwanderwege, die von jedermann gefahrlos und ohne Schwierigkeiten begangen werden können. Auch die konditionellen Anforderungen bleiben im Rahmen von maximal fünf Stunden reiner Gehzeit.

● **mittel :** Bergwege, die im alpintechnischen Sinn ebenfalls als unschwierig gelten, aber streckenweise schmaler und steiler angelegt sind. Auch bei leichteren Touren über fünf Stunden wird in diese Klasse eingestuft. Elementare Trittsicherheit und meist auch solide Ausdauer sind erforderlich.

● **schwierig :** Anspruchsvolle Bergwege, die in exponiertes, alpines Gelände führen und absolute Trittsicherheit und Schwindelfreiheit sowie ausgereiftere Bergerfahrung notwendig machen. In einigen Fällen weisen sie Klettersteigcharakter (bis maximal Grad B) auf.

Zeitangaben

Beim Bergwandern sind die konditionellen Anforderungen oft ein entscheidender Faktor. Rückschlüsse darauf lassen mittelbar die Angaben bezüglich Höhenmeter und Streckenlänge zu, die hier so genau wie sinnvoll ermittelt wurden. Direkter ist natürlich die Aussage zu den Gehzeiten, die jedoch nicht allgemeingültig verstanden werden kann, da diese zu sehr von der persönlichen Fitness und den herrschenden Verhältnissen abhängig sind. Daher sind die Zeitangaben immer nur Richtwerte, gemessen an durchschnittlich ausdauernden Bergwanderern und wie immer ohne Rasten gerechnet. Gerade genussvolle Pausen sollten auf unseren Panorama-

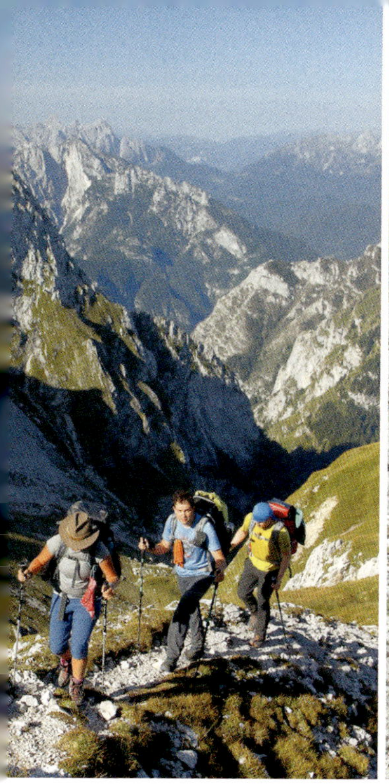

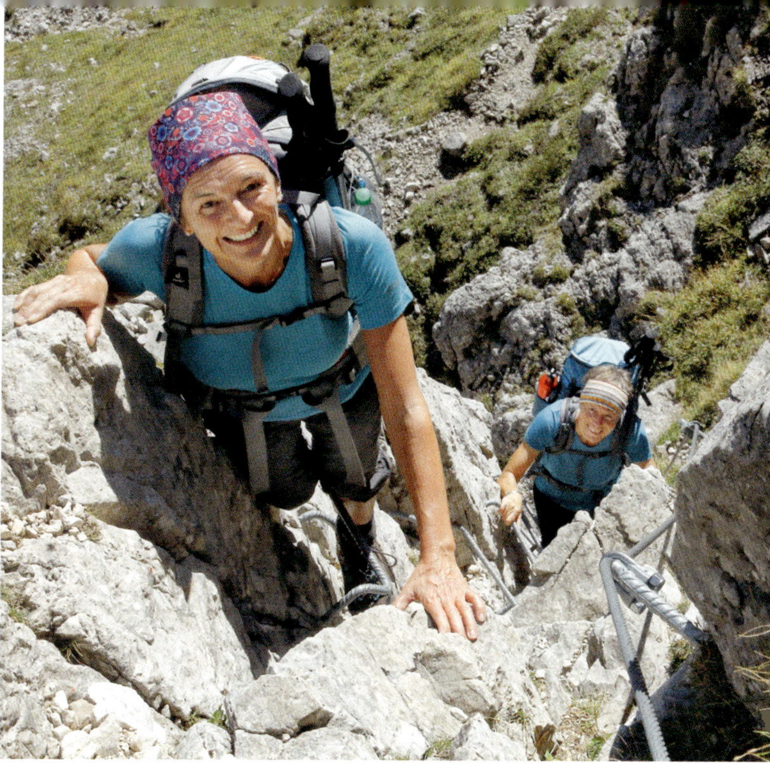

wegen allerdings nicht zu kurz kommen, denn das Schauen wird hier ja naturgemäß im Vordergrund stehen.

Gefahren

Die in diesem Buch beschriebenen Wanderungen können guten Gewissens als überwiegend risikoarm bezeichnet werden. Dennoch muss jeder akzeptieren, dass in den Bergen trotz des anzustrebenden hohen Sicherheitslevels ein gewisses Restrisiko niemals auszuschließen ist. Daher soll an dieser Stelle kurz an die wichtigsten Gefahrenpotenziale erinnert werden:

Selbstüberschätzung: Sie kann sich sowohl auf alpintechnisches Können, etwa in ausgesetztem Gelände, das erhöhte Trittsicherheit und absolute Schwindelfreiheit verlangt, als auch auf die körperliche Leistungsfähigkeit und Ausdauer beziehen: gute Vorbereitung, Tour richtig auswählen und einschätzen, Zeitreserven einplanen, eventuell rechtzeitig abbrechen.

Wetter: Durch Wetterverschlechterung drohen unmittelbare (z. B. Blitzschlag) und mittelbare Gefahren (siehe Verhältnisse). Wetterbericht einholen, Wetterentwicklung aufmerksam verfolgen, geeignete Ausrüstung mitführen, gegebenenfalls rechtzeitig umkehren oder eine Schutzhütte aufsuchen.

Verhältnisse: Schnee und Eis, oft auch schon

Die mächtige Felsenburg des Monte Pelmo von den Wiesenhängen am Col di Lana gesehen (TOUR 31)

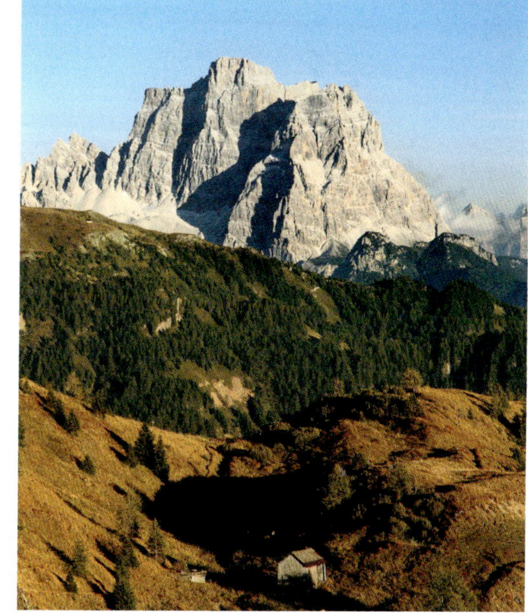

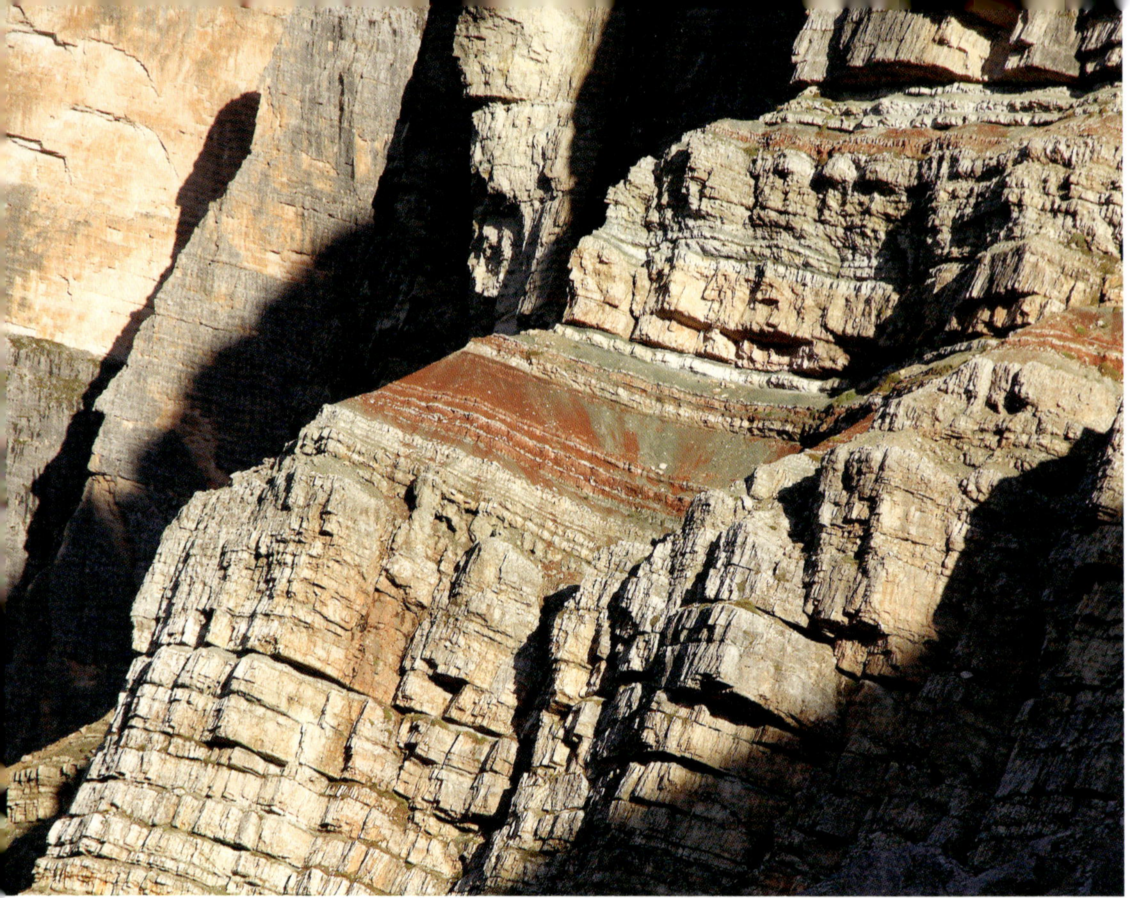

»Geologie zum Anfassen« am Sentiero Astaldi (TOUR 30)

Nässe, erschweren die Begehung jedes Höhenweges; es droht Ausgleit- und eventuell sogar Absturzgefahr. Bei vereinzelten, nicht zu steilen Altschneefeldern ausrüstungstechnisch vorsorgen, bei Neuschnee besser Verzicht üben.

Steinschlag: Gefährdete Zonen liegen häufig im Bereich von Rinnen und abschüssigen Felsflanken. Passage rasch und konzentriert durchqueren, auf Klettersteigen Helm verwenden.

Notsituation

Falls ein Unfall passiert ist, gilt es zunächst Ruhe zu bewahren und dem/den Verletzten erste Hilfe zu leisten. Mit einem Mobiltelefon lässt sich direkt die Bergrettung verständigen; die allgemeine Europäische Notrufnummer lautet 112. Folgende Angaben sind notwendig:

- Wer meldet den Unfall?
- Wo ist der Unfall passiert?
- Was ist geschehen?
- Wie viele Personen benötigen Hilfe?
- Wie sind Wetter und Bedingungen vor Ort?

Für den Fall, dass kein Handy zur Verfügung steht oder kein Empfang möglich ist, muss das alpine Notsignal beherrscht werden: Man gibt sechsmal pro Minute in regelmäßigen Abständen ein akustisches oder optisches Signal. Mit je einer Minute Pause dazwischen so lange wiederholen, bis man Antwort erhält bzw. die Ret-

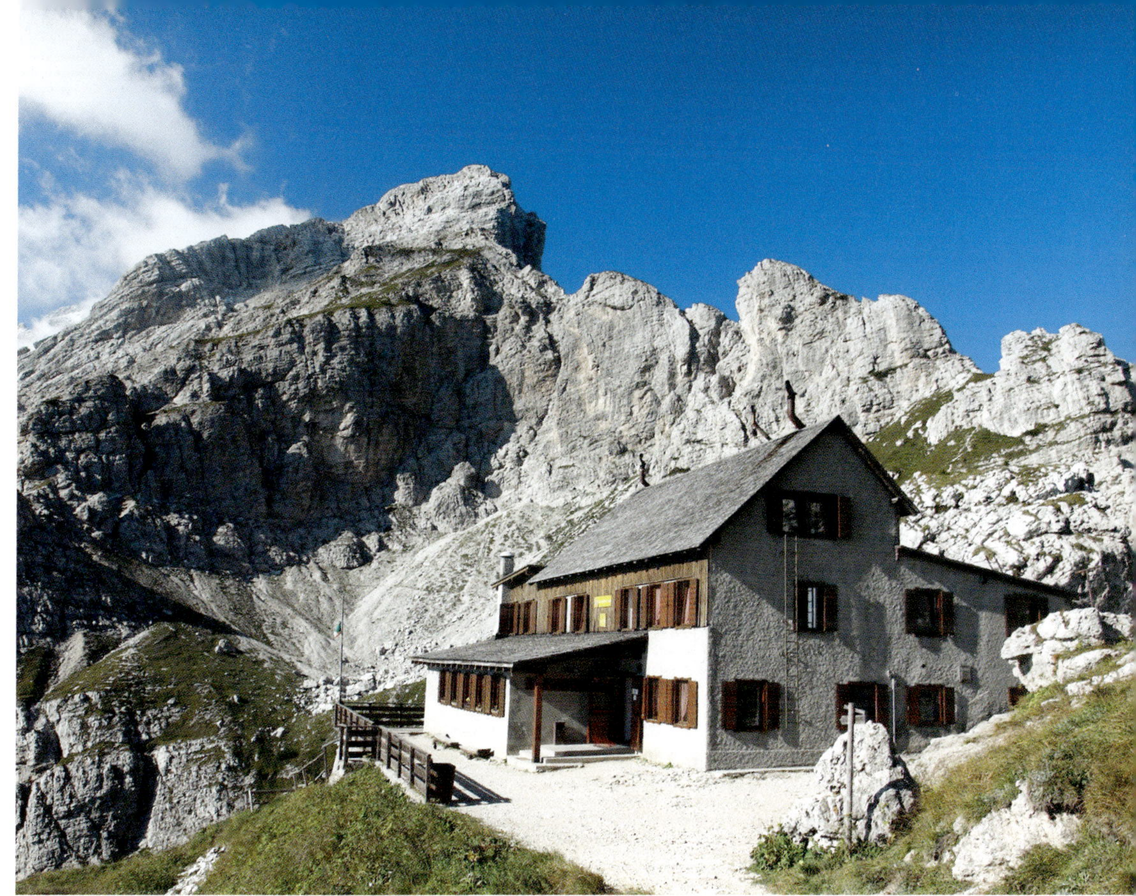

In der Civettagruppe empfängt uns das Rifugio Sonino ai Coldai (TOUR 24).

tungskräfte eintreffen. Die Antwort besteht aus dreimaligen Zeichen pro Minute. Das Bergsteigen selbst wird allerdings durch ein Handy nicht sicherer, und niemand sollte sich dadurch zu erhöhten Wagnissen veranlasst fühlen. Es ist grober Unfug, die Bergrettung als Rückversicherung anzusehen, falls einem die Tour zu anstrengend wird und man nicht mehr weiterwandern mag. Auch im Handyzeitalter darf einer der wichtigsten Grundsätze des Bergsteigens nicht außer Acht gelassen werden: Jeder ist eigenverantwortlich unterwegs und hat selbst für seine gesunde Rückkehr ins Tal Sorge zu tragen. Das beinhaltet eine gründliche Tourenvorbereitung ebenso wie eine umsichtige Durchführung.

Behutsamer Wandertourismus

Wenn wir uns in der Natur bewegen, sollten wir einen schonenden Umgang mit dieser pflegen und alles so hinterlassen, als wären wir nie dort gewesen. Also nichts liegen lassen (insbesondere keinen Müll) und nichts wegnehmen, auch wenn die Blumen auf der Bergwiese noch so schön aussehen. Dort, wo sie wachsen, gehören sie auch hin, selbst wenn es in scheinbar verschwenderischer Fülle geschieht. Außerdem möchten sich nachfolgende Wanderer noch genauso daran erfreuen. In Schutzgebieten wie Naturparks gelten im Übrigen besonders strenge Vorschriften, die aber eigentlich überall eingehalten werden sollten. Der Erhalt einer intakten Umwelt ist ein hohes Gut, dem sich letztlich alle anderen Interessen unterordnen sollten.

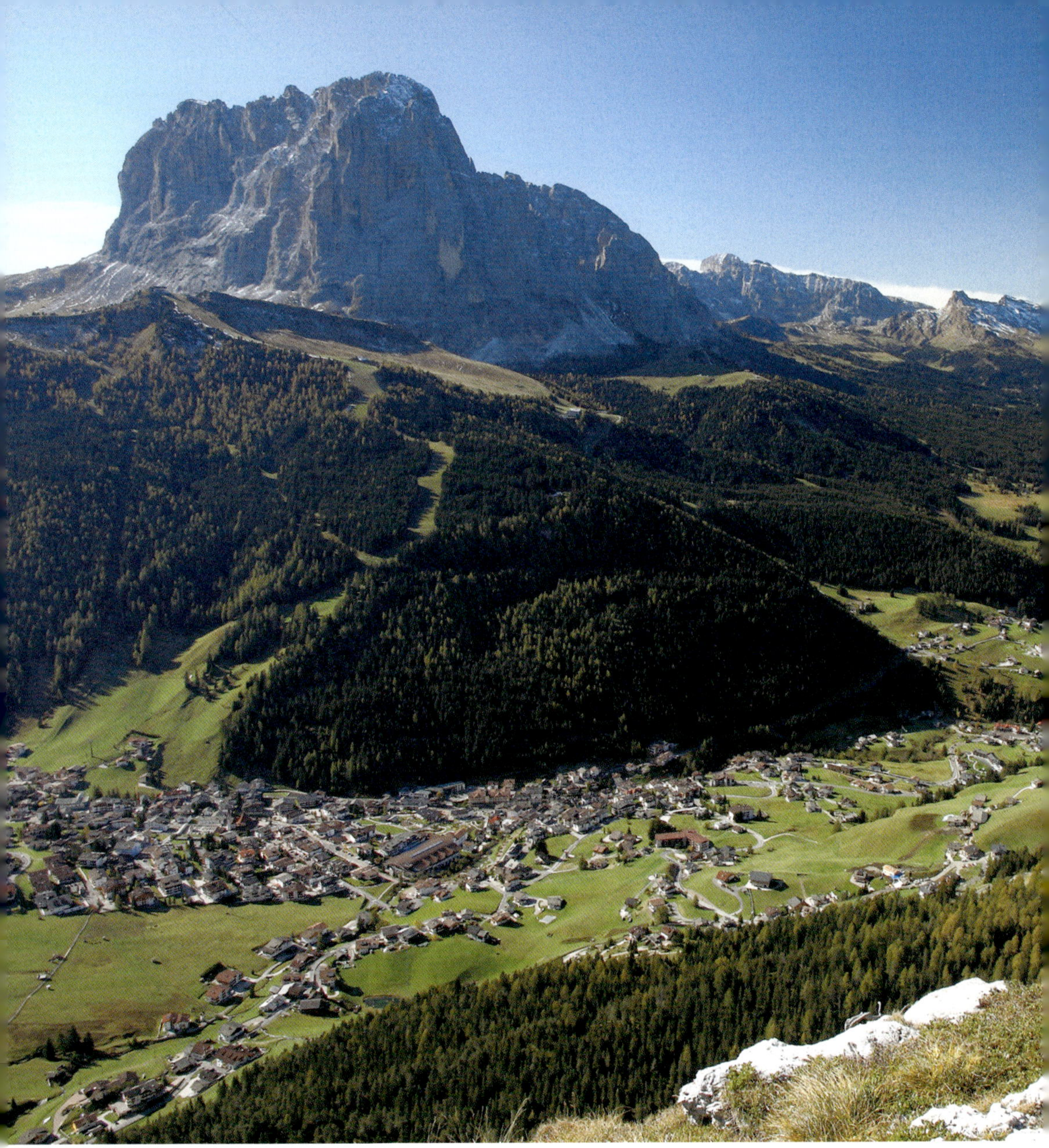

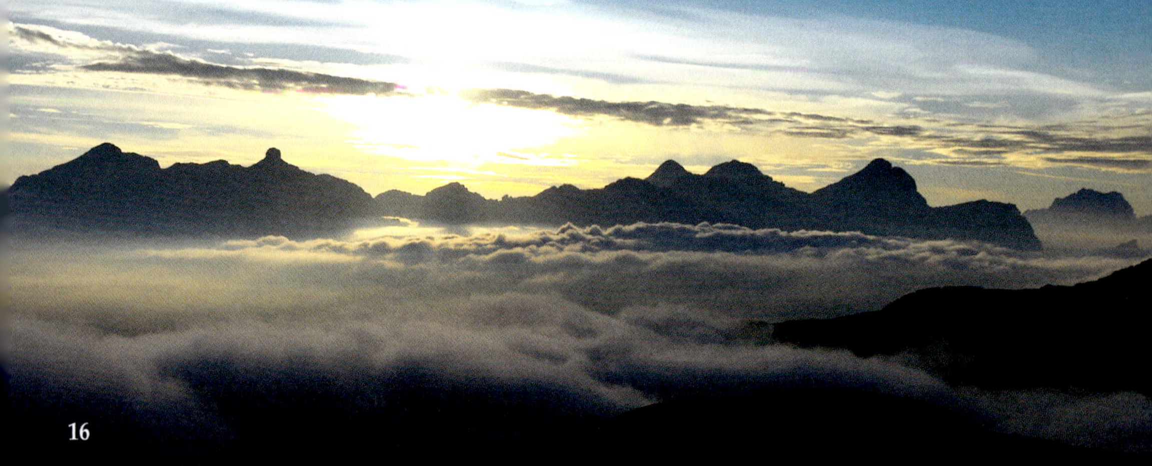

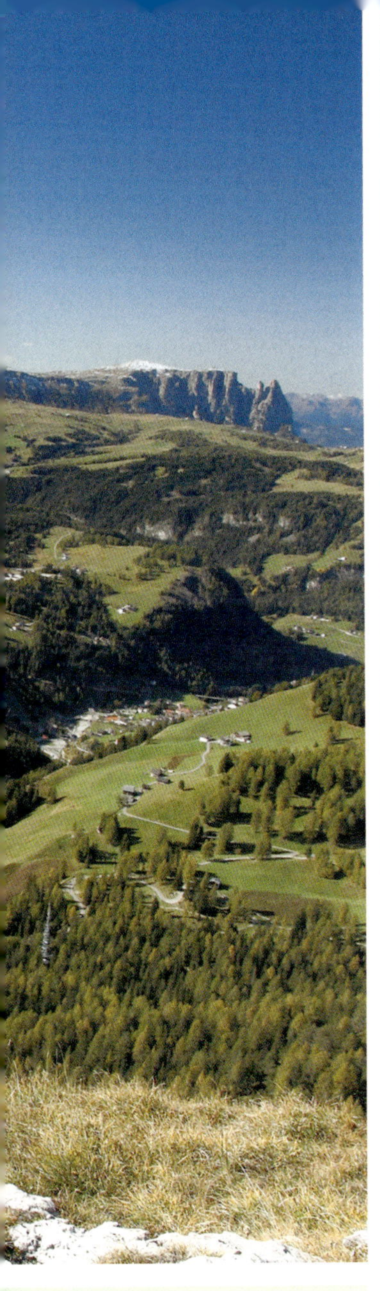

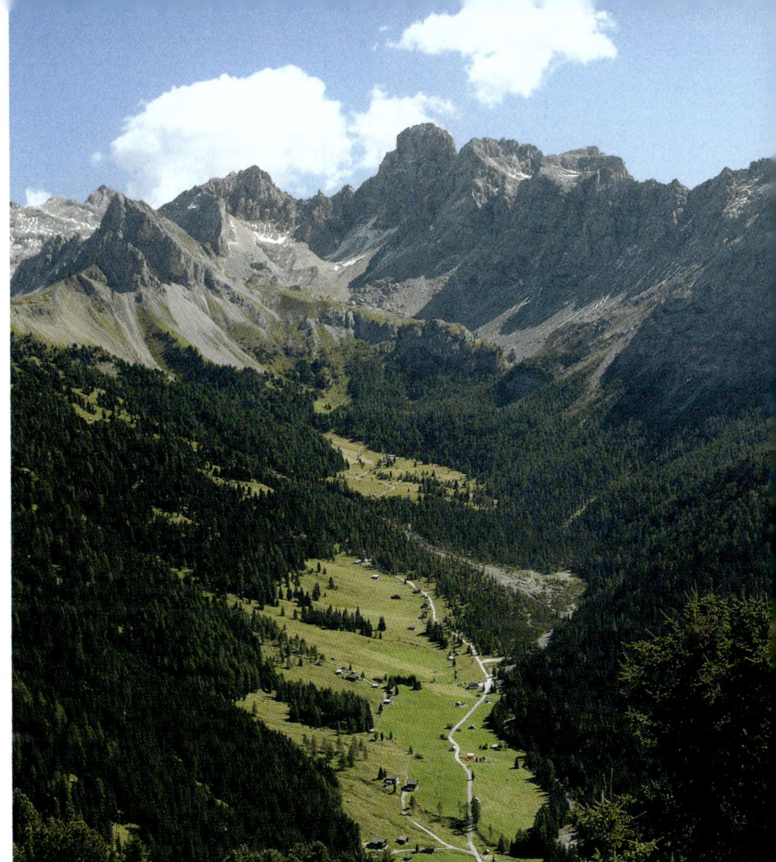

Dolomiten West

Oben links: Der Langkofel beherrscht das Grödner Tal. Unten links: Hochnebelstimmung über Alta Badia. Oben rechts: Das Val di San Nicolò, ein Seitental des Val di Fassa. Unten rechts: Die idyllische Glatschalm im Villnößtal.

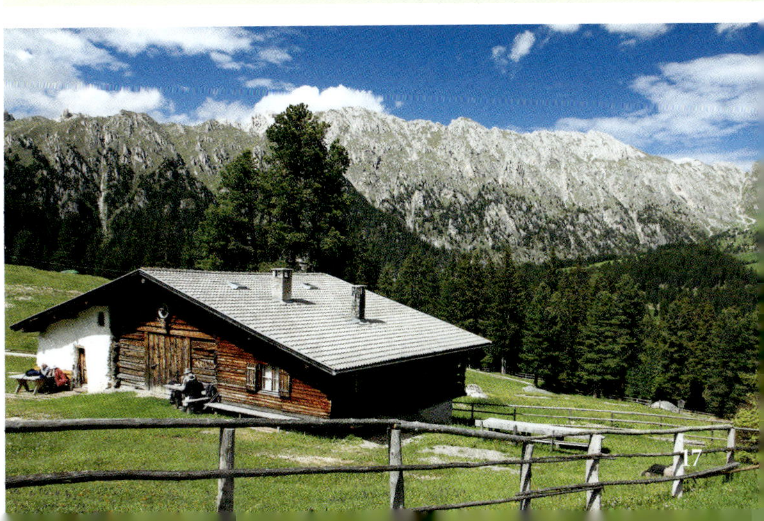

Über Plose und Gabler

Brixner Höhenwege mit Gipfelblick

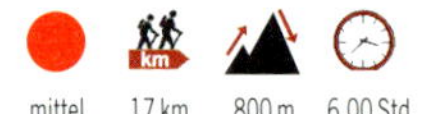

mittel 17 km 800 m 6.00 Std.

Tourencharakter
Die meiste Zeit leichte Bergwanderwege, am Plose-Nordrücken sowie am Großen Gabler kurzfristig steiler. Für die ganze Runde Ausdauer erforderlich, verkürzte Varianten möglich.

Ausgangspunkt
Bergstation der Plose-Umlaufbahn von St. Andrä bei Brixen nach Kreuztal (2050 m); Betriebszeiten von Mitte Juni bis Mitte Oktober (9 bis 18 Uhr, im Herbst bis 17 Uhr). Man kann auch mit dem Auto auf einer Bergstraße über Afers bis nach Kreuztal hinauffahren (gebührenpflichtige Parkplätze).

Öffentliche Verkehrsmittel
Busverbindung von Brixen zur Talstation. Einige Kurse verkehren auf der Bergstraße bis Palmschoß.

Höchster Punkt
Großer Gabler (2576 m)

Gehzeiten
Kreuztal – Ochsenalm 1½ Std. – Plosehütte 1½ Std. – Große Pfannspitze ¾ Std. – Großer Gabler ½ Std. – Kreuztal 1¾ Std.; insgesamt 6 Std.

Aufstieg/Abstieg
Bis Plose ca. 520 Hm, Überschreitung zum Gabler 280 Hm; insgesamt 800 Hm

Beste Jahreszeit
Mitte Juni bis Ende Oktober

Hütten/Einkehr
Restaurants in Kreuztal, Ochsenalm, Plosehütte (Tel. 0472/ 52 13 33), Rossalm (Tel. 0472/ 52 13 26)

Karte
Tabacco, 1:25 000, Blatt 030 »Brixen – Villnöss«

Rund um die Plose tragen die Dolomiten noch nicht ihre archetypischen Merkmale. Der Brixner Hausberg und seine Nachbarn sind nämlich aus kristallinem Gestein aufgebaut und zeigen ausgesprochen behäbige Formen. Der Beliebtheit als Wandergebiet mit großartiger Panoramaschau tut das keinen Abbruch, nicht zuletzt aufgrund der guten touristischen Erschließung.

Im Vorfeld der Dolomiten Am Beispiel der Plosegruppe lässt sich zeigen, wie es bei der Einteilung der Gebirgsgruppen mitunter zu Missverständnissen und Kontroversen kommen kann. Rein geografisch betrachtet liegt dieses Gebiet ja eindeutig innerhalb der Dolomiten, auch wenn die geologische Situation nicht damit korrespondiert. Genau umgekehrt verhält es sich etwa im Fall der Brenta, die manch einer wegen ihres Gesteins hartnäckig zu den Dolomiten zählt, obwohl das deutlich trennende Etschtal dazwischenliegt. Doch sind die geologischen Aspekte mitunter so komplex, dass sie sich für eine geografische Gliederung als wenig praktikabel erweisen. Grundsätzlich maßgebend bleiben also ausschließ-

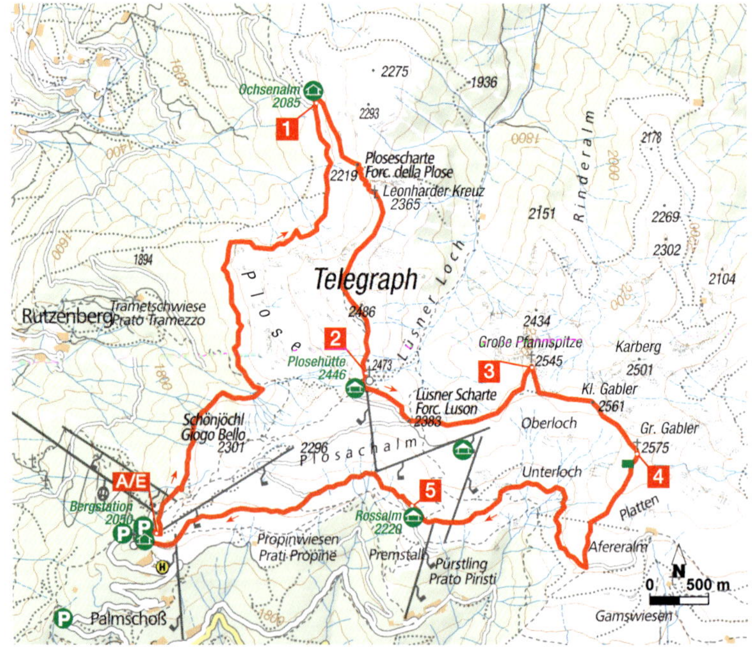

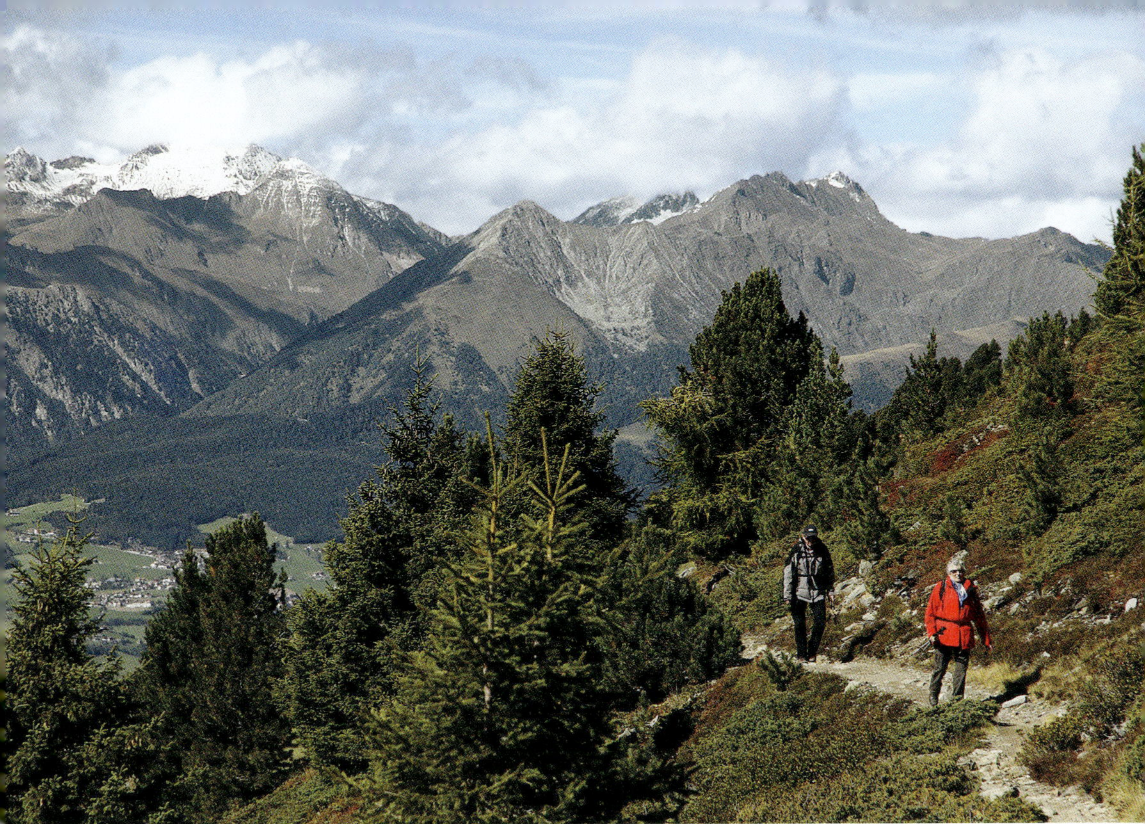

Am Brixner Höhenweg ist beschauliches Wandern Trumpf.

lich das Talsystem sowie der Verbund von Gebirgszügen, wobei eine Feingliederung im Einzelfall strittig bleiben könnte. Es würde freilich nicht viel Sinn machen, die Plosegruppe bis zu einer Grenzlinie über das Würzjoch eigenständig zu betrachten, weshalb sie also großzügig den Dolomiten zugerechnet wird.

Dem Wanderer, der hier schon fasziniert die Geislerspitzen und den Peitlerkofel in Augenschein nimmt, wird diese Theorie wohl ohnehin egal sein. Kontraste bereichern einfach das Landschaftsbild, und so bleibt der Gegensatz zwischen den weitläufigen Kuppen von Plose, Pfannspitze und Gabler und den schroffen Felszinnen im Süden nicht ohne Reiz. Nordwärts reichen unsere Blicke indes bis zum Firnsaum des Alpenhauptkamms, während sie am Westhang der Plose bis weit ins grüne Eisacktal bei Brixen hinabgleiten und dahinter an den ebenfalls eher sanft geschwungenen Sarntaler Alpen hängen bleiben.

Variable Rundtouren Die Plose ist eng mit der Bischofsstadt Brixen verbunden. Immerhin prägt das ausladende Massiv fast die ganze östliche Talseite und gilt mit Seilbahnanschluss als das Sport- und Naherholungsgebiet der Brixner. Im Winter surren hier einige Skilifte. Sommers können wir auf guten Wanderwegen mehr oder weniger weit ausschweifen, wobei eine schlichte Besteigung der Plose über die Normalroute oder die Begehung eines der Flankenwege trotz schöner Ausblicke vielleicht etwas einfallslos erscheint. Dieser Vorschlag ist daher ein vielversprechender Versuch, die reizvollsten Plätze und Strecken miteinander zu verbinden. Dafür schlagen wir als Erstes den komfortablen Brixner Höhenweg zur Ochsenalm ein, um anschließend den militärisch vereinnahmten Telegraph von der Nordseite zu gewinnen. Wer damit zufrieden ist, kann relativ rasch wieder zur Seilbahn zurückkehren. Ansonsten erwägen wir die Kammwanderung über die Große Pfannspitze bis zum Großen Gabler, wo überhaupt erst der Kulminationspunkt der ganzen Gruppe erreicht wird. Herrscht im engeren Bereich um die Plose meist reger Betrieb, so wird es bei diesem Übergang auch sukzessive stiller. Retour quert man dann auf breiter Front die grasigen Südflanken und kostet dabei das Panorama der Geislerspitzen bis zum letzten Schritt aus.

Am Brixner Höhenweg Zuerst geht es von der Ⓐ **Bergstation** quer durch den zirbenbestandenen Westhang der Plose. Diese mit Nr. 30 bezeichnete Strecke verläuft nahezu horizontal im Bereich der Waldgrenze und ist auch als Brixner Höhenweg bekannt und beliebt. Wir kreuzen nach einer Weile den Tramezzograben, wandern um einen weiten Hangrücken und gelangen durch mehrere kleine Einbuchtungen zur Jausenstation der ❶ **Ochsenalm** (2085 m). Oben am Kammrücken erkennen wir auf einer Schulter schon das St. Leonharder Kreuz (2365 m), zu dem wir anschließend mit Nr. 6 via **Plosescharte** (2219 m) aufsteigen. Die Aussicht weitet sich vor allem

Mit den formschönen Geislerspitzen strahlen die Dolomiten große Verheißung aus.

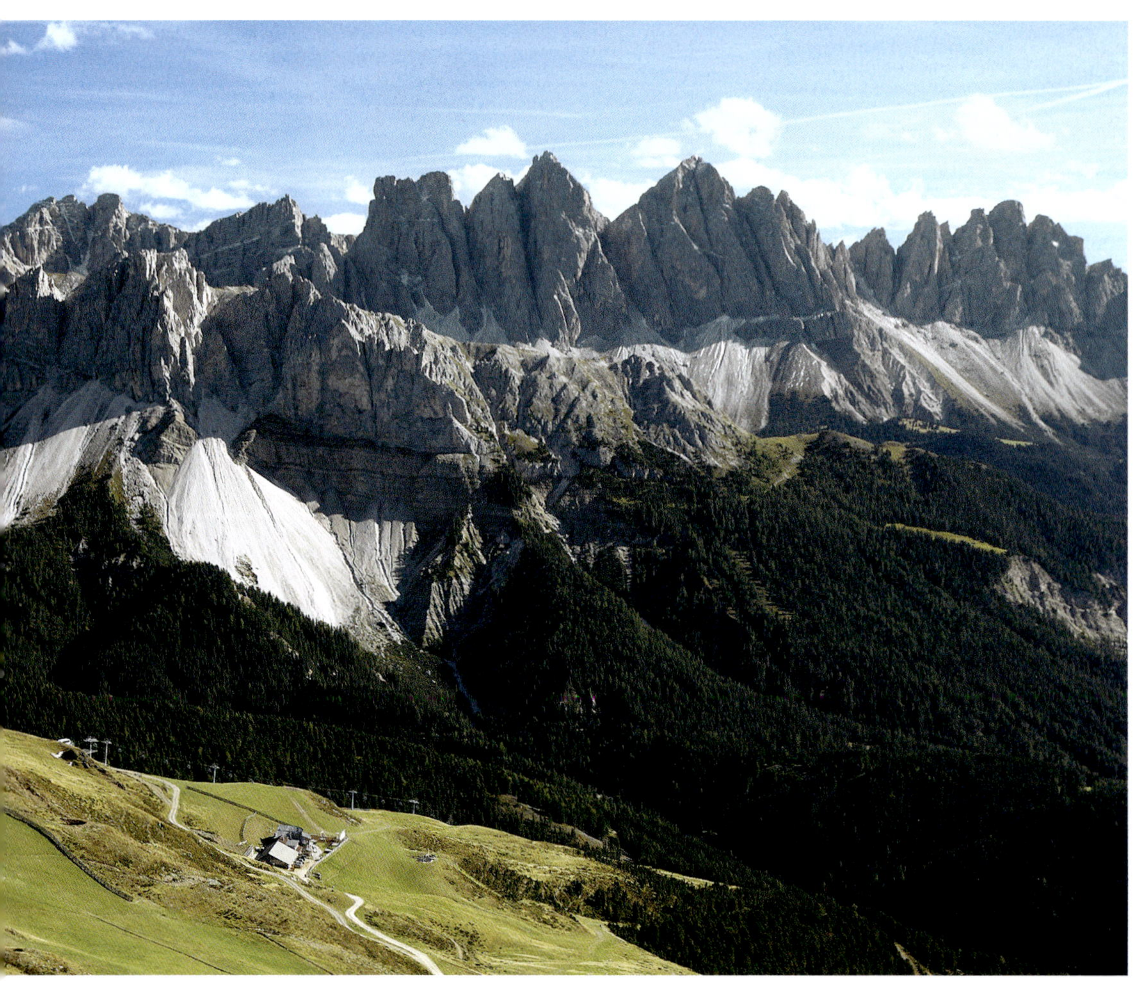

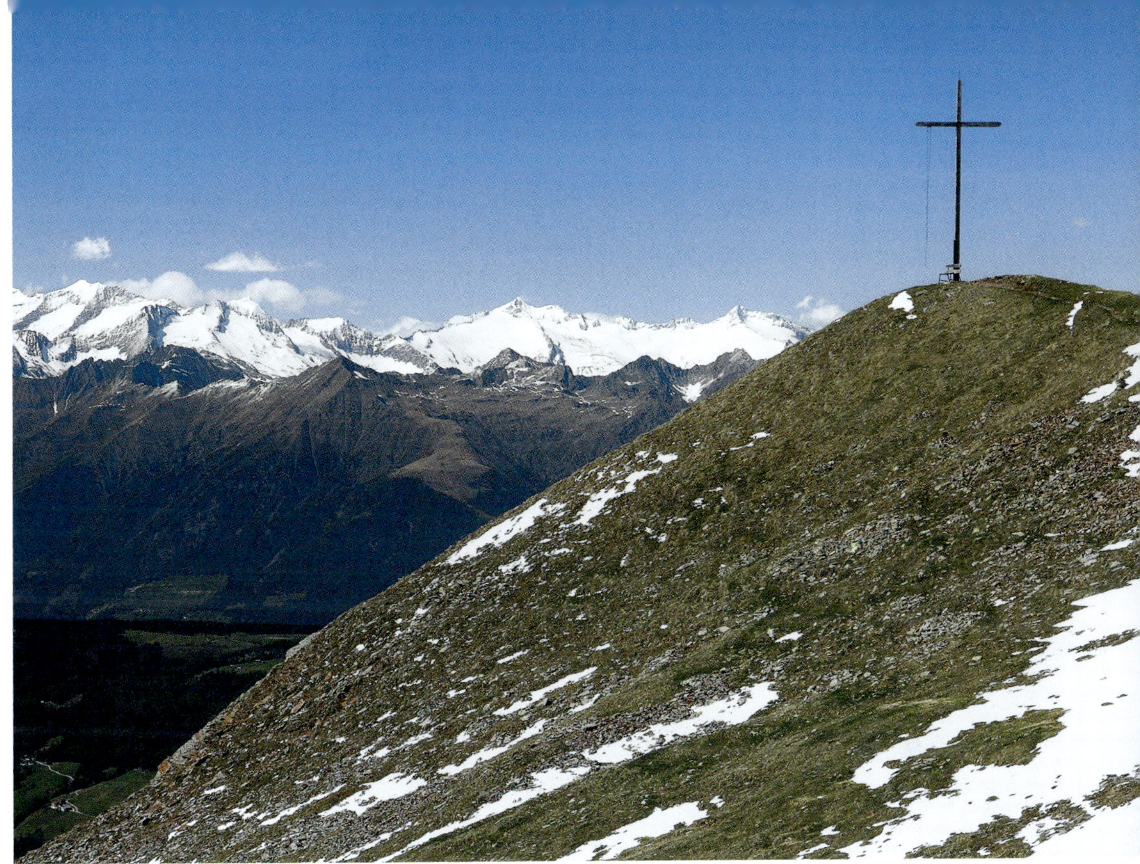

Das Kreuz auf der Großen Pfannspitze vor der firnglänzenden Skyline des Zillertaler Hauptkamms

nordwärts Richtung Pfunderer Berge, denn der flache Plosebühel bildet nun kein Hindernis mehr. Ohne wirklich anspruchsvoll zu sein, offenbart der Weiterweg bis auf das Gipfelplateau der Plose einen leicht alpinen Anstrich. Die höchste Kuppe namens **Telegraph** (2486 m) ist aufgrund der Überbauung durch Militäranlagen leider kein Schmuckstück. Womöglich wird man eine Rast bei der nahen ❷ **Plosehütte** (2446 m) am Südrand des Plateaus vorziehen.

Übergang zum Großen Gabler Der stumpfe Südwestrücken dient mit seinem Pistengelände dem Plose-Normalweg als Leitlinie – für uns die Möglichkeit, die kleine Runde zu schließen oder auch aufsteigend die nun folgende Gabler-Runde separat anzupacken. Diese führt ab Plosehütte ostwärts in die **Lüsner Scharte** (2383 m) und gegenüber wieder kammnah ansteigend. Nach dem minimalen Abstecher zum Kreuz auf der ❸ **Großen Pfannspitze** (2545 m) geht es schräg abwärts in den Sattel vor dem Kleinen Gabler, der hangparallel in der Südseite traversiert wird. Der Schlussanstieg aus der nächsten Einsattelung bis auf die Gipfelwiese des ❹ **Großen Gablers** (2576 m) ist die steilste Passage der Tour, aber mit Seilgeländer ausreichend abgesichert. Hier oben sind wir dem Massentourismus ein gutes Stück entrückt und können das kontrastreiche Panorama in Ruhe aufsaugen. Später folgen wir dem Wiesenpfad an der Unterstandshütte vorbei, bis wir auf eine breite Schotterstraße stoßen. Sie durchmisst in leichtem Gefälle die gesamte Südflanke, passiert zwischendurch die bewirtschaftete ❺ **Rossalm** (2200 m) und schließt den Kreis Richtung Kreuztal respektive zur Ⓔ **Plosebahn**.

Günther-Messner-Steig

Gesicherte Route über die Aferer Geisler

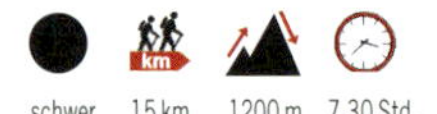

Tourencharakter
Alpine Überschreitung auf stellenweise klettersteigartig ausgebauter Route, weithin auch schmale Pfade im Schrofengelände. Trittsicherheit und Schwindelfreiheit obligatorisch, zudem Ausdauer für die lange Tagestour.

Ausgangspunkt
Russiskreuz (1729 m), an der Brixner Dolomitenstraße Richtung Halsl und Würzjoch (von Westen kommend kurz vor dem Abzweig nach Lüsen). Anfahrt außer von Brixen auch über Villnöß sowie aus dem Gadertal möglich.

Öffentliche Verkehrsmittel
Im Sommer verkehrt ein Bus auf der Bergstraße.

Höchster Punkt
Tullen (2653 m) bzw. Wälscher Ring (2646 m)

Gehzeiten
Russiskreuz – Einmündung Oberer Herrnsteig 1½ Std. – Tullen 1½ Std. – Peitlerscharte 2½ Std. – Russiskreuz 2 Std.; insgesamt 7½ Std.

Aufstieg/Abstieg
Insgesamt ca. 1200 Hm

Beste Jahreszeit
Ende Juni bis Ende September oder Mitte Oktober, falls schneefrei

Hütten/Einkehr
Keine am Weg

Karte
Tabacco, 1:25 000, Blatt 030 »Brixen – Villnöss«

Die Aferer Geisler sind die kleinen Geschwister der mächtigen Geislerspitzen über dem Villnösser Talschluss. Sie sind – bei durchaus dolomitischen Merkmalen – nicht ganz so spektakulär, weisen aber einen entscheidenden Vorzug auf: Dem versierten Bergwanderer erlauben sie auf dem Günther-Messner-Steig eine kammnahe Durchquerung und punkten dabei auch mit besten Ausblicken auf Furcheta, Sas Rigais und Co.

Ein bisschen Klettersteig-Feeling Benannt ist der Höhensteig nach dem 1970 am Nanga Parbat verunglückten Günther Messner, der in Villnöß aufwuchs und sich mit seinem Bruder Reinhold zu bergsteigerischen Glanztaten anschickte – zunächst in den heimischen Dolomiten und dann eben auch mit Fokus auf die ruhmreichen Achttausender. Während Günther der erste Versuch im Himalaja zum Verhängnis wurde, sollte

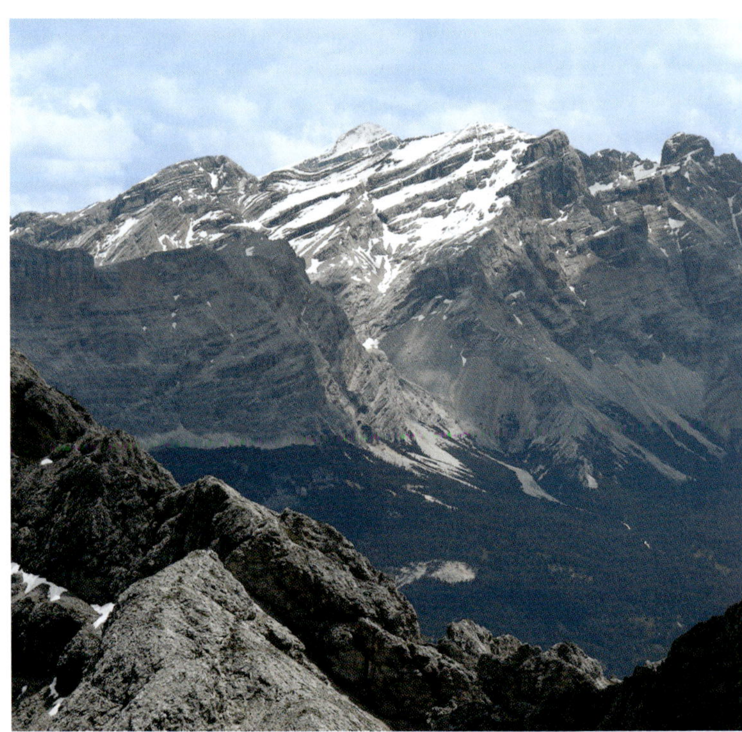

Vom Grat der Aferer Geisler reicht die Schau bis zum Lavarellastock jenseits des Gadertals.

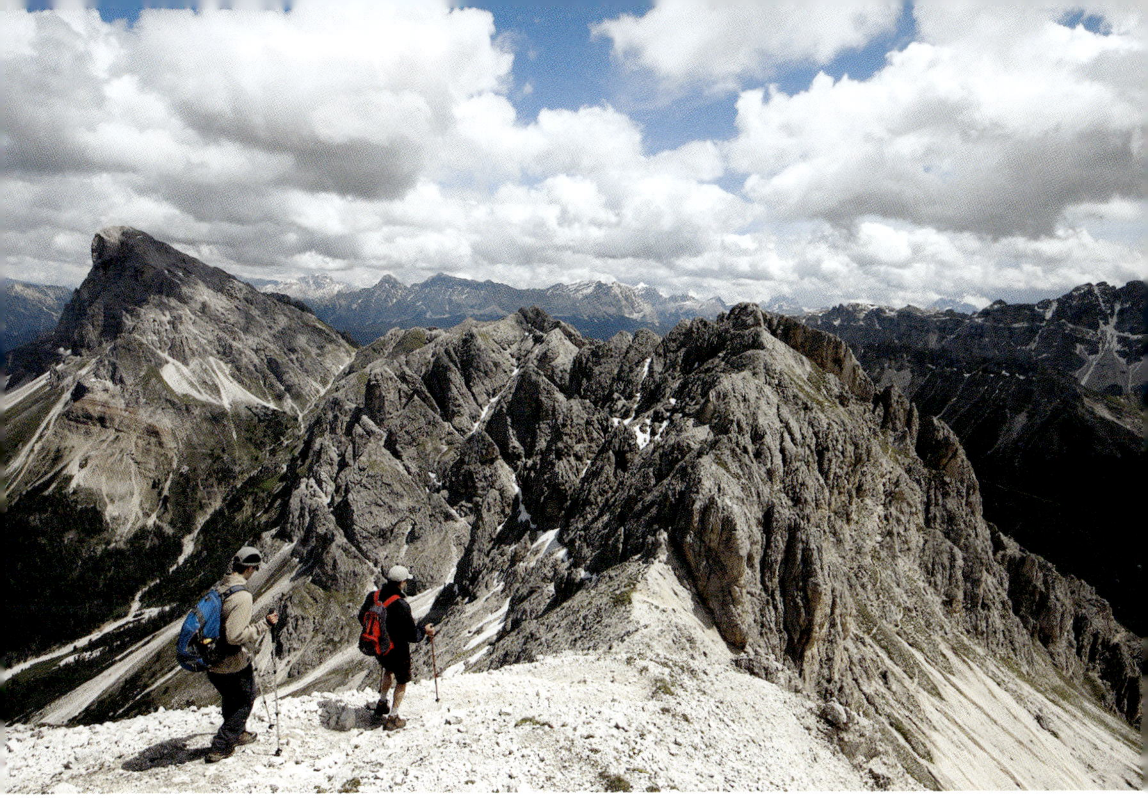

Reinhold später bekanntlich als erster Besteiger aller 14 Achttausender in die Geschichte eingehen.

Gleichwohl hat unsere Route nichts mit waghalsigen Kletteraktionen zu tun. Schon der Begriff »Klettersteig« scheint im Hinblick auf das meist schrofige Gelände ein wenig übertrieben, auch wenn eine Handvoll Passagen mit Eisenteilen entschärft sind. Wer dafür ausreichend Erfahrung mitbringt, darf sich auf ein echtes Schmankerl von Panoramaweg freuen: abwechslungsreich im Verlauf, mit originellen

Vor der eigentlichen Kammüberschreitung lohnt sich ein Abstecher zum Tullen.

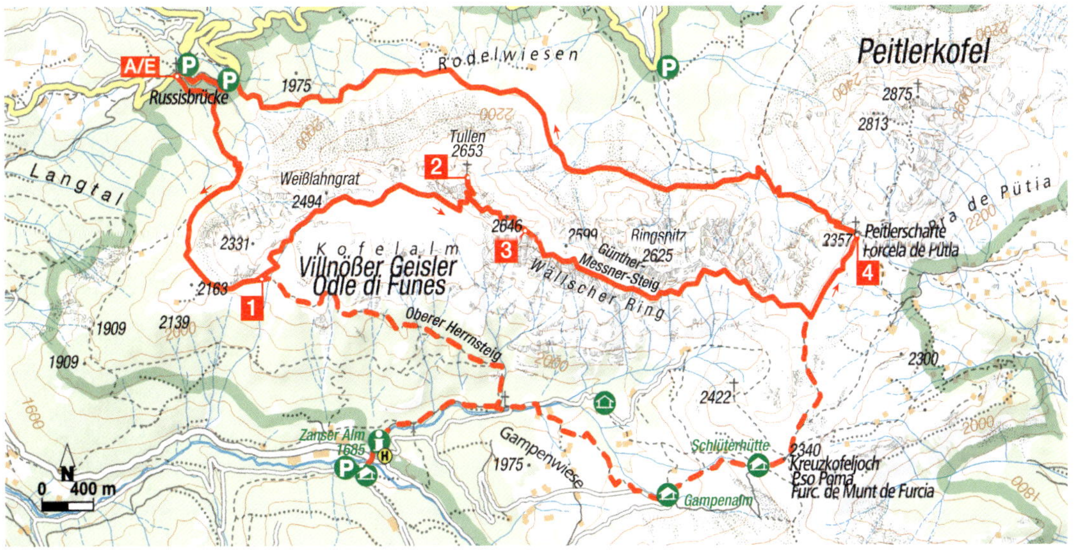

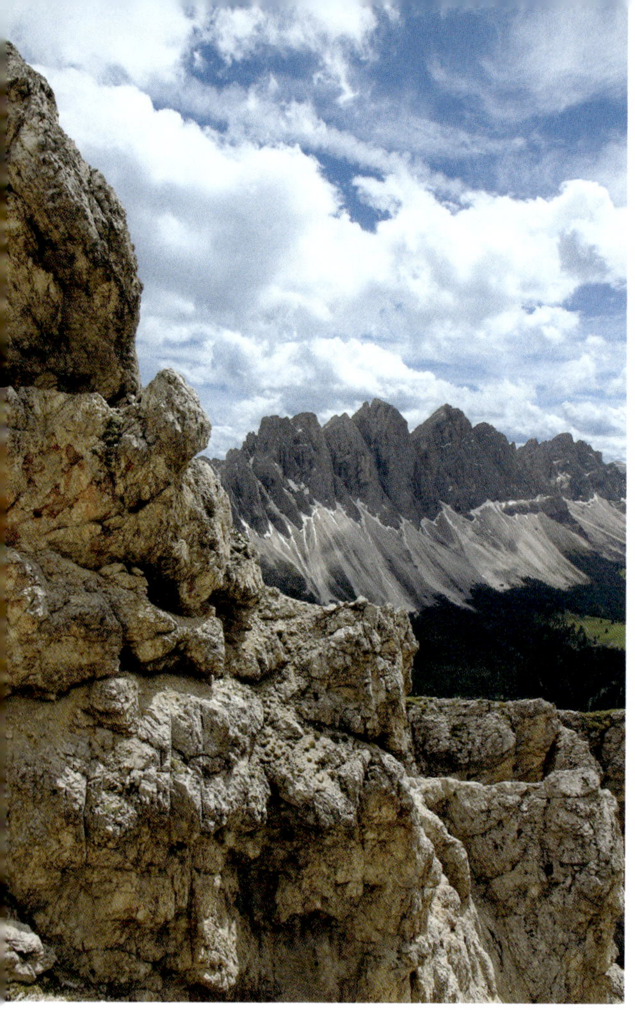

Die stolze Reihe der Geislerspitzen zieht immer wieder die Blicke auf sich.

Einzelpassagen garniert und stets die unnahbaren Nordwände der großen Geislerspitzen im Blick. An den Aferern bricht die Nordseite ebenfalls jäh und felsig ab – und man glaubt darin fast eine verkleinerte Ausgabe zu erkennen –, während die südseitigen Schrofenflanken weniger elegant wirken, aber halt auch die Hindernisse herabsetzen.

Angegangen werden kann der Günther-Messner-Steig sowohl von der Zanser Alm im Villnösser Talschluss als auch vom Russiskreuz an der kurvenreichen Halslstraße. Letzteres ist die Originalroute, an der wir uns hier orientieren wollen. Sie schlägt zunächst einen Bogen um das Westeck der Kette, strebt danach dem Hauptgrat am Wälschen Ring zu und bleibt im Kernbereich in Kammnähe oder zumindest auf hoher Linie, um später via Peitlerscharte den Kreis zu schließen. Einst führten die Aferer Geisler ein touristisches Schattendasein. Die Anlage des Günther-Messner-Steiges hat daran zwar einiges geändert – einen Massenandrang muss man deshalb aber noch lange nicht befürchten.

Vom Russiskreuz zum Tullen Beim Parkplatz am Ⓐ Russiskreuz fühlen wir uns bereits vom zerklüfteten Weißlahngrat in Bann gezogen. Wie wird es wohl dahinter aussehen? Um es in Erfahrung zu bringen, folgen wir dem Hinweis auf den Günther-Messner-Steig und kommen zuerst ein Stück gegen die Felsabbrüche voran, dann deutlich nach rechts um die Westausläufer herum. Man quert über eine schwache Einsattelung und vollzieht den Bogen zur Einmündung des ❶ Oberen Herrnsteiges, der von der Zanser Alm heraufkommt. Nun erlaubt das wellige Gelände der Kofelalm einen problemlosen Weiterweg – übrigens bereits auf der Rückseite des anfangs bewunderten Weißlahngrates. Einige zerschartete Felsformationen machen wiederum einen fragilen Eindruck, doch bleiben wir ja ein Stück weit auf Distanz. In Falllinie des Tullen geraten wir aus spärlich begrünten Hochmulden in Schutthalden hinein. Ein Abstecher zum höchsten Punkt der Aferer Geisler lohnt sich aber trotz der Zusatzmühe – einige Drahtseile helfen über Schrofen bis in eine Kammscharte hinauf, von wo der ❷ Tullen (2653 m) über den Ostgrat in Kürze zu erreichen ist und uns mit einer tollen Schau in alle Himmelsrichtungen belohnt.

Gegen Westen und Norden ist der Horizont ausgesprochen weit. Bei klarem Wetter kann man jenseits der Sarntaler Höhenzüge sogar die Eishauben der Ortlergruppe ausmachen. Über dem Pustertal erscheint die schmucke Firnlinie des Zillertaler Hauptkamms. Weiter rechts schiebt sich der massige Peitlerkofel ins Blickfeld, von unseren Aferer Geiseln nur durch den Einschnitt der Peitlerscharte getrennt. Und dann der Bogen über Ost nach Süd: »Bleiche Berge«, wohin das Auge schaut. Das Glanzlicht schlechthin manifestiert sich natürlich in der imposanten Formation der Geislerspitzen.

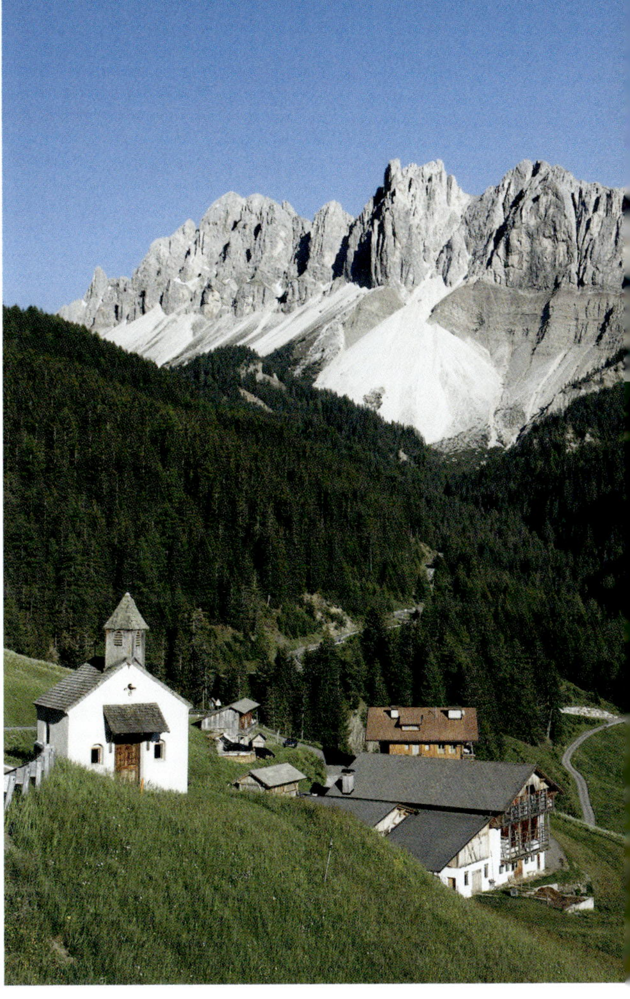

Typische Südtiroler Kulturlandschaft auf der Nordseite der Aferer Geisler

Filetstück des gesicherten Steiges Im weiteren Verlauf bleibt die Spannung auf hohem Niveau. Wir queren unterhalb der Scharte am besten gleich links auf einer wilden Spur (Vorsicht wegen des erodierten Untergrunds) hinüber zu einer gesicherten Rinne, mit der das Kraxelabenteuer am Günther-Messner-Steig so richtig beginnt. Man gewinnt den Grat und biegt kurzzeitig in die Nordseite aus, wo zwei Varianten zur Verfügung stehen. Die vordere ist schwieriger als die hintere. Zupacken muss man freilich in jedem Fall und kommt damit über Rinnen und Rampen auf den Grat zurück, und zwar ganz in der Nähe jenes Kopfes, der in Karten als ❸ **Wälscher Ring** (2646 m) bezeichnet wird. Anschließend weicht unsere Route für längere, mehrheitlich leicht abwärts gerichtete Traversen in die Südseite aus. Meist haben wir es hier mit ungesichertem Schrofenterrain zu tun, unterbrochen durch eine mit Drahtseilen entschärfte Rinne im Bergauf. Zweimal tangieren wir dazwischen die Grathöhe, bevor die Ringspitze (2625 m) ziemlich weit in der Südflanke gequert wird. Allerdings gewinnt die Route später allmählich wieder an Höhe und kommt zurück auf die unmittelbare Kammlinie, wo jetzt an einer Felsstufe eine zehn Meter hohe Leiter zu erklimmen ist – die wohl einprägsamste Stelle überhaupt. Das folgende Band ist noch gesichert, ehe wir durch eine weitere Lücke schlüpfen und den letzten Felsaufbau entlang der Nordseite traversieren. Ein paar Meter über einen Grashang hinab, biegen wir nach links in den Dolomiten-Höhenweg Nr. 2 ein. Rechts ginge es zur Schlüterhütte (und zurück zur Zanser Alm). Die ❹ **Peitlerscharte** (2357 m) leitet einen halbstündigen Abstieg durch eine breite, gutmütige Rinne ein. Doch ehe wir wieder beim Ⓔ **Russiskreuz** einlaufen, wird es noch eine Weile dauern. Gerade der lange Rückmarsch quer durch die Schuttreißen unterhalb der Nordwände gerät für manch einen zur Konditionsprüfung oder zumindest zur Geduldsprobe …

Variante

Die Villnösser Variante – mit Zustieg von der Zanser Alm (1685 m) über den reizvollen **Oberen Herrnsteig** (Nr. 32A) – wird vermutlich etwas häufiger begangen, da sie mit ca. 7 Std. wenigstens ein bisschen kürzer ausfällt und gegen Ende mit der Schlüterhütte und der Gampenalm auch einige »Tankstellen« offeriert. Darüber hinaus bietet sich eine Kombination mit Tour 5 als Zwei-Tage-Tour an.

Rund um den Peitlerkofel

Zauberhafte Rundtour vom Würzjoch

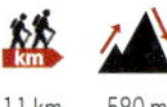

leicht 11 km 580 m 4.30 Std.

Tourencharakter
Leichte Wanderung auf normalen Bergwegen oder teils auch breiten Naturstraßen im Almgelände. An seltenen abschüssigen Stellen elementare Trittsicherheit vorteilhaft, aber nirgends problematisch.

Ausgangspunkt
Würzjoch (2000 m), Scheitelpunkt der Brixner Dolomitenstraße mit gebührenpflichtigem Parkplatz. Zufahrt aus dem Eisacktal über Afers oder Villnöß bzw. aus dem Gadertal von St. Martin in Thurn.

Öffentliche Verkehrsmittel
Im Sommer Busverkehr über das Würzjoch

Höchster Punkt
Peitlerscharte (2357 m)

Gehzeiten
Würzjoch – Peitlerscharte 1½ Std. – Gömajoch 1½ Std. – Würzjoch 1½ Std.; insgesamt 4½ Std.

Aufstieg/Abstieg
Insgesamt etwa 580 Hm

Beste Jahreszeit
Anfang Juni bis Ende Oktober

Hütten/Einkehr
Ütia de Börz (Almgasthof Würzjoch, Tel. 0474/52 00 66) sowie die Jausenstationen Ütia de Cir, Munt de Fornela, Sot Putia, Ütia Vaciara und Ütia de Göma

Karte
Tabacco, 1:25 000, Blatt 07 »Alta Badia – Arabba – Marmolada« oder 030 »Brixen – Villnöss«

Der isoliert stehende Peitlerkofel ist ein Markstein in den Nördlichen Dolomiten. Ringsum vom Grün malerischer Wiesen und Zirbenwälder umgeben, setzt er sich wunderbar in Szene. Schaustück ist fraglos der beeindruckende Nordabsturz über dem Würzjoch. Genusswanderer sind eingeladen, den Solitär auf hindernislosen Wegen zu umrunden – Ambitioniertere können auch eine Besteigung wagen.

Eckpfeiler der »Bleichen Berge« Nordseitig vermittelt der Peitlerkofel (ladinisch Sas de Pütia) tatsächlich den Eindruck des Unnahbaren. Da erhebt sich über einem Unterbau aus vornehmlich rötlich-braunem Grödner Sandstein – der im nahen Canyon der Rio-Moi-Schlucht prachtvoll aufgeschlossen ist – der mächtige Bergkörper aus kompaktem Schlerndolomit mit seiner doppelgipfligen Silhouette. Wesentlich zahmer und nicht mehr rein felsig, wenngleich immer noch klobig-markant, präsen-

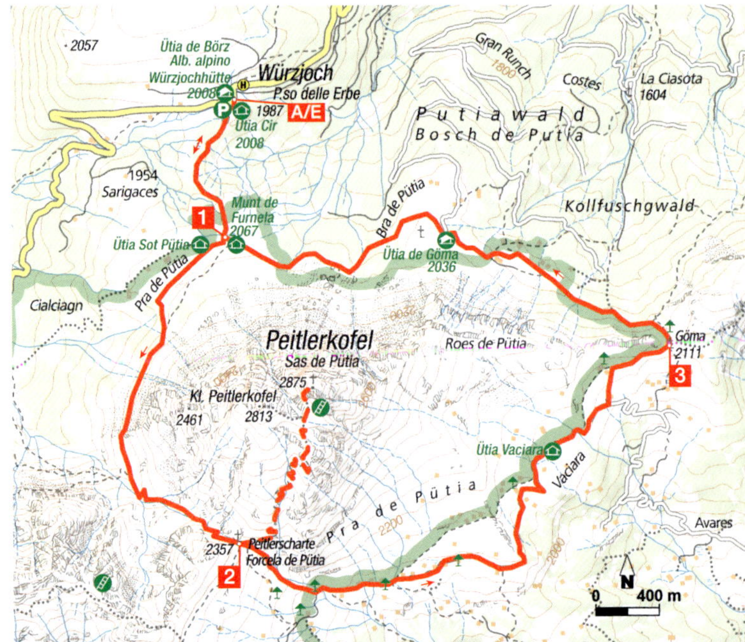

tiert sich die Rückseite, wo von der Peitlerscharte die Normalroute hinaufzieht. Den gemäßigten Bergwanderer wird indes die Umrundung des Bergstocks begeistern. Sie führt weithin über die sanften Peitlerwiesen, die sich zu Sommerbeginn in ein Blumenparadies verwandeln. Zu Zeiten der Mahd liegt ein besonderes Aroma in der Luft – der unwiderstehliche Duft des Bergsommers. Zeigen sich dann noch die Dolomitgipfel im Sonnenglast, kann man wohl von der perfekten Bergidylle sprechen.

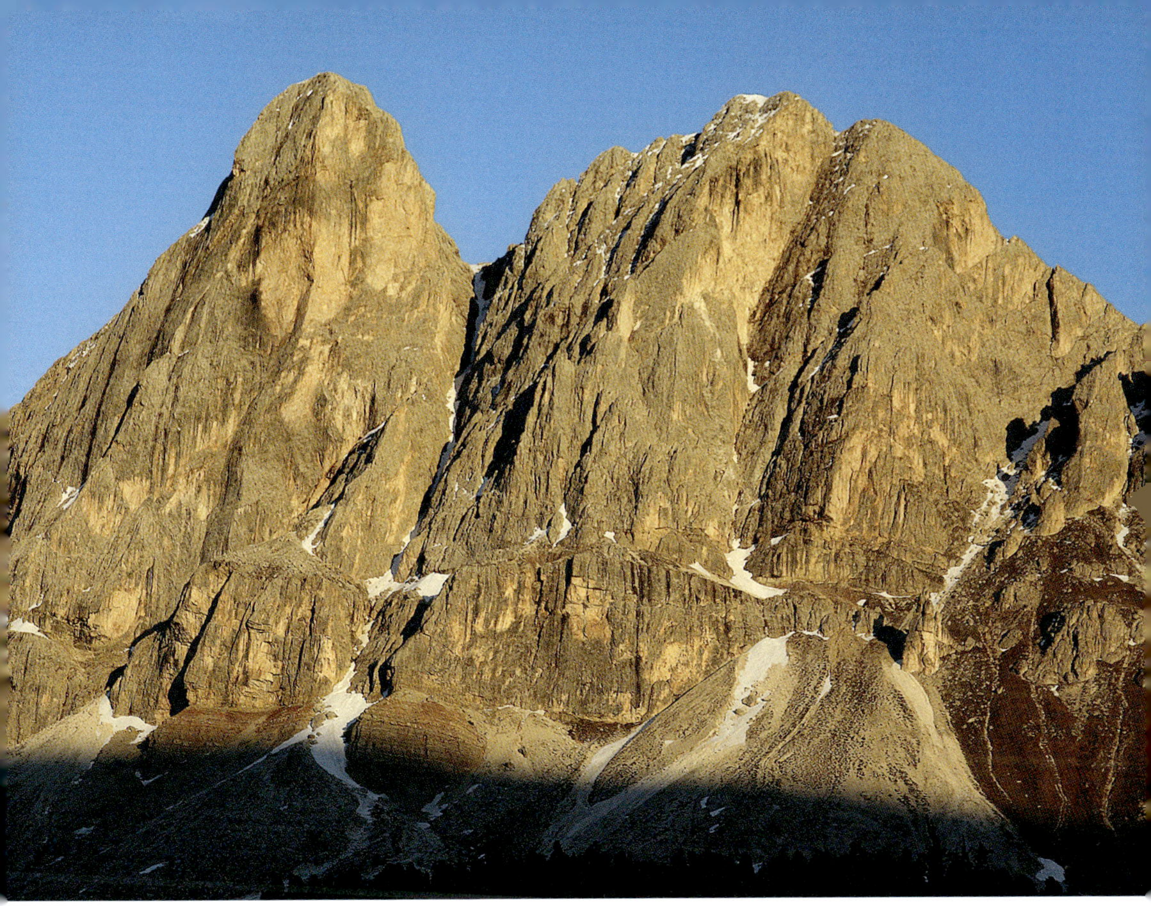

Der doppelgipflige Peitlerkofel hinterlässt vor allem von Norden einen starken, dolomitenhaften Eindruck.

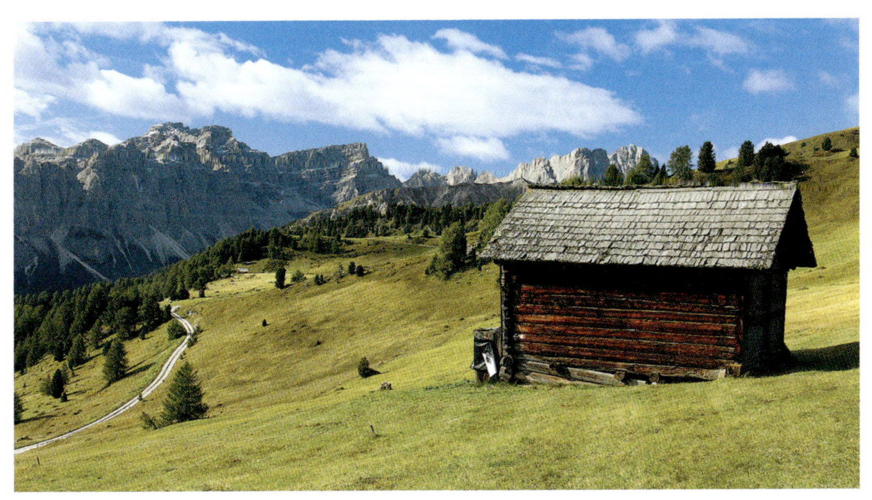

Von den lieblichen Peitlerwiesen schweifen unsere Blicke Richtung Puezspitzen.

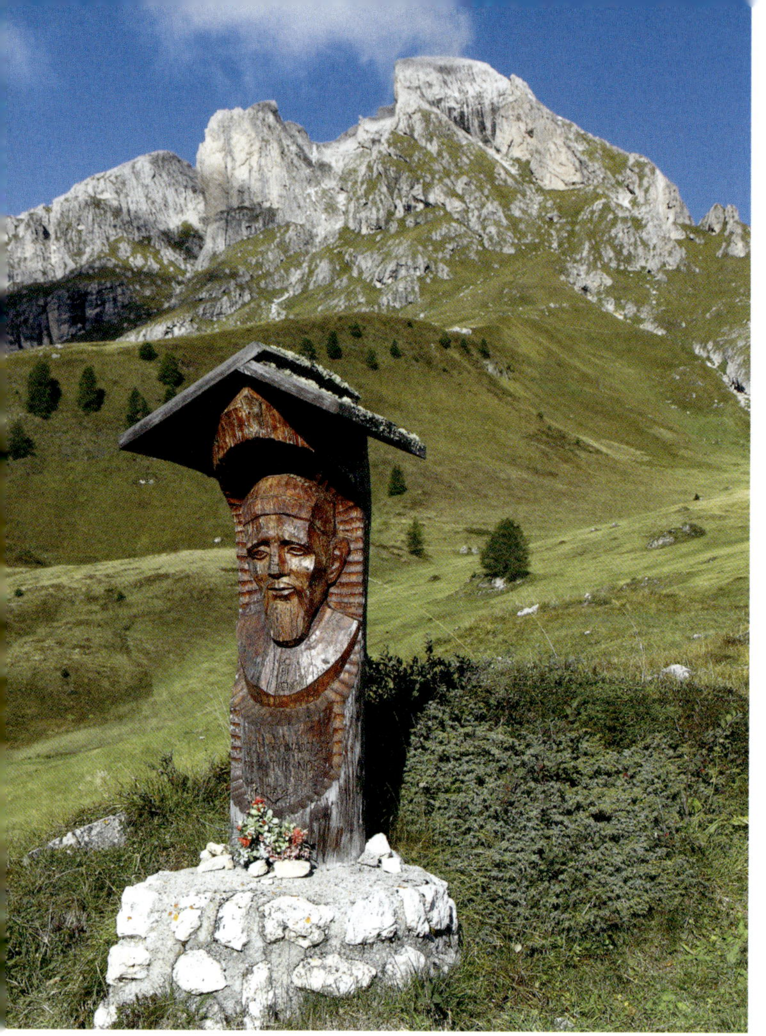

Kunstvoll gearbeitete Holzskulptur auf den Peitlerwiesen

Die »Roda de Putia« Vom großen Parkplatz am **A Würzjoch** folgen wir zuerst einem breiten Fahrweg am Rio-Moi-Trichter vorbei und kommen damit auf das Wiesenplateau unter der Nordwand, wo sich bei der Jausenstation **1 Munt de Fornela** (2067 m) der Weg gabelt. Rechter Hand beginnt die Traverse des Westhangs (Markierung Nr. 8A), die uns auf schmalerem Steig ohne wesentlichen Höhengewinn in den Geländeeinschnitt des Schartenbachs bringt. Eindrucksvoll formiert sich derweil das Massiv der Aferer Geisler, die wir im vorherigen Kapitel ja schon näher beleuchtet haben. Die **2 Peitlerscharte** (2357 m) trennt es vom Peitlerkofel. Wir steigen auf dem eher gutmütigen, selten allzu schuttigen Steig knapp 300 Höhenmeter dorthin auf und haben plötzlich die Gadertaler Weiten im Überblick. Im Süden stehen die Puezberge Spalier, Richtung Osten erkennt man die imposanten Wände von Kreuzkofel und Lavarella, die zu den Paradekulissen Ladiniens gehören.
Wir folgen der Bezeichnung Nr. 35 abwärts, stoßen bald auf einen Almfahrweg und durchwandern damit die Terrasse der Peitlerwiesen. Verstreute Hütten und Heuschupfen tragen wesentlich zum harmonischen Bild einer gepflegten Kulturlandschaft bei. In der **Ütia Vaciara** ließe sich einkehren, bevor mit dem **3 Gömajoch** (2111 m) die zweite markante Schwelle der Rundtour hindernislos überschritten wird. Hier wechseln wir über den weit ausstreichenden Ostausläufer des Peitlers, lassen dann Nr. 35 nach Untermoi abziehen und wandern mit Nr. 8B – vorübergehend auf breiter Trasse – Richtung **Ütia de Göma** (2030 m). Hinter der Jausenstation geht es etwas verschlungen durch eine Bergsturzzone zu Füßen der Nordwand (an einem riesigen schwarzen Block vorbei) und damit zurück zur **1 Munt de Fornela**. Tief beeindruckt von der Fülle der Impressionen kehrt man zum **E Würzjoch** zurück.

Gipfeltour

Ausdauernde Bergwanderer mit etwas Felserfahrung können an der Peitlerscharte den Gipfelabstecher auf den **Peitlerkofel** (2875 m) einflechten. Zuerst erfolgt ein Zickzackkurs im Gras- und Schrofenterrain, der zuoberst von einem gesicherten Felsensteig abgelöst wird. Hin und zurück muss man mit 2½ Std. extra rechnen, ohne die Gipfelrast, die bei schönem Wetter lange dauern kann!

Villnösser Sunnseitenweg

Von Teis bis hinein nach St. Magdalena

Es gehört zu den klassischen, stets wiederkehrenden Kalendermotiven Südtirols: das Villnösser Kirchlein St. Magdalena vor der scharf geschnittenen Phalanx der Geislerspitzen. Was könnte es Einfühlsameres geben, als sich dieser Bilderbuchkulisse ganz langsam und bedächtig, gleichsam Schritt für Schritt, zu nähern? Der »Sunnseitenweg« kommt dafür gerade recht.

Herrliche Dolomitenklischees In Villnöß scheint die Welt noch in Ordnung. Zwar fließt an schönen Tagen ein durchaus reger Verkehr bis zuhinterst ins ergiebige Wandergebiet um die Zanser Alm, doch überdimensionierte Erschließungen sind dieser Talschaft glücklicherweise erspart geblieben. Stattdessen entfaltet sich allenthalben eine harmonische Kultur- und Naturlandschaft. Mit dem bäuerlichen Villnöß gehen wir auf unserer Wanderung von Teis nach St. Magdalena richtig auf Tuchfühlung. Sie verläuft am Sonnenhang und eröffnet eine prächtige Fernschau auf die zackigen Geislerspitzen. Solch eine Talschlusskulisse lässt uns doch stets aufs Neue ehrfürchtig innehalten. Die ganze Herrlichkeit der Dolomiten manifestiert sich hier in einer einzigartigen Komposition der Formen und Farben. Und wir entdecken plötzlich, dass ein vermeintliches Klischeebild pure Realität ist …

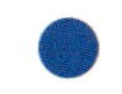  
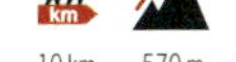

leicht 10 km 570 m 3.00 Std.

Tourencharakter
Leichte Wanderwege im Wechsel mit Höfestraßen, damit für jedermann geeignet

Ausgangspunkt
Teis (962 m); Zufahrt aus dem Eisacktal (zwischen Brixen und Klausen) Richtung Villnöß und nach knapp 4 km links abzweigen

Endpunkt
Bushaltestelle bei St. Magdalena im inneren Villnößtal

Öffentliche Verkehrsmittel
Busverbindung von Brixen ins Villnößtal bzw. von Klausen nach Teis

Höchster Punkt
Etwa 1350 m werden maximal erreicht

Gehzeiten
Teis – Jochhöfe 1 Std. – St. Jakob ½ Std. – Gsoihof ¾ Std. – St. Magdalena ¾ Std.; insgesamt 3 Std.

Aufstieg/Abstieg
Etwa 570 Hm Aufstieg, 300 Hm Abstieg

Beste Jahreszeit
April bis November

Hütten/Einkehr
Moarhof, Fisneid, Gsoihof, St. Magdalena

Karte
Tabacco, 1:25 000, Blatt 030 »Brixen – Villnöss«

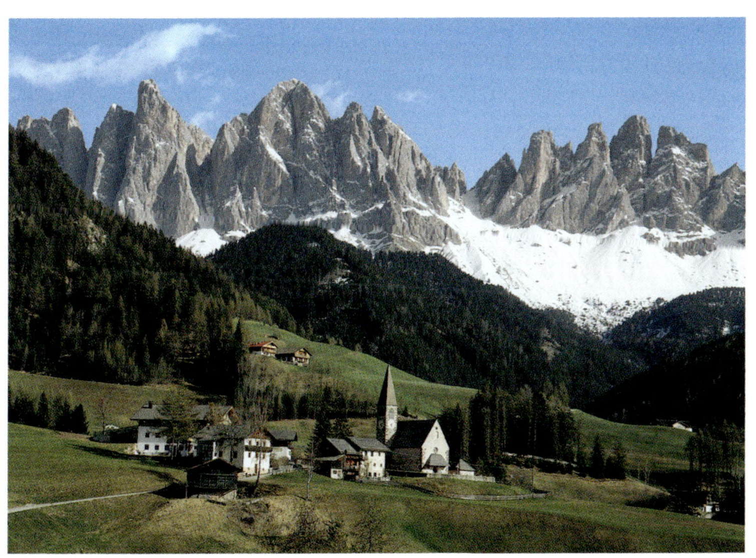

Furchetta, Sas Rigais und die Odle (von links) stehen oberhalb von St. Magdalena Spalier.

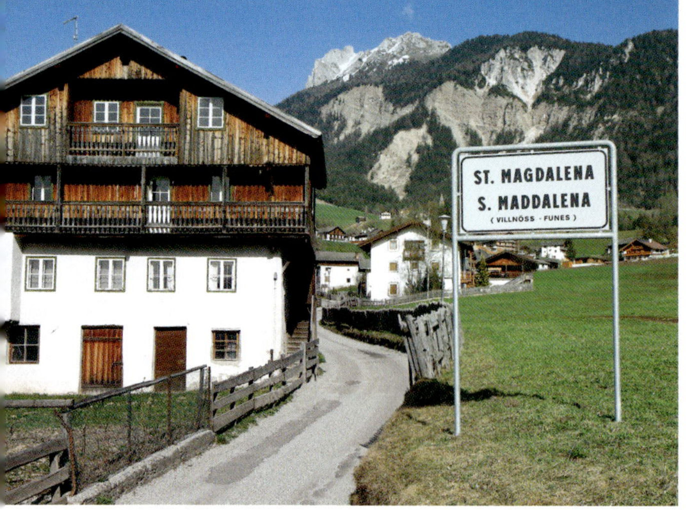

In St. Madalena umgibt uns eine zauberhafte bergbäuerliche Idylle.

Über die Berghöfe am Sonnenhang Das Wegenetz auf der Villnösser Sonnseite ist aufgrund der Streusiedlungen sehr verzweigt und erlaubt zahlreiche Varianten für mehr oder weniger ausgedehnte Erkundungen. Manche Abschnitte haben vom Tourismusverein einen eigenen Namen erhalten, etwa der »Bergbauernweg« oder der »Sunnseitenweg«. Man startet freilich mit Gewinn schon in **A Teis**, das auf einer offenen Hangterrasse dem Eisacktal zugewandt ist und bei Mineralienliebhabern durch die »Teiser Kugeln« einen gewissen Bekanntheitsgrad erlangt hat. Von dort geht es mit Nr. 11 zuerst zum Gostner Graben, ehe sich ein steilerer Anstieg zu den **1 Jochhöfen** (1320 m) anschließt. Einkehrmöglichkeit bietet hier die Jausenstation Moarhof. Nächstes Ziel ist das Kleinod **2 St. Jakob**. Seit Jahrhunderten schaut das Kirchlein von einer Anhöhe über das waldreiche Tal auf die Geislerspitzen im Hintergrund. Während wir die Höfe von Fisneid und Rungatsch passieren, bleibt der pittoreske Villnösser Hauptort St. Peter unterhalb. Der Sunnseitenweg wendet sich nun etwas abwärts nach St. Maria und zum **3 Gsoihof**, wo man wiederum einkehren kann. Mittlerweile befinden wir uns im inneren Villnöß und wandern mit Markierung Nr. 32 ostwärts unserem Zielpunkt entgegen. An den Trutschhöfen vorbei geht es nochmals etwas aufwärts, sofern man die Kirche von **4 St. Magdalena** (1337 m) aus der Nähe sehen möchte. Da ist es ja in natura, unser viel gepriesenes Kalenderbild! 100 Höhenmeter tiefer befindet sich die Bushaltestelle an der Talstraße. Und womöglich wird man nun darauf brennen, den verheißungsvollen Felsszenerien im Villnösser Talschluss so richtig nahe zu rücken. Kein Problem, folgen Sie einfach dem nächsten Tourenvorschlag …

Rechte Seite: In unverwechselbarer Weise dominieren die Geislerspitzen den Villnösser Talschluss.

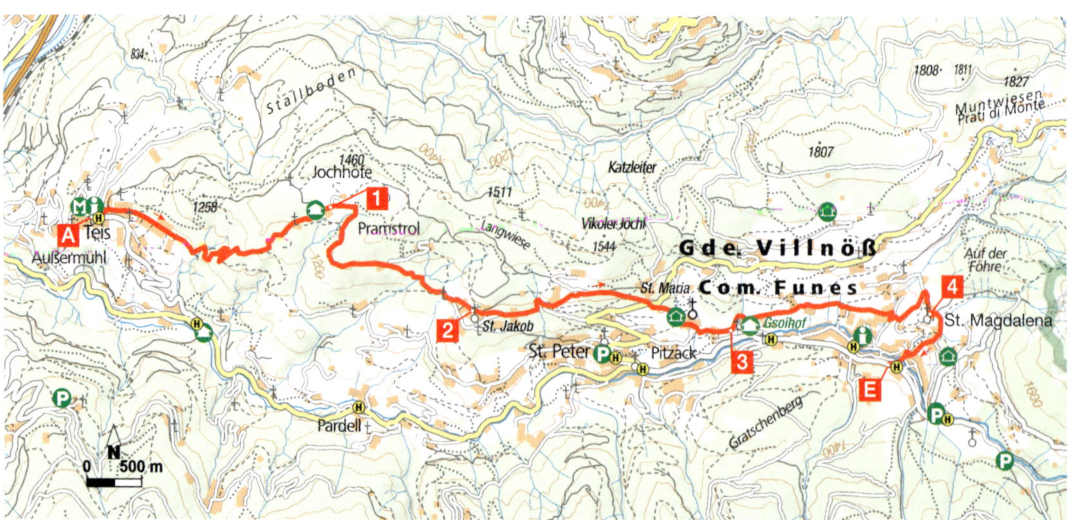

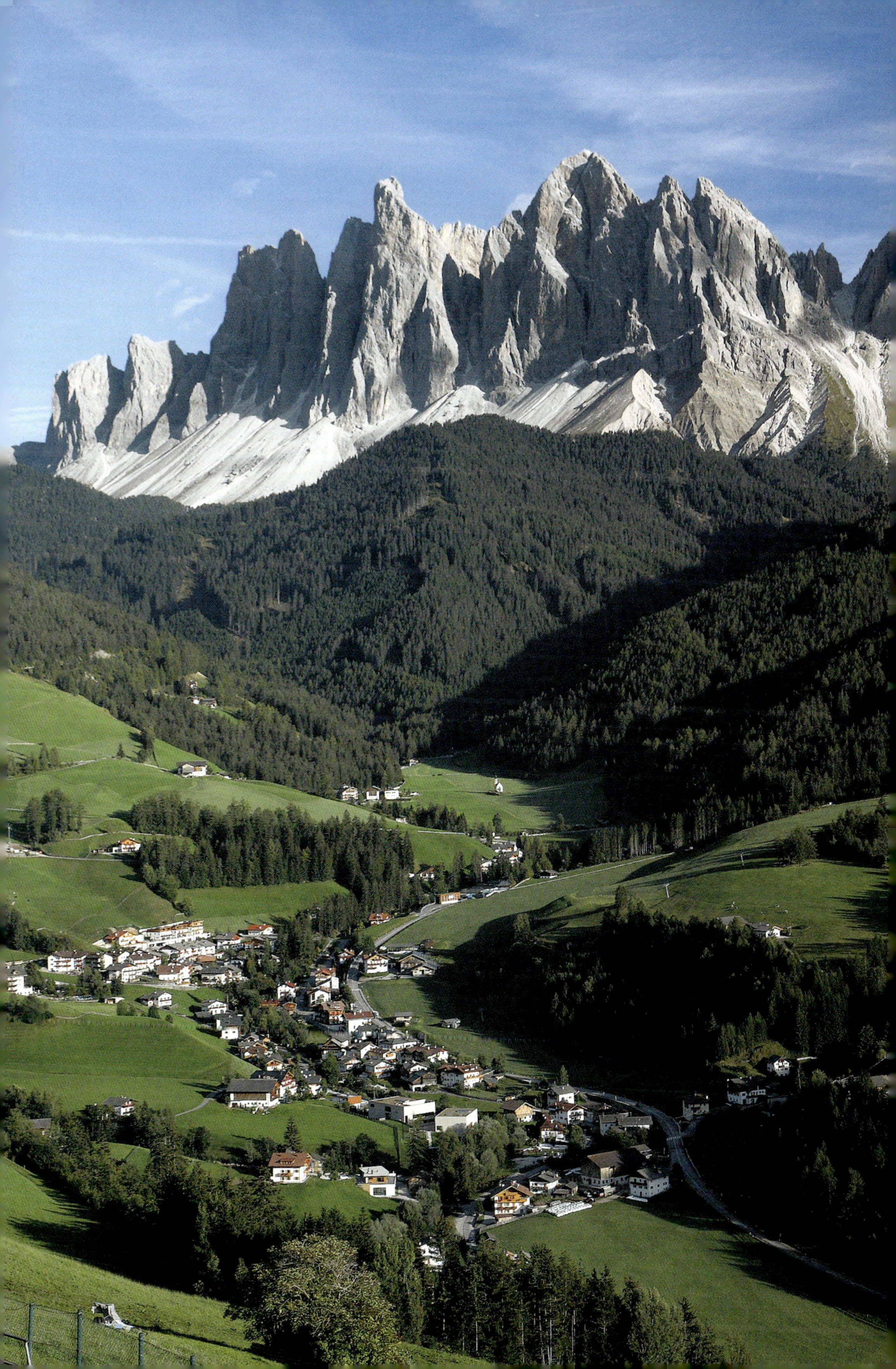

Am Fuß der Geislerspitzen

Via Schlüterhütte auf den Adolf-Munkel-Weg

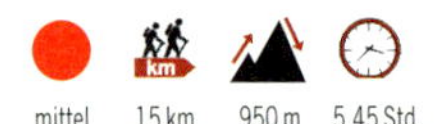

Tourencharakter
Überwiegend leicht begehbare Bergwanderwege, die nur manchmal durch etwas steilere Hänge führen. Die Hauptanforderung wird an die Ausdauer gestellt, wobei es jedoch Abkürzungsmöglichkeiten gibt.

Ausgangspunkt
Zanser Alm (1685 m); Zufahrt durchs Villnößtal bis zum Ende der Bergstraße im Talschluss (gebührenpflichtige Parkplätze)

Öffentliche Verkehrsmittel
In der Hauptsaison Busverbindung von Brixen bis zur Zanser Alm

Höchster Punkt
Bronsoijoch (2421 m)

Gehzeiten
Zanser Alm – Schlüterhütte 2 Std. – Kreuzjoch 1 Std. – Beginn Munkelweg ¾ Std. – Gschnagenhardtalm 1 Std. – Zanser Alm 1 Std.; insgesamt 5¾ Std.

Aufstieg/Abstieg
Insgesamt ca. 950 Hm

Beste Jahreszeit
Mitte Juni bis Mitte Oktober

Hütten/Einkehr
Berggasthöfe Zanser Alm und Sass Rigais, Gampenalm (Tel. 348/272 15 87), Franz-Schlüter-Hütte (Tel. 0472/67 00 72), Medalgesalm, Gschnagenhardtalmen

Karte
Tabacco, 1:25 000, Blatt 05 »Gröden – Seiseralm« oder 030 »Brixen – Villnöss«

Almwiesen unmittelbar vor schroffem Felsgemäuer – diese Kombination macht die Dolomiten vielerorts absolut unwiderstehlich. Den Talschluss von Villnöß dominieren ganz klar die Geislerspitzen. Und die Wanderer pilgern zu den idyllischsten Plätzen, um diese Reihe stolzer Zinnen in Augenschein zu nehmen. Die Möglichkeiten sind reichhaltig und stellen uns vor die Qual der Wahl …

Von der Zanser Alm Wenn ich ins innere Villnößtal gekommen bin, stand nicht selten ein echter Wanderklassiker auf dem Programm: der Adolf-Munkel-Weg. Er wurde Anfang des 20. Jahrhunderts vom Dresdner Alpenverein als Zugang aus dem Grödner Tal zur sektionseigenen Franz-Schlüter-Hütte gebaut. Seitdem sich die Zanser Alm zu einem Touristenumschlagplatz entwickelt hat, liegt die hauptsächliche Bedeutung freilich in einer beschaulichen Tagesrunde durch eine urwüchsige Landschaft am Fuße der Geisler-Nordwände. In einem Buch über die schönsten Höhenwege der Dolomiten darf der Adolf-Munkel-Weg meiner

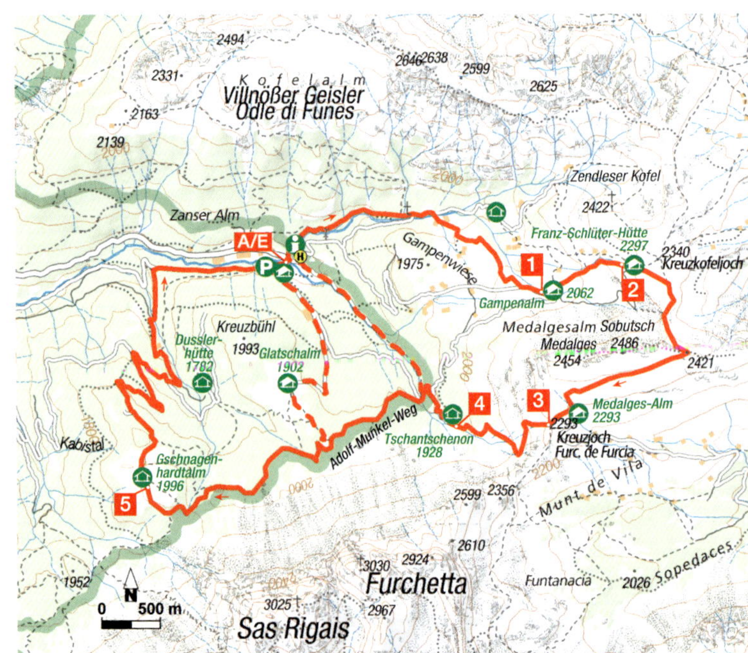

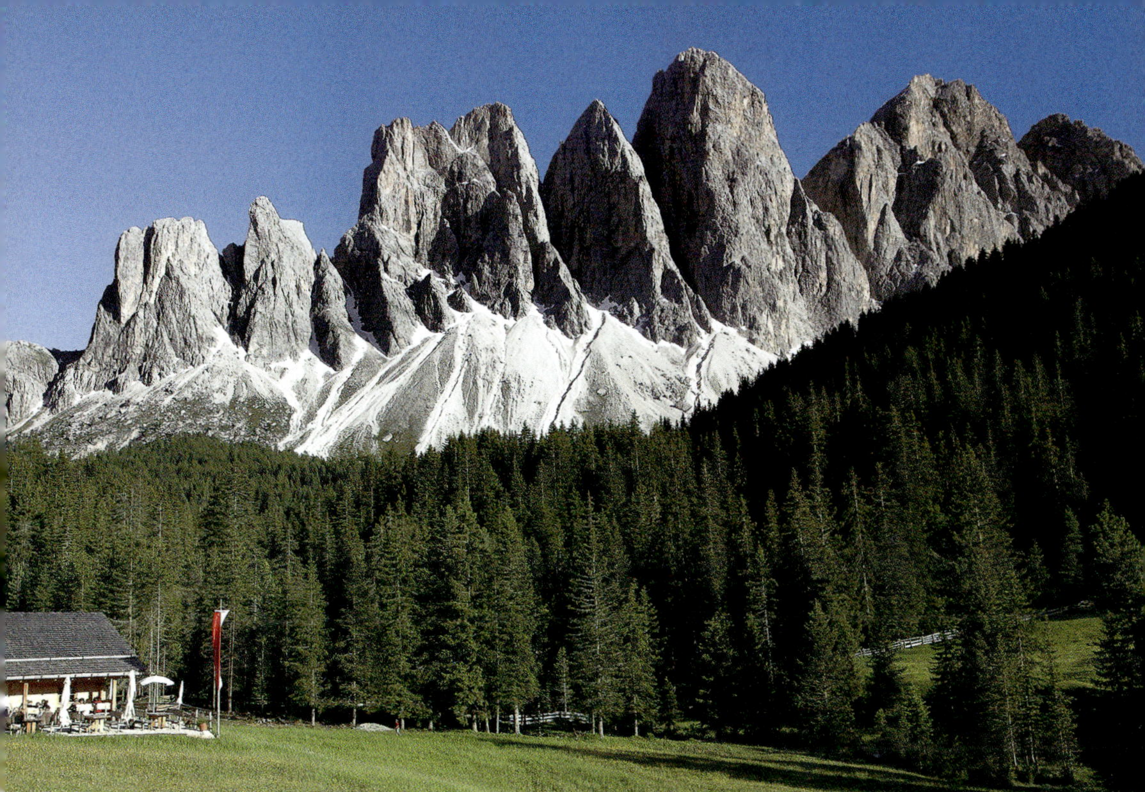

Auf der Zanser Alm setzt sich die Phalanx von Campillerturm, Wasserstuhl, Wasserkofel, Odla di Valdussa, Furchetta und Sas Rigais in Szene.

Ansicht nach nicht fehlen. Es ist jedoch keinesfalls festgeschrieben, wie man die Tour zu gestalten hat. Denn das Wanderwegenetz im Einzugsbereich der Zanser Alm lässt uns viel Spielraum. Warum also nicht auch die Schlüterhütte einbeziehen?

Die Kreuzjoch-Schleife Von den großen Parkplätzen auf der Ⓐ **Zanser Alm** wenden wir uns in den Einschnitt des Kasserillbachs und zweigen nach einer halben Stunde rechts zu den Gampenwiesen ab (Weg Nr. 33). Schon hier werden wir vom Zauber des Villnösser Talschlusses ganz vereinnahmt. Über die beliebte ❶ **Gampenalm** (2062 m) setzen wir den Aufstieg zur ❷ **Franz-Schlüter-Hütte** (2297 m) fort, wobei man zwischen einem breiten Schotterweg und einem Wiesenpfad wählen kann. Bis zum Kammsattel am Kreuzkofeljoch ist es jetzt nur noch ein Katzensprung. Man nimmt den südlichen der beiden Wege (Nr. 3), der rechts zum Ostrücken des Sobutsch eindreht. Dieser wird am **Bronsoijoch** (2421 m) überstiegen und eröffnet an dieser Stelle einen verblüffenden Blick auf die Puezspitzen. Dahinter schräg rechts durch die Wiesenflanke zur urigen Medalgesalm (2293 m), die im Sommer ebenfalls eine Jause bereithält. Wenige Meter weiter schlüpfen wir mit Nr. 33 durch das ❸ **Kreuzjoch** (2293 m), während die Haupttrasse des Dolomiten-Höhenwegs Nr. 2 südwärts abzieht. Jenseits dem Schutt- und Wiesensteig links ausholend folgen und hinab zur Alm ❹ **St. Zenon** (Tschantschenon, 1928 m), von wo man die »kleine Schleife« Richtung Zanser Alm vollenden könnte.

Der Adolf-Munkel-Weg Aber es lockt ja noch der Adolf-Munkel-Weg! Wir achten bei der Bachbrücke auf den Linksabzweig (Nr. 35) und haben jetzt die Traverse direkt unterhalb der himmelhoch aufragenden Geislerspitzen vor uns. Gleichwohl bewegen

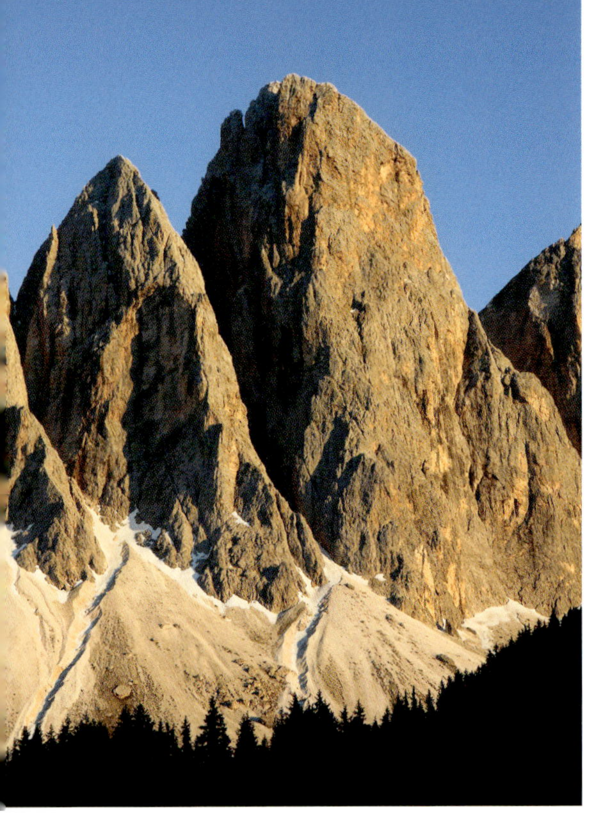

Odla di Valdussa und Furchetta im Abendlicht

wir uns nahe der Baumgrenze in nachgerade lieblichem Gelände, das manchmal wie eine verwunschene Märchenlandschaft anmutet. Kantige Felsbrocken liegen herum, irgendwann im Laufe der Jahrtausende aus den gewaltigen Mauern herabgestürzt und häufig bereits von Moosen und Gräsern in Beschlag genommen. Dazwischen setzen viele Blumen ihre Farbsprengsel. Zahlreiche Pionierpflanzen trotzen dem talwärts drückenden Geröll, markieren gleichsam die Kampfzone des Lebens. Am nahen Waldsaum prägen Zirben und Lärchen das Bild. Und dann die Kulisse über uns! Da streben die wuchtigen Zinnen geradewegs in den blauen Dolomitenhimmel, scheinen ihn beinahe berühren zu wollen. Beginnend mit dem Campillerturm und dem Wasserkofel ganz links außen über die kantige Furcheta und den massigen Sas Rigais bis zu den schlanken Türmen der Odle und den Fermedaspitzen am anderen Ende präsentieren sich die Geislerspitzen als Kulisse, die ihresgleichen sucht. Im Grunde ist es vor allem diese Harmonie der Gegensätze, die den Adolf-Munkel-Weg so attraktiv macht: hier das anheimelnd Idyllische und gleich daneben das einschüchternd Jähe!

Wir wandern leicht auf und ab an den Abzweigungen zur Glatschalm vorbei – übrigens auch eine lohnende Variante mit Einkehrmöglichkeit – und entscheiden uns für die Runde über die ❺ Gschnagenhardtalm (1996 m): eine wunderbar idyllische große Lichtung auf sanftem Bergrücken und ein Traumplatz, um die Geisler-Nordwände nochmals ausgiebig zu würdigen. Es war einst die Spielwiese eines Buben namens Reinhold, der später auszog, die Berge der Welt zu erobern …

Im Frühsommer blüht es auf den Bergwiesen – ein wunderbarer Kontrast zu den Felsspitzen der Geisler-Puez-Gruppe.

Variante

Wer den kompletten Adolf-Munkel-Weg ohne Erweiterungen begehen möchte, startet am besten beim Parkplatz Ranui (1370 m) und wandert zuerst Richtung **Broglesalm** (2045 m) hinauf. Ein Stück davor führt Nr. 35 ostwärts weg. In abwechslungsreichem Verlauf geht es bis zum St.-Zenon-Bach und über die Forststraße via Zanser Alm zurück. Gesamtgehzeit ca. 5½ Std.

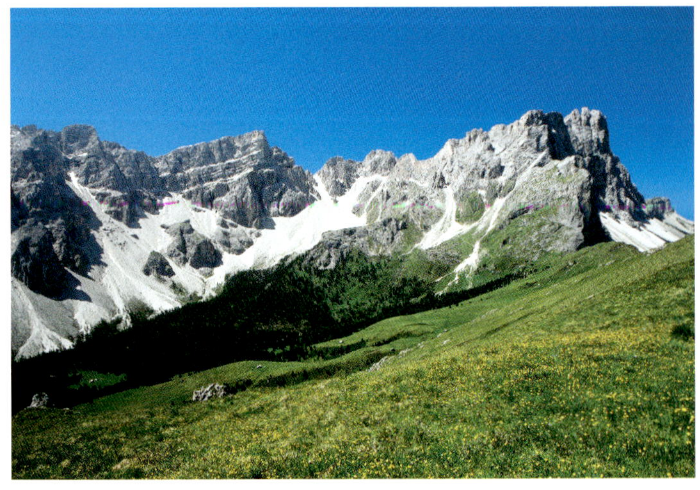

Von der Raschötz zum Pic

Über die Hausberge von St. Ulrich

Seine großen landschaftlichen Trümpfe spielt das Grödner Tal im inneren Bereich aus, mit der gewaltigen Sellaburg, den Geislerspitzen über der grünen Cislesalpe und nicht zuletzt dem Langkofel als Grödens Wahrzeichen Nummer eins. Von diesen Felsbastionen bleibt unsere Wanderung meist ein gutes Stück entfernt und doch bietet sie – aus der Halbdistanz gewissermaßen – großartige Impressionen.

Oben auf der Raschötz Das liegt wohl vor allem an der unerklärlichen Harmonie der Topografie, dem Zusammenspiel von lieblichen Hochweidegebieten und erhabenem Felsgemäuer. Auf den Höhenwegen über dem Grödner Tal erschließt sich eine Südtiroler Bilderbuchlandschaft, die seit den Zeiten Luis Trenkers Urlaubsträume alpenfern ansässiger Menschen beseelt. Nicht umsonst ist Gröden – mehr als andere Dolomiten-Destinationen – zur international renommierten »Marke« im Tourismus avanciert, auch weil man hier wohl besonders geschäftstüchtig agiert

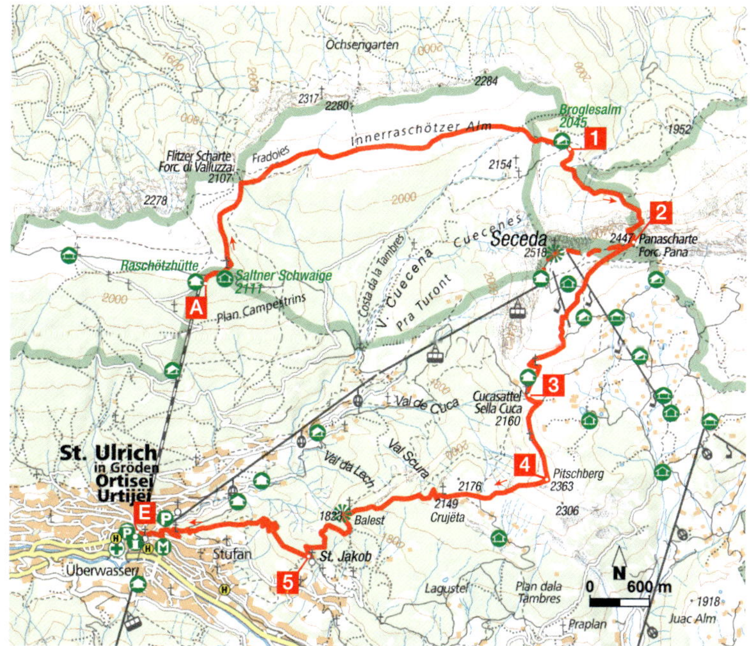

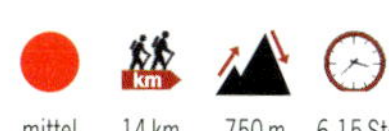

Tourencharakter
Über weite Strecken leichte, wenig beschwerliche Wege in Wiesengelände. Eine Ausnahme bildet der steile, nordseitige Aufstieg zur Panascharte, der etwas Trittsicherheit verlangt. Ziemlich lange Runde, Abkürzung mit der Secëdabahn möglich.

Ausgangspunkt
Bergstation der Standseilbahn von St. Ulrich auf die Raschötz (2093 m); Betriebszeiten Anfang Juni bis Mitte Oktober (8.30 bis 18 Uhr, Nebensaison bis 17 Uhr)

Endpunkt
St. Ulrich (1265 m), Hauptort im Grödner Tal

Öffentliche Verkehrsmittel
Buslinie von Waidbruck im Eisacktal nach Gröden

Höchster Punkt
Panascharte (2447 m)

Gehzeiten
Raschötz-Bergstation – Broglesalm 1½ Std. – Panascharte 1¼ Std. – Pitschberg 1¼ Std. – St. Ulrich 2¼ Std.; insgesamt 6¼ Std.

Aufstieg/Abstieg
750 Hm Aufstieg, 1580 Hm Abstieg

Beste Jahreszeit
Mitte Juni bis Mitte Oktober

Hütten/Einkehr
Raschötzhütte (Tel. 333/ 338 08 68), Saltner Schwaige, Broglesalm (Tel. 0471/65 56 42), Sofiehütte, Baita Curona

Karte
Tabacco, 1:25 000, Blatt 05 »Gröden – Seiseralm«

und die Gäste mit großzügigen Erschließungen anlockt. Erst kürzlich ist der alte Sessellift auf die Raschötz durch eine moderne Standseilbahn ersetzt worden. Wir nehmen die Aufstiegshilfe an, um unsere durchaus ausschweifende Tour direkt ab der Ⓐ **Bergstation** mit einer der schönsten Höhenpromenaden beginnen zu können. An der sanften Südabdachung des Raschötzkammes geht es auf dem breiten Weg Nr. 35 ohne große Höhendifferenzen zuerst quer durch eine Einbuchtung und dann kilometerweit hinüber zum **Broglessattel** (2119 m). War anfangs der Riffkomplex der Langkofelgruppe Hauptblickfang, setzen sich nun die Geislerspitzen umso prächtiger in Szene. Die Schrägperspektive auf Fermeda, Odla, Sas Rigais und Furcheta lässt sich vorzüglich während einer Rast bei der ❶ **Broglesalm** (2045 m) genießen. An der »Secëda« rechts außen entdecken wir einen interessanten Einblick in die Erdgeschichte.

Über die Panascharte zum Pitschberg Ein möglicherweise etwas skeptischer Blick fällt dabei auch auf die steil abfallende Panascharte, denn dort wollen wir als Nächstes hinauf. Man quert die Reißen in der Nordflanke der Secëda und gelangt im Bogen bis unter den Auslauf der Rinne. Hier über die unvermeidlichen Geröllfelder im Zickzack empor und zuletzt teilweise gesichert bis in die ❷ **Panascharte** (2447 m). Rechts auf etwa gleicher Höhe dockt die Seilbahn von St. Ulrich an, mit der sich un-

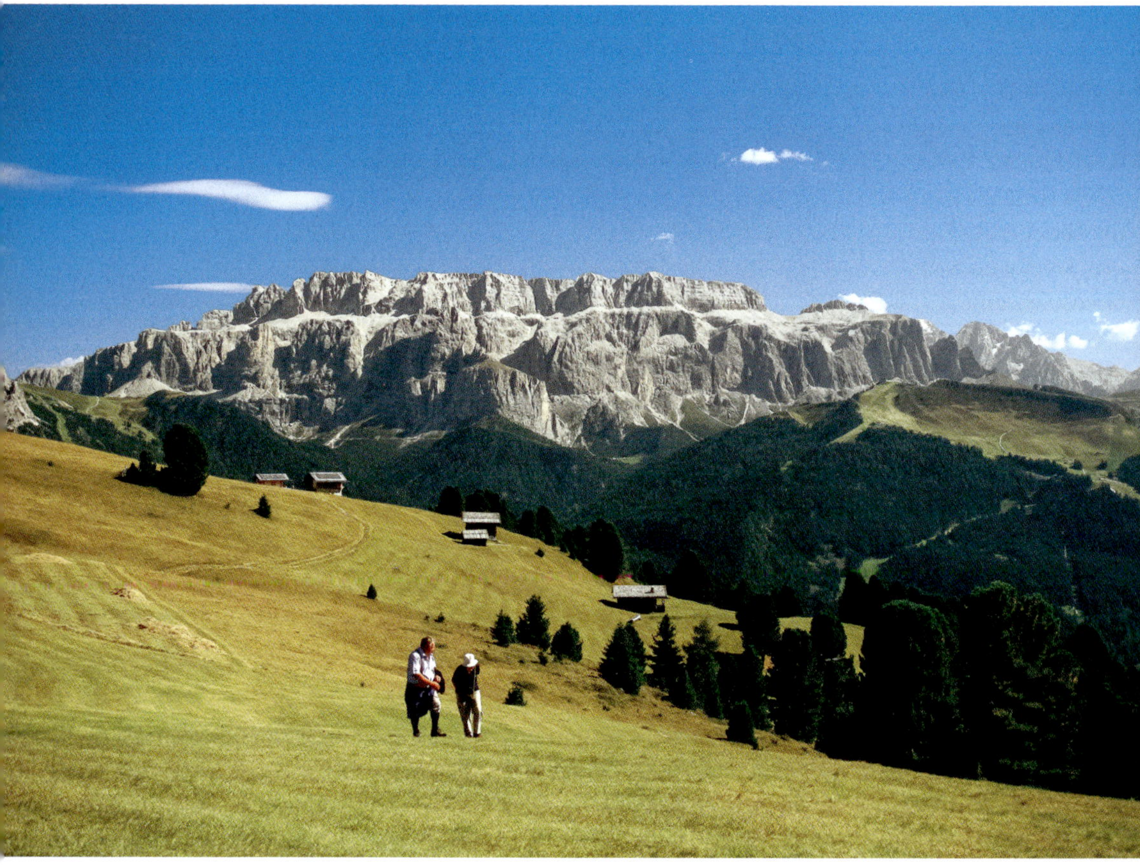

Wiesenwandern auf Sëurasas, im Hintergrund dominiert die Sella-Festung.

sere Tour auch in zwei kleinere Einheiten unterteilen ließe. Wer mag, kann jetzt über die Secëda (2518 m) wandern, ansonsten bringt uns Weg Nr. 6 durch die Matten der Aschgler Alm schräg bergab zum ❸ Cucasattel (2160 m) und im Gegenanstieg über den Nordrücken zum ❹ Pitschberg (2363 m), den die Ladiner kurz »Pic« nennen. Unter den leicht zu erreichenden Grödner Panoramalogen ist diese Gipfelkuppe mein heimlicher Favorit, erschließen sich doch sowohl die Cisles-Arena zwischen Geisler- und Steviamassiv als auch die Wände von Sella und Langkofel jenseits des Tals buchstäblich in einer Gesamtübersicht.

Durch eine anmutige Kulturlandschaft geht es weiter: Wir folgen dem Westrücken auf die ausgedehnten Wiesen von Sëurasas, die man zur herrlichen, kreuzgeschmückten Kanzel der Crujëta (2149 m) überschreitet. Vorübergehend steiler auf den Plan dla Roles und dem nun bewaldeten Bergrücken weiter folgend bis zur nächsten Kanzel namens Balest (1823 m). Ein absolutes Klassemotiv wartet etwas tiefer mit der Bergkirche ❺ St. Jakob (1565 m), die sich vor dem Langkofel wunderbar ins rechte Licht rücken lässt, ehe man über den Col de Flam bis ins Zentrum von Ⓔ St. Ulrich absteigt.

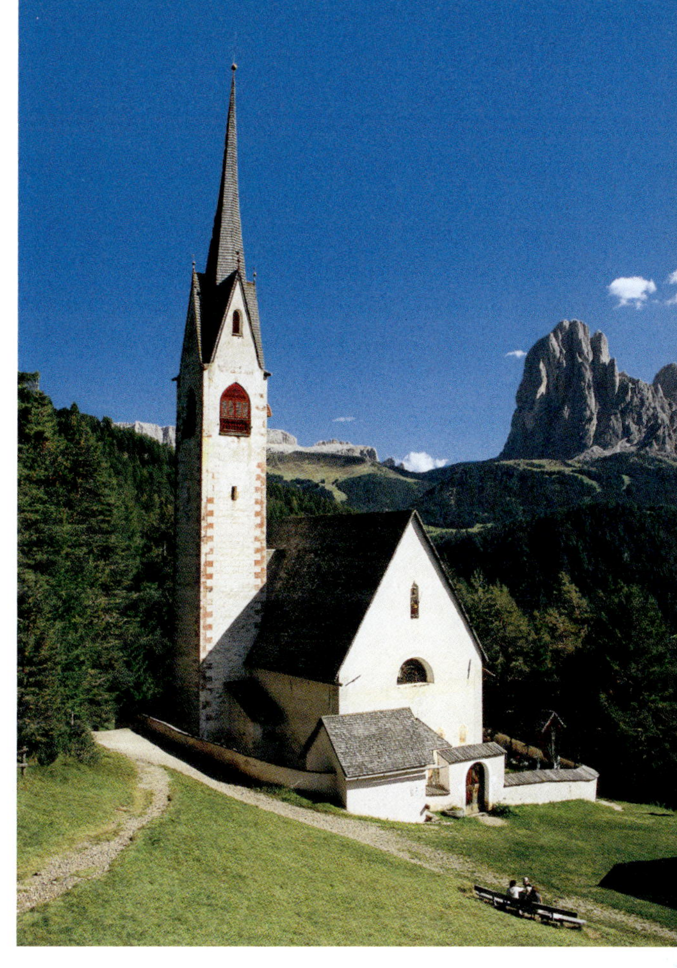

Die Bergkirche St. Jakob harmoniert mit dem Langkofel.

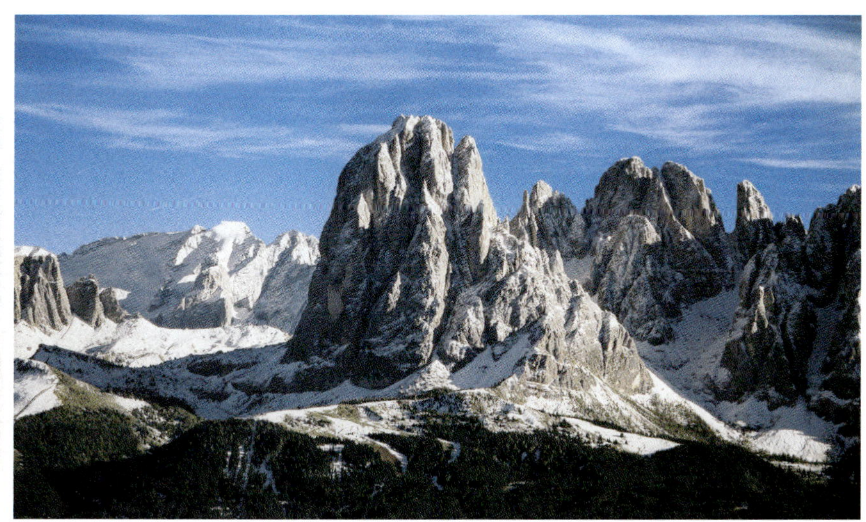

Allgegenwärtiger Blickfang in Grödens Bergwelt: die formgewaltige Langkofelgruppe, dahinter die Marmolada

Rund ums Langental

Traumhafte Höhenwege über dem Grödner Canyon

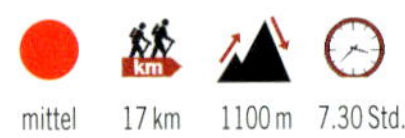

Tourencharakter
Zumeist typische, ordentlich ausgebaute Bergwege in oft steinigem, teils auch bewachsenem Gelände mit den schwierigsten Passagen im Bereich des Col dala Pïeres (vereinzelte Felsstellen gesichert). Grundlegende Trittsicherheit erforderlich, als Tagestour auch beachtliche Ausdauer (bei Zwischennächtigung in der Puezhütte nicht so anstrengend).

Ausgangspunkt
Grödner Joch (2121 m), Straßenpass zwischen Gröden und Hochabtei

Endpunkt
Wolkenstein (1560 m), oberster Ort im Grödner Tal

Öffentliche Verkehrsmittel
Bus von Waidbruck ins Grödner Tal mit Anschluss zum Grödner Joch

Höchster Punkt
Col dala Pïeres (2751 m)

Gehzeiten
Grödner Joch – Forcella de Crespëina 1½ Std. – Puezhütte 1½ Std. – Col dala Pïeres 2 Std. – Steviahütte 1 Std. – Wolkenstein 1½ Std.; insgesamt 7½ Std.

Aufstieg/Abstieg
Bis zur Puezhütte ca. 600 Hm Aufstieg, 250 Hm Abstieg; insgesamt 1100 Hm Aufstieg, 1650 Hm Abstieg

Beste Jahreszeit
Ende Juni bis Ende September

Hütten/Einkehr
Gasthäuser am Grödner Joch, Jimmys Hütte, Puezhütte (Tel. 0471/79 53 65), Steviahütte

Karte
Tabacco, 1:25 000, Blatt 05 »Gröden – Seiseralm«

Weitläufige Terrassen und Plateauflächen über einer gewaltigen Talfurche – so präsentiert sich die Puezgruppe den Grödnern. Die Landschaft mag zuweilen Assoziationen mit den nordamerikanischen Rockies hervorrufen, doch einige Altbekannte im Panorama holen uns stets wieder auf den Boden der Dolomiten zurück. Sicher ist, dass auf der Umrahmung des Langentals jede Menge Kontraste geboten werden.

Puez-Kontraste am laufenden Meter Ob man nun das Felslabyrinth neben dem Riff der Cirspitzen nimmt oder die melancholisch weltentrückten Karsthochflächen der Crespëina und Gherdenacia, den wunderbaren Balkon der Puezalpe unterhalb der gleichnamigen Spitzen oder die zur Steviaalpe abgedachte Schräge des Col dala Pïeres, welche alle unvermittelt ins abgrundtiefe Langental abbrechen: Auf dieser Tour durchlaufen wir Landschaften, die jeden Dolomitenwanderer begeistern. Wenn ich unweit der Puezhütte genau in die Achse des Langentals blicke, bin ich

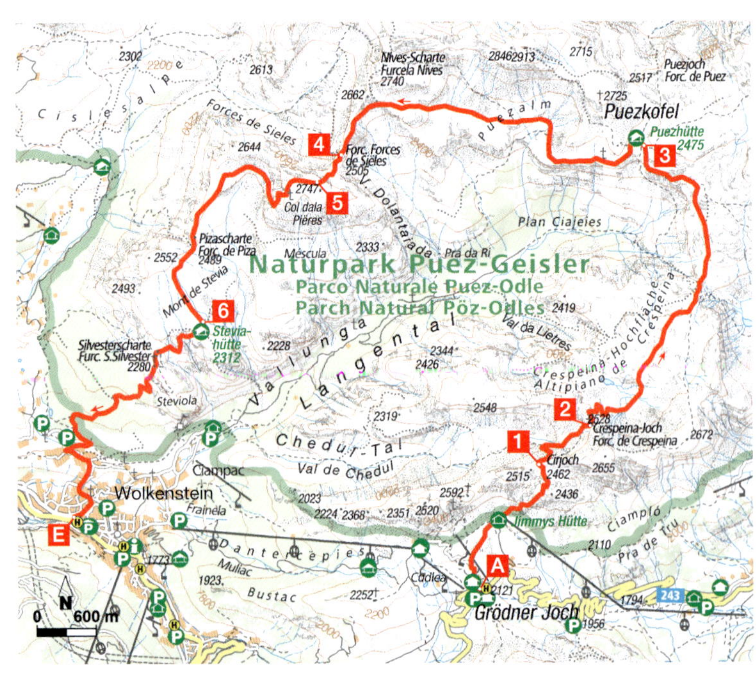

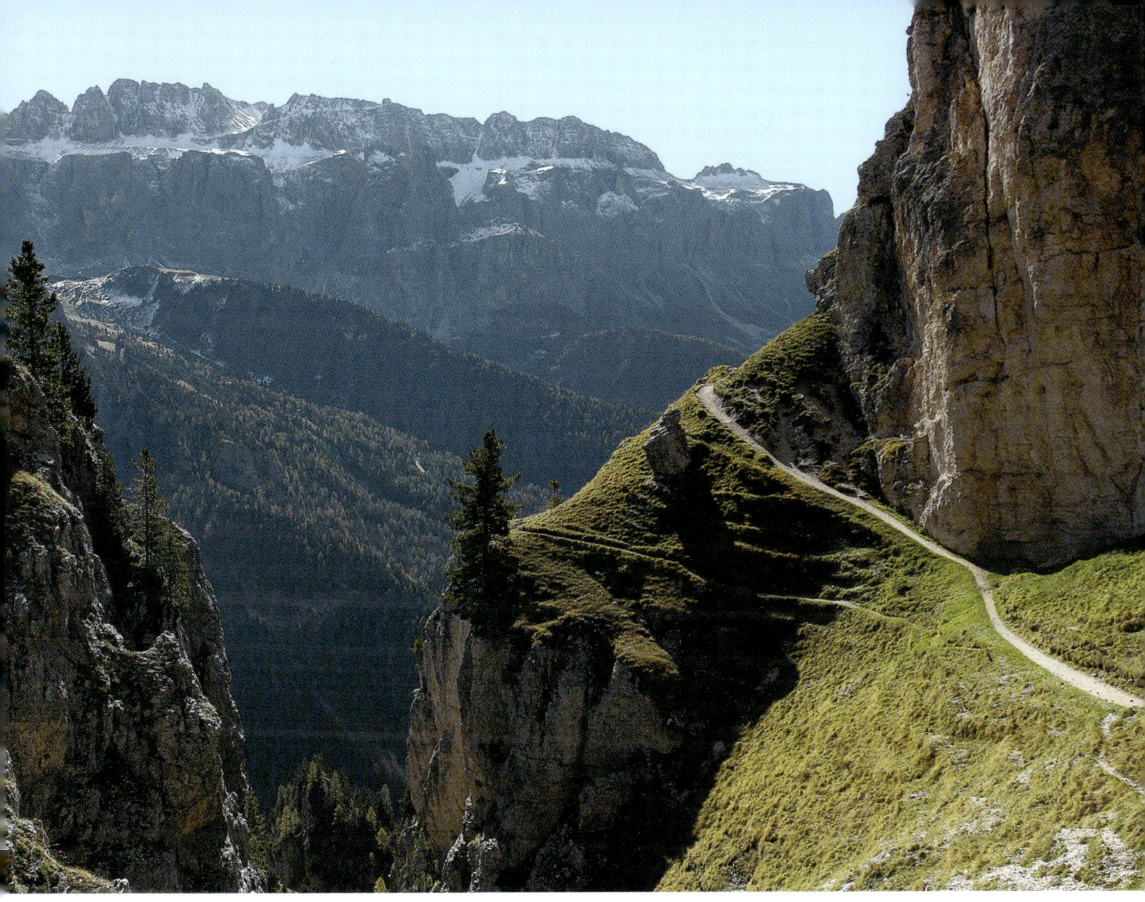

Malerisch schlängelt sich der Weg über den Balkon der Stevia, vis-à-vis der wuchtigen Sellagruppe.

stets aufs Neue beeindruckt von diesem mustergültigen Einschnitt, dem man schon das Prädikat vom Grödner Grand Canyon verliehen hat. Drunten auf dem Talanger fühlt man sich buchstäblich gefangen von den umliegenden Felsmassen, den dräuenden Pfeilern links wie rechts …

Über zwei Scharten auf die Puez-Hochfläche Wenn wir am Ⓐ Grödner Joch starten, steht zunächst einmal die Sella-Nordfront im Fokus. Angesichts ihrer unglaublichen Masse führt daran kaum ein Blick vorbei. Wir kehren ihr allerdings den Rücken, loben auch die Zackenreihe der Cirspitzen und ziehen in ihrem Vorfeld über schütter bewachsene Skipisten schräg rechts aufwärts. Vorbei an Jimmys Hütte (2222 m), der ehemaligen Baita Clark, leitet die Markierung (Nr. 2) recht verwinkelt in einen geheimen Kessel, der mit haushohen Blöcken und bizarren Türmchen gespickt ist. Ein Felslabyrinth, wie man es nicht alle Tage sieht! Etwas oberhalb wird die ❶ Forcella Cir (Cirjoch, 2469 m) überstiegen. In der versteckten Kammer des Val de Chedul halten wir uns nur kurz auf, denn auf der nach rechts führenden Spur kommt man über einen Erosionshang rasch zur ❷ Forcella de Crespëina (Crespeinajoch, 2528 m) voran.

Oben am Bildstock fällt der landschaftliche Wandel bemerkenswert aus. Jenseits breitet sich nun die wellige Crespëina aus, die später in die noch ausgedehntere Gherdenacia übergeht. Die Szenerie strahlt getragene Weite aus, immer auch mit herbem Touch, denn freundliches Grün ist in diesen Gefilden eher spärlich gesät.

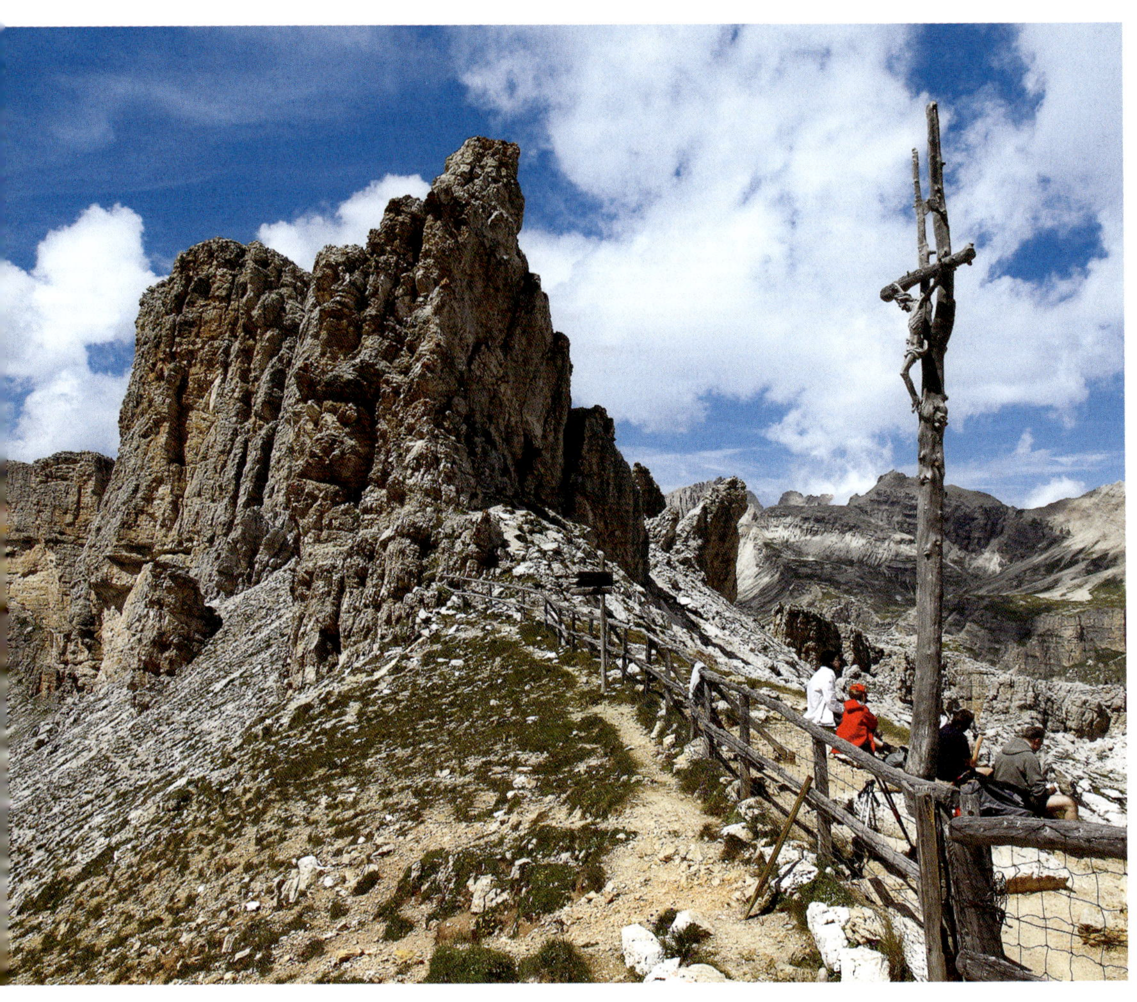

Rast am Crespeinajoch, einem besonders schönen Aussichtspunkt vor der großen Puez-Schleife

Geröllfluren und Karrenfelder sind prägend, legen freilich keine nennenswerten Hürden in den Weg. Ein kleines Hindernis nur an der Kerbe der Forcella de Ciampëi (2366 m), wo der Übergang zwischen Langental und Kolfuschg kreuzt. Wir setzen unseren Marsch am westlichen Plateaurand der Gherdenacia fort, wundern uns über die eigentümlich kegelartigen »Sandburgen« in der Halbdistanz und kommen kurz vor der ❸ Puezhütte (2475 m) zum prächtigen Langentalblick, von dem ich vorher bereits geschwärmt habe. Was für eine Furche! Die Blicke werden von den senkrechten Trogflanken geradezu kanalisiert und auf den Langkofel im Hintergrund gelenkt – für mich eines der schönsten Bergmotive in den Grödner Dolomiten!

Über den Col dala Pières zur Stevia Die rege frequentierte Puezhütte kann zwischenzeitliche »Tankstelle« sein oder auch Nachtquartier, falls man es ganz und gar nicht eilig hat und die Eindrücke vom Tafelland der Puez vertiefen möchte. Ohnehin führt unser Weg noch eine Weile bequem über einen Höhenbalkon dahin. Wir umkurven die sandigen Ausläufer des Puezkofels, gehen eine Hangmulde aus und kommen auf den Böden der Puezalpe zu einer Gabelung. Hier links haltend sachte aufwärts zu einer Geländekante und mittels Querung zu jenem Felsgrat, der die Begrenzung gegen die Cislesalpe bildet. Plötzlich stehen auch die Geislerspitzen im Blickfeld. Mithilfe einiger Sicherungen kraxeln wir in die ❹ **Forcella Forces de Siëles** (2505 m) hinab und am gegenüberliegenden Aufbau gleich wieder hoch. Nach diesen ausgesetzten Passagen leitet ein Zickzackpfad Richtung ❺ **Col dala Piëres** (2751 m), der sich als lang gestreckter Gipfelrücken entpuppt – vielleicht keine Schönheit von Berg, aber ein exzellenter Aussichtspunkt! Vor allem die Geislergruppe gibt nun ihre Geheimnisse preis. Rechts davon stehen die Puezspitzen mit dem Piz Duleda Spalier, während wir im Halbbogen fast den ganzen schon begangenen Weg zurückverfolgen können. Hinter dem Drachenrücken der Cirspitzen kann sich die Sella nicht wegducken, und der Langkofel ist eh allgegenwärtig über dem Grödner Tal. Das Gipfelkreuz steht übrigens südlich vorgeschoben, wo sich ein überraschender Tiefblick ins Langental ergibt. Die Überschreitung des Col dala Piëres vermittelt die sehnsuchtsvolle Freiheit des Bergsteigers unter einem weiten Dolomitenhimmel. Vor einem Abbruch werden wir zu einem links ausholenden Bogen gezwungen, wobei im Bereich einer bandartigen Rampe nochmals Sicherungen auftauchen. Aus steilerem Fels- und Schuttterrain läuft der Weg in eine gutmütige Karmulde hinein, die man knapp unterhalb der Gratkante ausgeht, und tangiert später die **Forcella de la Piza** (Nadelscharte, 2489 m). Wir bleiben in den weitläufigen Hanglagen der Stevia-Südseite und steuern nun die sonnenverwöhnte ❻ **Steviahütte** (2312 m) an. Eine spannende Traverse mehrerer Rinnen führt von dort bis knapp unter die Forcella San Silvester (2280 m), wo sich zwei Möglichkeiten für den finalen Abstieg anbieten. Als günstig erweist sich jetzt der Hinweis »Wolkenstein Express«, womit der wohl recht steile, aber in Kehren gut angelegte »Troi Palota« angesprochen ist. Man gelangt über ein herrliches Wiesenplateau in den Südwesthang und taucht allmählich in den Bergwald ein. Über den Weiler Daunëi geht es schlussendlich bis nach Ⓔ **Wolkenstein**.

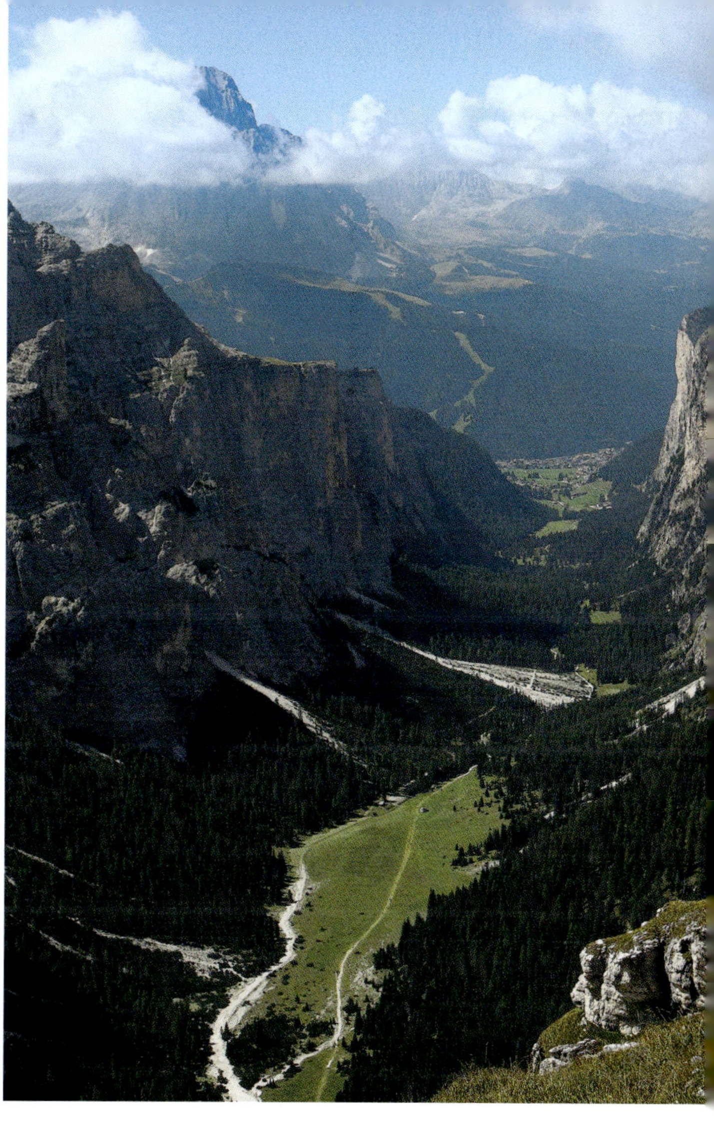

Der Blick in den Canyon des Langentals zählt zu den Highlights dieser Tour.

Kolfuschger Höhenweg

Vis-à-vis der mächtigen Sella

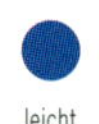   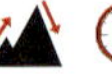  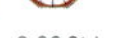

leicht 5 km 100 m 2.00 Std.

Tourencharakter
In jeder Hinsicht leichte Wanderung, anfangs hauptsächlich horizontal, im letzten Teil bergab. Selbst mit großzügigen Pausen nur ein Halbtagesprogramm, für jedermann geeignet.

Ausgangspunkt
Grödner Joch (2121 m), Straßenpass zwischen Gröden und Hochabtei

Endpunkt
Kolfuschg (1640 m), oberstes Dorf im Hochabtei

Öffentliche Verkehrsmittel
Buslinie von Bruneck nach Kolfuschg, in der Hauptsaison außerdem eine Verbindung über das Grödner Joch

Höchster Punkt
Etwa 2150 m nahe dem Grödner Joch

Gehzeiten
Grödner Joch – Forceles 1¼ Std. – Kolfuschg ¾ Std.; insgesamt 2 Std.

Aufstieg/Abstieg
Kaum 100 Hm Aufstieg, 550 Hm Abstieg

Beste Jahreszeit
Anfang Juni bis Ende Oktober

Hütten/Einkehr
Gasthäuser am Grödner Joch, Edelweißhütte

Karte
Tabacco, 1:25 000, Blatt 07 »Alta Badia – Arabba – Marmolada« oder 05 »Gröden – Seiseralm«

Der Kolfuschger Höhenweg steht ganz im Zeichen des wuchtigen Sellamassivs. Die kurze, aber umso schönere Wanderung vom Grödner Joch quer durch die Wiesenflanken am Fuße des Sas Ciampac bis hinab nach Kolfuschg kann jedem Dolomitenfreund, der genügend Muße zum Schauen mitbringt, wärmstens empfohlen werden. Wo hat man schon solch bombastische Kulissen und einen Wanderpfad in Idealperspektive mit vergleichbar geringen Ansprüchen?

Vom Grödner Joch nach Kolfuschg Am günstigsten erscheint der Ablauf, wenn wir morgens mit dem Bus aufs Ⓐ **Grödner Joch** fahren. Die Murfreittürme im Sellastock, die Zackenreihe der Cirspitzen auf der anderen Seite der Passhöhe und nicht zuletzt der Langkofel über dem Grödner Tal empfangen unsere ersten Blicke. Von Letzterem müssen wir uns leider bald wieder verabschieden, doch angesichts der Felsenpracht der Sella wird es uns aussichtsmäßig wohl an nichts mangeln. Anheimelnd lieblich zeigt sich die unmittelbare Umgebung. Der Weg schlängelt sich über blumenreiche Wiesenböden, durch lichte Baumbestände und an etlichen Heuschupfen vorbei. Für eine detailreiche Beschreibung gibt er seiner Unkompliziertheit wegen kaum viel her. Ganz anders die Kulisse: Die vis-à-vis aufragende Sella ist wirklich einzigartig! Der im Zentrum der ladinischen Dolomiten stehende Koloss präsentiert sich ringsum als kompaktes Massiv mit bestechendem Aufbau: Die Sockelwände bestehen aus Schlerndolomit, durch eine dünne Zwischenlage Raibler Schichten (die das markante Ringband bilden) vom oberen Stockwerk aus Hauptdolomit getrennt. Von unserem Höhenweg aus blicken wir ständig auf die besonders imposante Nordfront. Etliche Pfeiler springen vor, dazwischen die Einschnitte des Val Setùs und des Pisciadù-Kessels, vor allem aber die tiefe Furche des Mittagstals (Val de Mesdi), wie von Titanenhand geschlagen. Sie zieht weit hinein ins Herz der Gruppe und verleiht dem ganzen Bergstock noch stärkeren Ausdruck.

Ab und zu drehen wir unsere Köpfe auch in die andere Richtung und beäugen das interessante Riff der Cirspitzen sowie die fast senkrechten Südabstürze des Sas Ciampac. Aus einer Wiesensenke steigt der Weg leicht aufwärts zur Anhöhe von ❶ **Forceles** (2101 m), wo leider eine Skiliftstation die Idylle stört. Der Blick über den Talkessel von Kolfuschg und Corvara bis zu den Hochgipfeln der östlichen Dolomiten ist dennoch faszinierend. Auch der Sas Songher, einer der Paradegipfel im Hochabtei, trägt seinen Teil dazu bei. Bleibt als einziger Wermutstropfen der finale Abstieg, der bedauerlicherweise im Bereich von Skipisten verläuft. Weiter unten biegen wir ins Edelweißtal ein und wandern bis nach **E Kolfuschg**, dem obersten Dorf der Talschaft, hinunter.

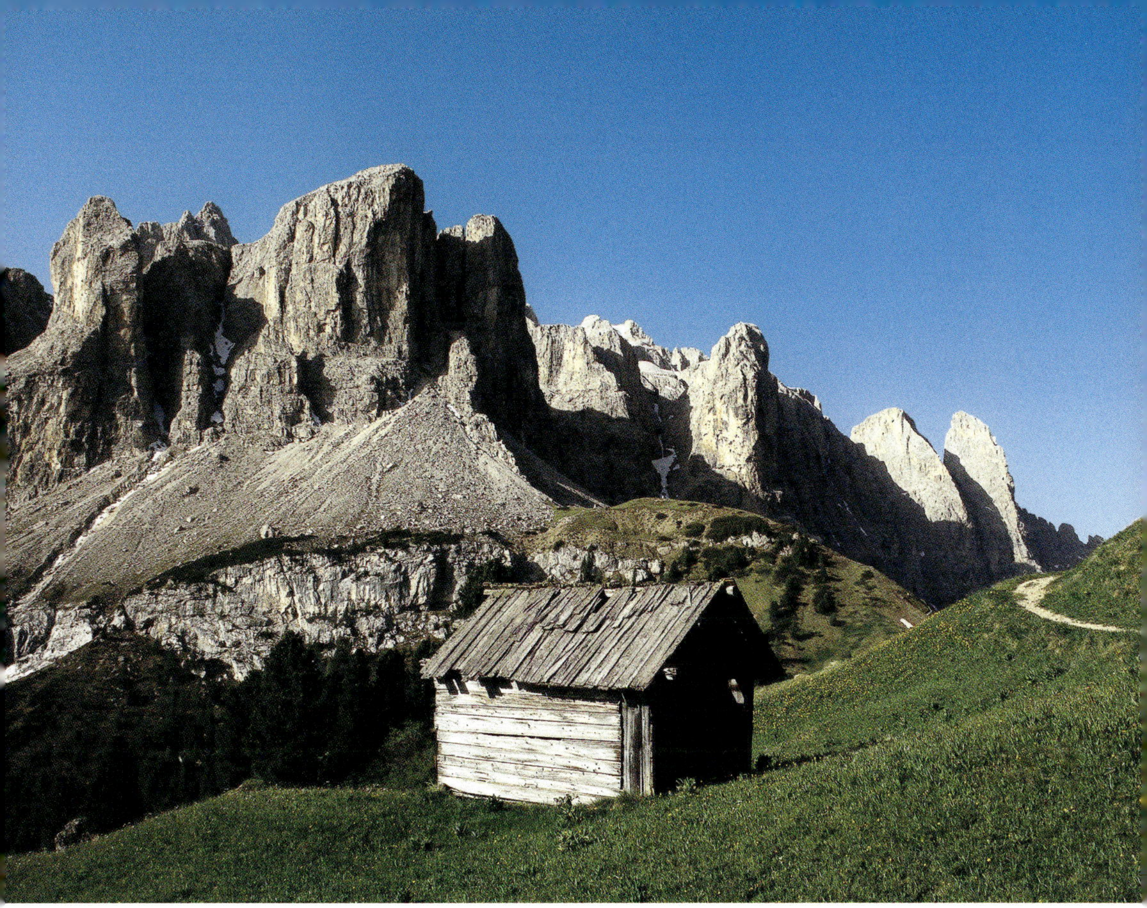

Die Nordfront der Sella beherrscht unsere Wanderung am Kolfuschger Höhenweg.

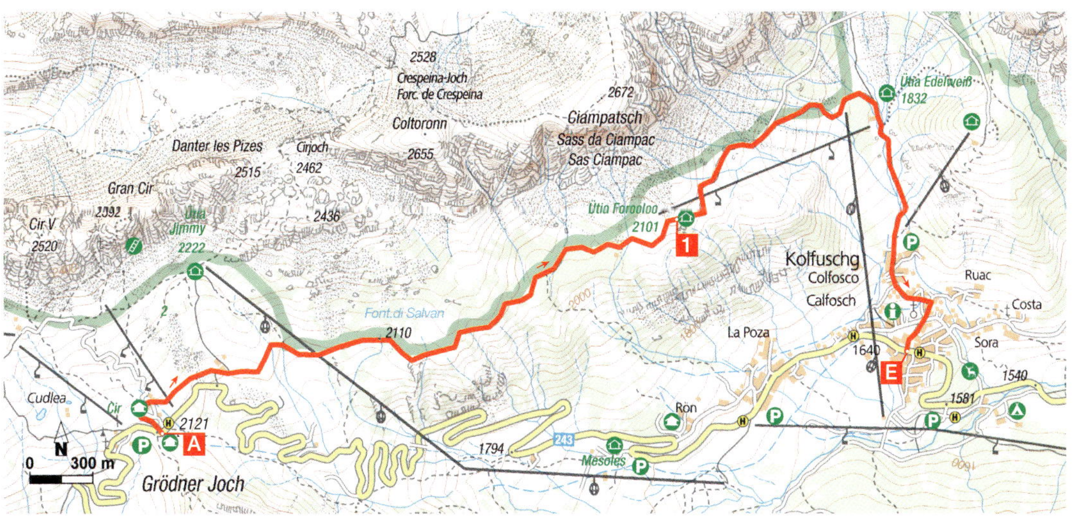

Die Sella-Überschreitung

Vom Grödner Joch zum Pordoijoch

    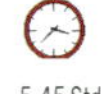

schwierig 10 km 1000 m 5.45 Std.

Tourencharakter
Hochalpine Tour mit steinigen Wegen, je nach Bedingungen auch heikle Schneefelder möglich. Einige Passagen gesichert. Bergerfahrung und gute Trittsicherheit notwendig; konditionell durchschnittliches Pensum.

Ausgangspunkt
Grödner Joch (2121 m), Straßenpass zwischen Gröden und Hochabtei

Endpunkt
Passo Pordoi (Pordoijoch, 2239 m), Straßenpass zwischen Val di Fassa und Buchenstein

Öffentliche Verkehrsmittel
Über beide Pässe Busverbindungen aus den umliegenden Tälern

Höchster Punkt
Etwa 2950 m auf der Sella-Hochfläche

Gehzeiten
Grödner Joch – Rifugio Pisciadù 2 Std. – Rifugio Boè 2 Std. – Forcella Pordoi ¾ Std. – Passo Pordoi 1 Std.; insgesamt 5¾ Std.

Aufstieg/Abstieg
Etwa 1000 Hm Aufstieg, 880 Hm Abstieg

Beste Jahreszeit
Anfang Juli bis Ende September

Hütten/Einkehr
Rifugio Pisciadù (Tel. 0471/ 83 62 92), Rifugio Boè (Tel. 0471/ 84 73 03), Rifugio Forcella Pordoi (Tel. 368/355 75 05), außerdem die Gasthäuser am Grödner Joch und Pordoijoch

Karte
Tabacco, 1:25 000, Blatt 05 »Gröden – Seiseralm« oder 06 »Val di Fassa e Dolomiti Fassane« oder 07 »Alta Badia – Arabba – Marmolada«

Genau im Herzen Ladiniens ragt der zweigeschossige Sellastock auf, ein festungsgleiches Bollwerk mit steilsten Randabstürzen und einem regelrechten Flachdach, das von der Pyramide des Piz Boè gekrönt wird. Dieser Ausstrahlung kann sich niemand entziehen, egal von welcher Seite man die Sella zu Gesicht bekommt. Sie verkörpert schlichtweg geballte »Dolomitenpower«.

Die Gralsburg Ladiniens Einmal über die Sella wandern – nicht bloß eine Stippvisite von der Seilbahn auf den Piz Boè, sondern das gesamte Massiv überschreiten –, diesen Traum hegt wohl so mancher, der sommers in den vier ladinischen Tälern ringsum ein paar Ferientage verbringt. Nun, die Festungsmauern erscheinen wehrhaft und die karge Hochfläche weltentrückt. Drunten im Grödner Tal und Hochabtei, im Buchenstein und Fassatal macht man sich ja kein Bild davon, wie es oben auf fast 3000 Meter Meereshöhe ausschaut. Ein Sockel aus kompaktem Schlerndolomit und ein Obergeschoss aus Hauptdolomit, dazwischen das von weicheren Raibler Schichten gebildete markante Terrassenband – so lautet auf eine Kurzform gebracht der geologische Aufbau der Sella. Die ko-

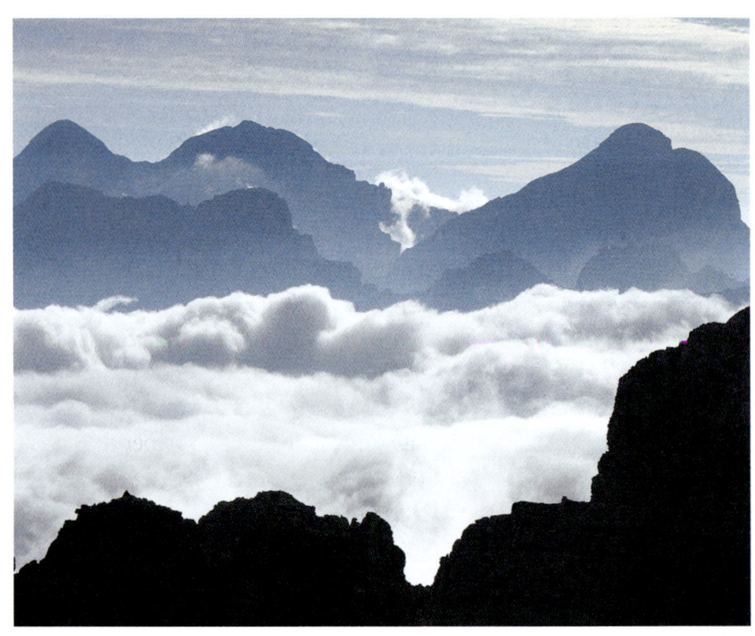

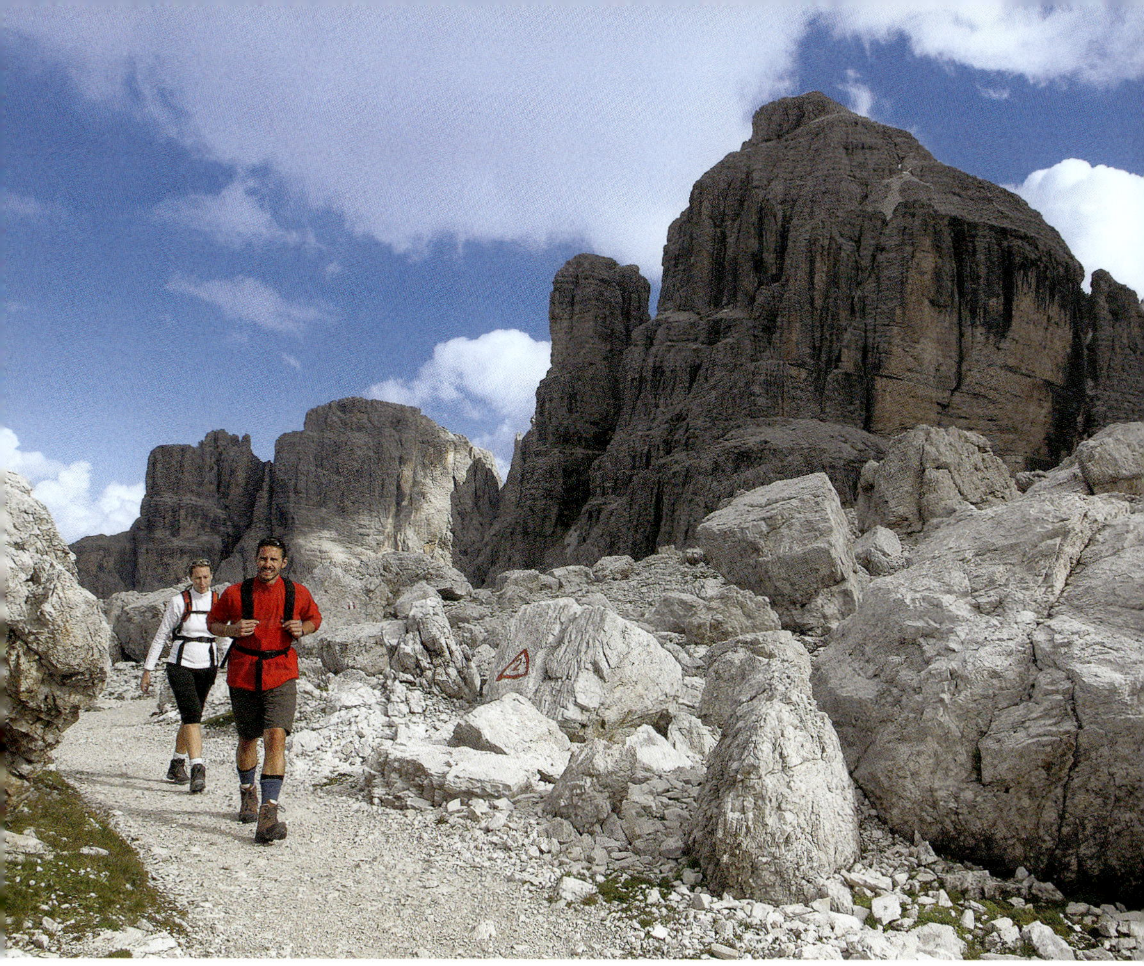

Nach dem Ausstieg aus dem Val Setùs beschreiten wir das Sella-Ringband; darüber mächtig die Cima Pisciadù.

lossale Wucht als Ganzes ist wirklich unvergleichlich, das wüstenhafte Hochplateau, auf dem kaum ein Halm wächst, in seiner Kontrastwirkung geradezu frappierend. Und über allem thront gleichsam wie ein i-Tüpfelchen der Piz Boè, dem die Menschheit mit einer kleinen Hütte und einem großen Reflektor unbedingt noch eins draufsetzen musste.

Aufstieg durchs Val Setùs Die Nord-Süd-Überschreitung folgt jener Linie, die auch der beliebte Dolomiten-Höhenweg Nr. 2 nimmt. Er findet vom A Grödner Joch ausgehend im Val Setùs den Durchschlupf inmitten der Nordfront. Vom Gasthaus Frara geht es zuerst an einem Wiesenrücken hoch, ehe die Felsmauern nach einer Linkstraverse den engen Karwinkel freigeben. Viele Kehren lassen uns in dem Geröllschlauch an Höhe gewinnen. Dabei passiert man den massigen Campanile Campidel und nähert sich einer Felsbarriere, die fast durchgängig als Klettersteig ausgebaut ist. Nicht jeder Anwärter kraxelt hier behände über die Hürden hinweg – objektiv gefährlich ist die Sache bei Vereisung, was wegen der Exposition nach Norden nicht so selten vorkommt. Durchschnaufen können wir beim Ausstieg auf das breite Sella-Ringband (P. 2610), wo man links haltend in Kürze zum 1 Rifugio Pisciadù (2585 m) gelangt. Auch wenn die Aussicht nach Süden durch Sas da Lech und Cima Pisciadù noch komplett verstellt ist – dieser Fleck ist in seiner Wirkung zu

Linke Seite: Über dem Wolkenmeer ragen die drei Gipfel der Tofane in den Himmel.

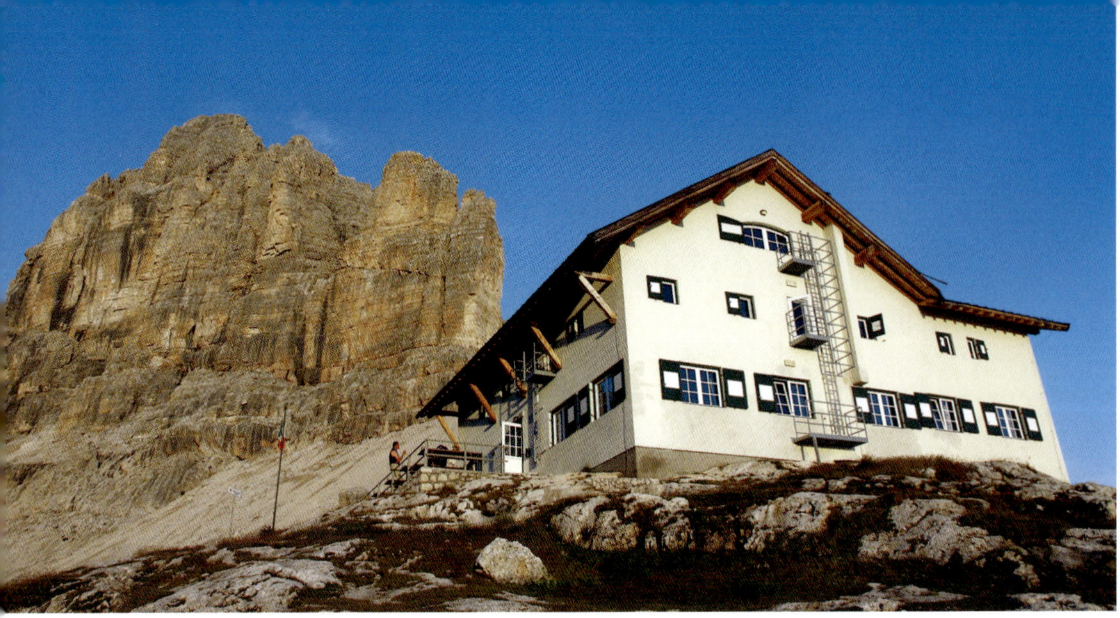

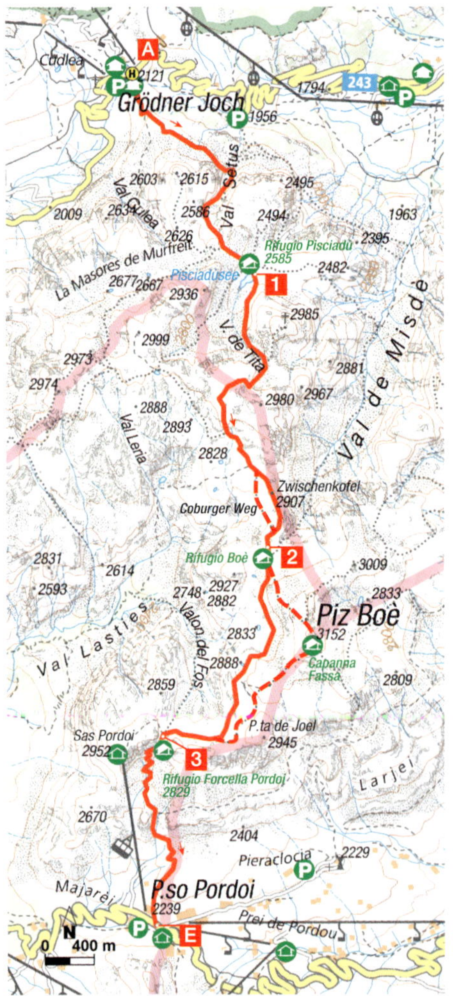

Recht hochgerühmt. Vor allem das Hochabtei überblickt man hier in vorzüglicher Weise.

Wie auf dem Mond Am Pisciadùsee vorbei geht es in die nächste Bergkehle hinein. Am Felssockel auf der linken Seite aufwärts stoßen wir erneut auf Sicherungen, die den Durchstieg ins Val de Tita erleichtern. Dort flacht das Gelände bald wieder ab. Wo linker Hand die Normalroute auf die Cima Pisciadù abzweigt, wenden wir uns nach rechts aufwärts, schlüpfen durch einen Felsspalt und kommen auf einen flachen Höhenrücken: die Schwelle zum eigentlichen Sellaplateau. Der Vergleich mit einer Mondlandschaft scheint abgedroschen, aber es gibt kaum eine bessere Metapher. Selbst unter einem blauen Himmel wirkt diese Welt herb und schwermütig. Als Blickfang ist inzwischen der Piz Boè aufgetaucht, während wir in mittleren und weiteren Distanzen namhafte Dolomitenmassive identifizieren können.

Über die flachen, geröllbedeckten Steinbänke verlieren wir zur Forcella Antersas einige Höhenmeter und sollten nicht versäumen, ein paar Schritte nach links gegen die Abbruchkante vorzutreten. Dort bietet sich der Einblick in die kapitale Schlucht des Mittagstals (Val de Mesdi). Ob man anschließend den **Zwischenkofel** (L'Antersas, 2907 m) überschreitet oder links auf dem Coburger Weg mit gesicherten Traversen umgeht, bleibt Geschmackssache. Nach der Vereinigung beider Varianten stehen wir in Kürze beim **2 Rifugio Boè** (2871 m), dem zentralen Stützpunkt der Sella (einstmals Bamberger Hütte).

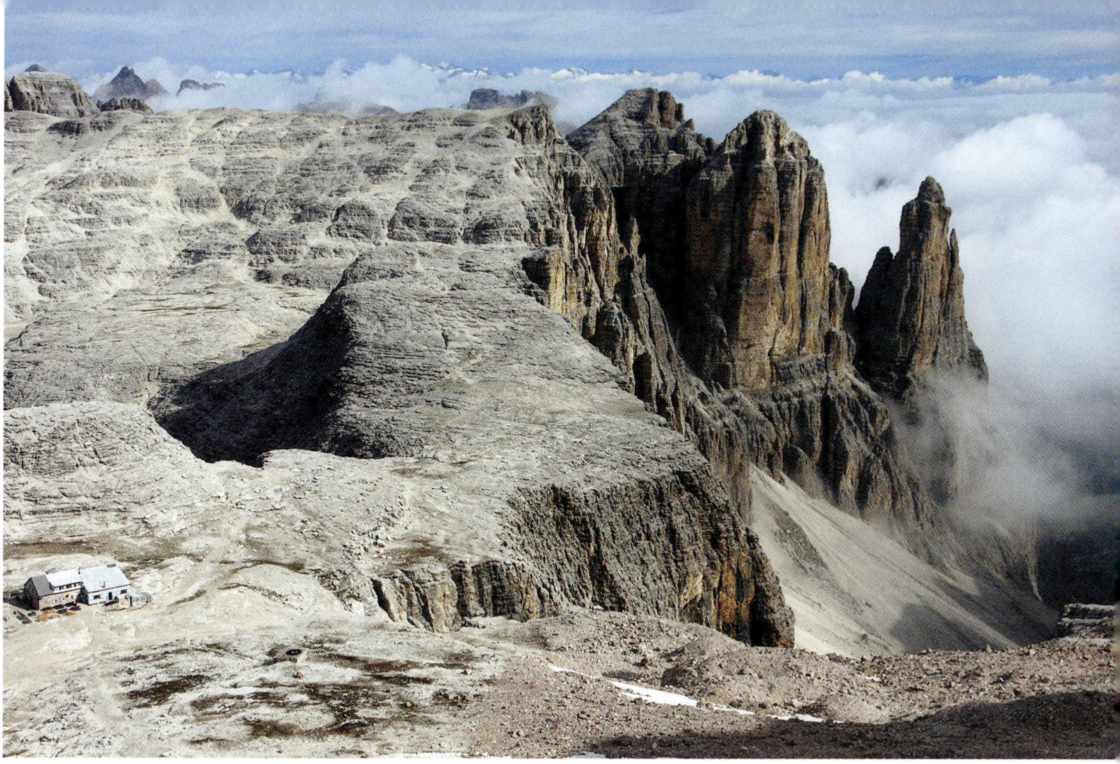

Die Hauptroute des Dolomiten-Höhenwegs Nr. 2 passiert den überragenden Piz Boè jetzt ohne nennenswerte Höhendifferenzen auf der Westseite und strebt nach einem Rechtsknick der ❸ Forcella Pordoi (2829 m) mit ihrem Rifugio zu – randständig am Südabfall der Gruppe gelegen. In diesem Bereich ist gewöhnlich jede Menge los, zumal die Seilbahn auf dem nahen Sas Pordoi im Halbstundentakt Touristen ausspuckt. Für uns wäre die Sella-Überschreitung damit fast geschafft. Bleibt nur noch der Abstieg durch die steile Geröllrinne, die als Schutthang immer breiter ausläuft. Im Zickzack steigen wir bis in grasiges Gelände ab und werden vom touristischen Komplex am Ⓔ Passo Pordoi geschluckt – Kontraste à la Sella sind manchmal ganz schön hart …

Auf dem kargen Sellaplateau befindet sich das Rifugio Boè; rechts der Abbruch ins Val de Mesdi.

Linke Seite oben: Das Rifugio Pisciadù mit dem Sas da Lech im Hintergrund

Unten: Am Gipfel des Piz Boè

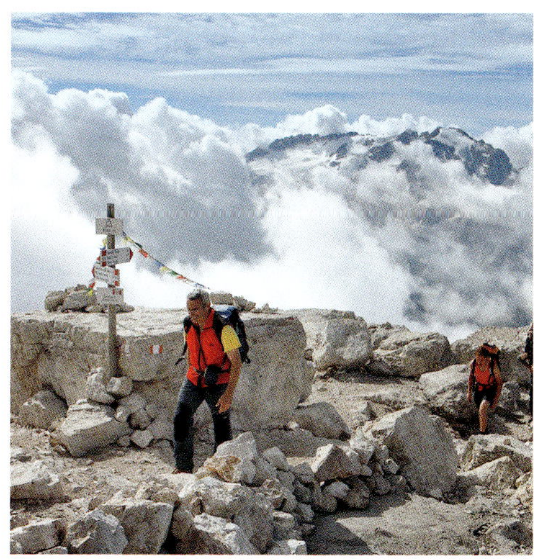

Gipfeltour

Im Grunde wäre es ja eine verpasste Gelegenheit, den **Piz Boè** (3152 m) auszulassen. Denn obwohl es dort oben bei der kleinen Capanna Fassa tagsüber wie auf einem Ameisenhaufen zugeht, verdient die Aussicht alle denkbaren Sternchen. Am meisten fasziniert die Marmolada in ihrem Eisgewand, am stimmungsvollsten ist für mich der Blick ins Buchenstein, in dessen Verlängerung die großen Bergstöcke der Ampezzaner Dolomiten Parade stehen. Vom Rifugio Boè gewinnt man den Gipfel über eine Steilstufe mit gesichertem Band, einen Schutthang und den abschließenden Nordgrat. Der Abstieg verläuft über den gutmütig gestuften Südwestrücken (Nr. 638, ca. 1 Std. zusätzlich).

10

Puflatsch-Runde

Auf das Wiesenpult über der Seiser Alm

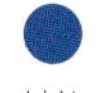   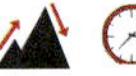 

leicht 6 km 350 m 2.30 Std.

Tourencharakter
In jeder Hinsicht leichte und angenehme Höhenwanderung, meist durch Hochweidengebiete, zwischen Compatsch und Dibaita Asphaltstraße

Ausgangspunkt
Compatsch (1844 m), Hotelsiedlung auf der Seiser Alm, erreichbar per Seilbahn von Seis (Sommersaison Ende Mai bis Anfang November) oder über eine gebührenpflichtige Bergstraße (diese ist jedoch zwischen 9 und 17 Uhr nur mit Sondergenehmigung befahrbar)

Öffentliche Verkehrsmittel
Busverkehr von Seis auf die Seiser Alm

Höchster Punkt
Puflatsch (2174 m)

Gehzeiten
Compatsch – Arnikahütte – Puflatsch 1½ Std. – Compatsch 1 Std.

Aufstieg/Abstieg
Etwa 350 Hm

Beste Jahreszeit
Mitte Mai bis Anfang November

Hütten/Einkehr
Diverse Hotels und Gastbetriebe in Compatsch, Schutzhütte Dibaita (Tel. 0471/72 90 90), Arnikahütte, Bergrestaurant Puflatsch

Karte
Tabacco, 1:25 000, Blatt 05 »Gröden – Seiseralm«

Gleich neben den Wiesenwellen der Seiser Alm springt mit dem Puflatsch ein behäbiger Gipfel gegen das Grödner Tal vor. Seine südseitige Abdachung wird als erholsames Wandergebiet geschätzt, die Aussicht hoch gerühmt. Man kann hier eine beschauliche Runde drehen und anschließend vielleicht noch zu weiteren Erkundungen im Bereich der Seiser Alm aufbrechen.

Kultplatz überm Grödner Tal Alte Legenden von Hexenorgien ranken sich um den Puflatsch. Sie mögen von den eigentümlichen Basaltfelsen herrühren, die von der abergläubischen Bevölkerung einst als dämonischer Tanzplatz gedeutet wurde. Auch heute verströmt die Gegend einen geheimnisvollen Zauber, sofern man nicht gerade zu den Stoßzeiten unterwegs ist, sondern vielleicht schon am frühen Morgen oder erst in der Abenddämmerung. Das ist angesichts der Kürze der Tour durchaus realisierbar.

Die Tour beginnt wenig anheimelnd am großen Umschlagplatz auf der Seiser Alm. **A Compatsch** heißt der touristische Komplex, wo auch die Seilbahn von Seis ankommt. Durch das Skigebiet wandert man auf einer Straße leicht aufwärts zur ehemaligen Puflatschhütte des Südtiroler Al-

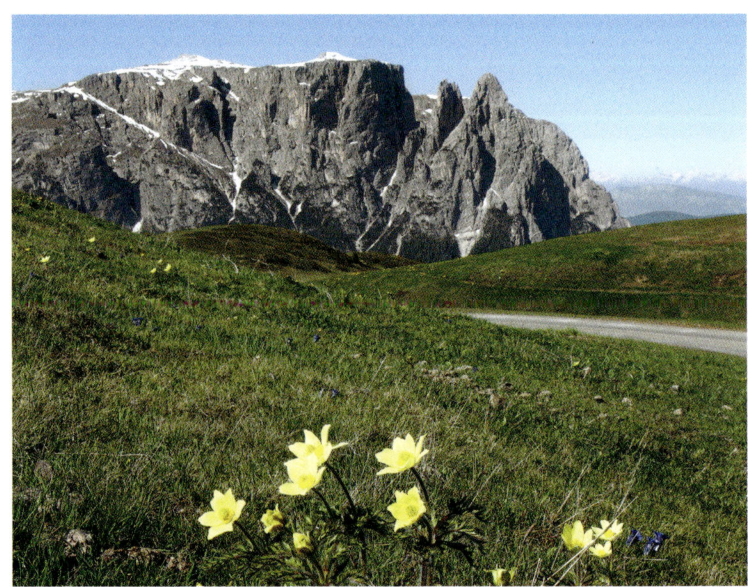

Schwefelanemonen auf der Puflatschalm, dahinter das unverwechselbare Schlernprofil

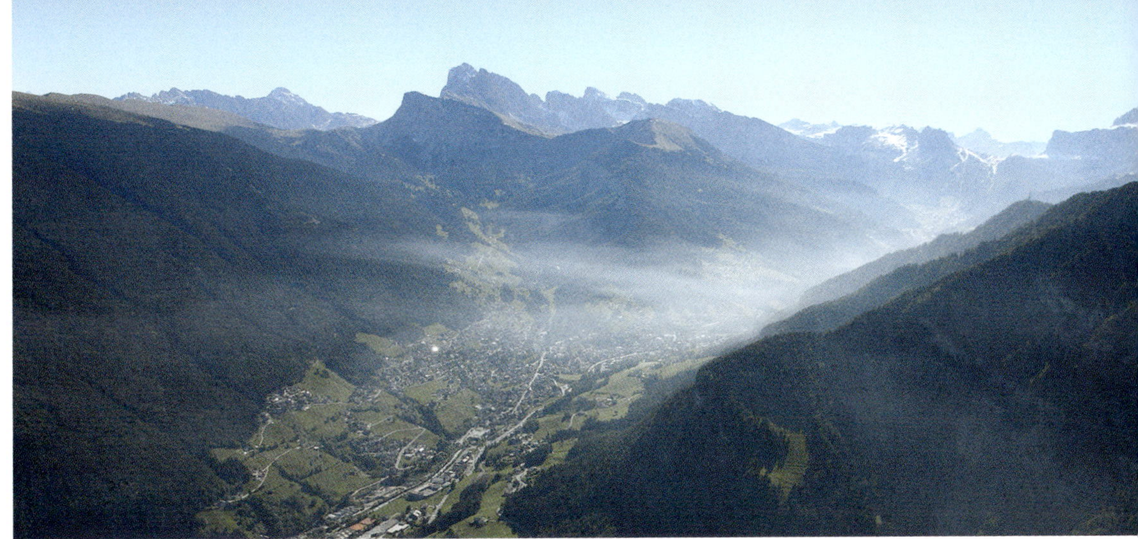

Der Blick vom Puflatsch ins Grödner Tal nimmt sich fantastisch aus; zentral im Hintergrund erscheint die Geislergruppe.

penvereins, die seit der Privatisierung den Namen ❶ »**Dibaita**« (1950 m) trägt. Bei der Gabelung gehen wir links und freuen uns über die zunehmend naturbelassene Umgebung. Sie mutet mit der Schlerntafel im Hintergrund sehr malerisch an. Der Weg tangiert nun auch mehrere Aussichtspunkte am Westrand der Puflatsch-Hochfläche, wo die Blicke weit über die Mittelgebirgsterrasse und das Eisacktal schweifen. Kurz vor dem Bogen zur **Arnikahütte** (2061 m) mündet von links her der steile Aufstieg von Kastelruth über den sogenannten Schafstall. Wir kommen am Goller Kreuz und an den mystischen Hexenbänken vorbei zum wenig ausgeprägten höchsten Punkt des ❷ **Puflatsch** (2174 m). Der beste Platz für eine längere Rast befindet sich indes ein Stück weiter beim Fillner Kreuz, wo auch der Schnürlsteig heraufkommt. Hier blicken wir wunderbar ins innere Grödner Tal Richtung Geislergruppe, Sella und Langkofel. Im Süden breitet sich die 5000 Hektar große Seiser Alm aus, begrenzt vom Schlern und dem Kammzug über die Roterdspitze. Der Rückweg bringt uns mit Bezeichnung »PU« südwärts über die sanfte Wiesenabdachung zum Bergrestaurant Puflatsch (2119 m), das auch von einem Sessellift bedient wird. Dessen Nutzung lohnt kaum – binnen einer halben Stunde wird der Kreis Richtung Ⓔ **Compatsch** ohnehin geschlossen sein.

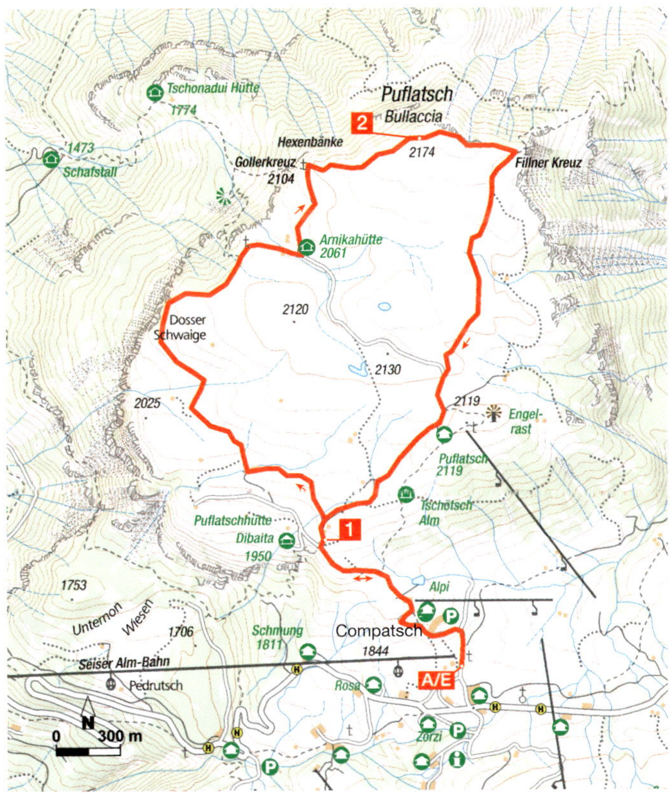

Über die Seiser Alm

Höhenwanderung zum Schlern

mittel 19 km 1100 m 6.30 Std.

Tourencharakter
Bergwanderung auf gut ausgebauten Wegen, über weite Strecken sogar richtig komfortabel. Stellenweise trotzdem etwas Trittsicherheit vorteilhaft, im Rahmen einer Tagestour auch gediegene Ausdauer (Aufteilung möglich).

Ausgangspunkt
Compatsch (1844 m), Hotelsiedlung auf der Seiser Alm, erreichbar per Seilbahn von Seis (Sommerbetrieb von Ende Mai bis Anfang November) oder über eine gebührenpflichtige Bergstraße (diese ist jedoch zwischen 9 und 17 Uhr nur mit Sondergenehmigung befahrbar).

Öffentliche Verkehrsmittel
Busverkehr von Seis auf die Seiser Alm

Höchster Punkt
P. 2551 knapp westlich der Roterdspitze

Gehzeiten
Compatsch – Tierser-Alpl-Hütte 2 Std. – Schlernhäuser 2 Std. – Saltner Hütte 1½ Std. – Compatsch 1 Std.; insgesamt 6½ Std.

Aufstieg/Abstieg
Bis Tierser Alpl 650 Hm Aufstieg, insgesamt ca. 1100 Hm

Beste Jahreszeit
Mitte Juni bis Mitte Oktober

Hütten/Einkehr
Diverse Gastbetriebe im Bereich der Seiser Alm, Tierser-Alpl-Hütte (Tel. 0471/72 79 58), Schlernhäuser (Tel. 0471/61 20 24), Saltner Hütte

Karte
Tabacco, 1:25 000, Blatt 05 »Gröden – Seiseralm«

Der Schlern, Südtiroler »Kultberg« und Heimatsymbol am Westrand der Dolomiten, und die Seiser Alm, Touristenmagnet ersten Ranges, bilden quasi eine untrennbare Einheit. Über den sanften Wiesenwogen erhebt sich eine unverwechselbare Silhouette, eine echte Postkartenidylle. Grund genug, dieses Areal in einer großzügigen Runde zu erwandern.

Symbiose von Alm und Berg Unter den populärsten Ausflugs- und Wanderzielen Südtirols hat die Seiser Alm seit jeher einen der vordersten Plätze inne. Selbst in alpenfernen Regionen werben Reiseunternehmen regelmäßig mit diesem Schlagwort und können dabei offenbar erfolgreich auf einen Dauerbrenner setzen. In der Tat lassen sich der Seiser Alm außergewöhnliche Reize nicht absprechen. Häufig als die größte Hochalm Europas gepriesen (und vermarktet), haben die malerisch gewellten Matten mit den zahllosen Schwaigen und Heuschupfen trotz der zuweilen auftauchenden Besuchermassen noch immer eine verschwenderische landschaftliche Schönheit zu bieten. So passt die Idylle – bei Ausblen-

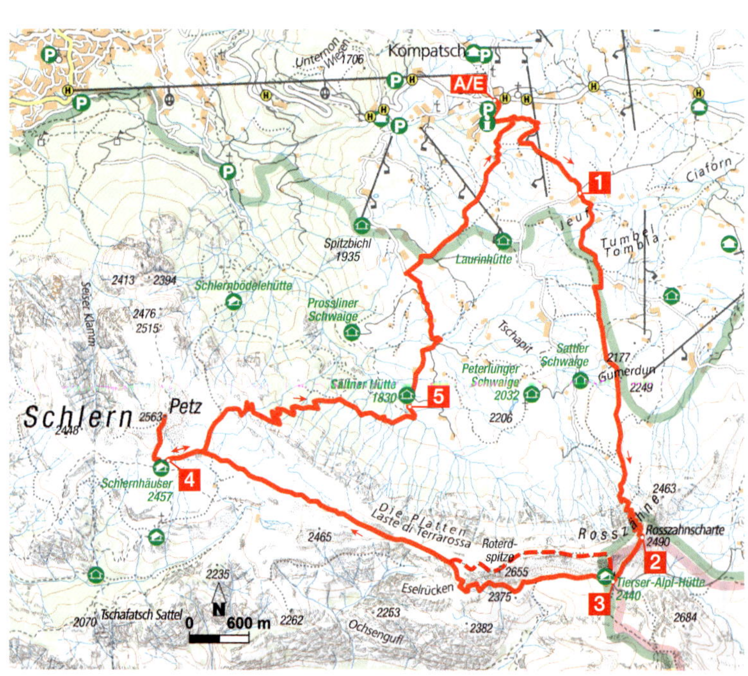

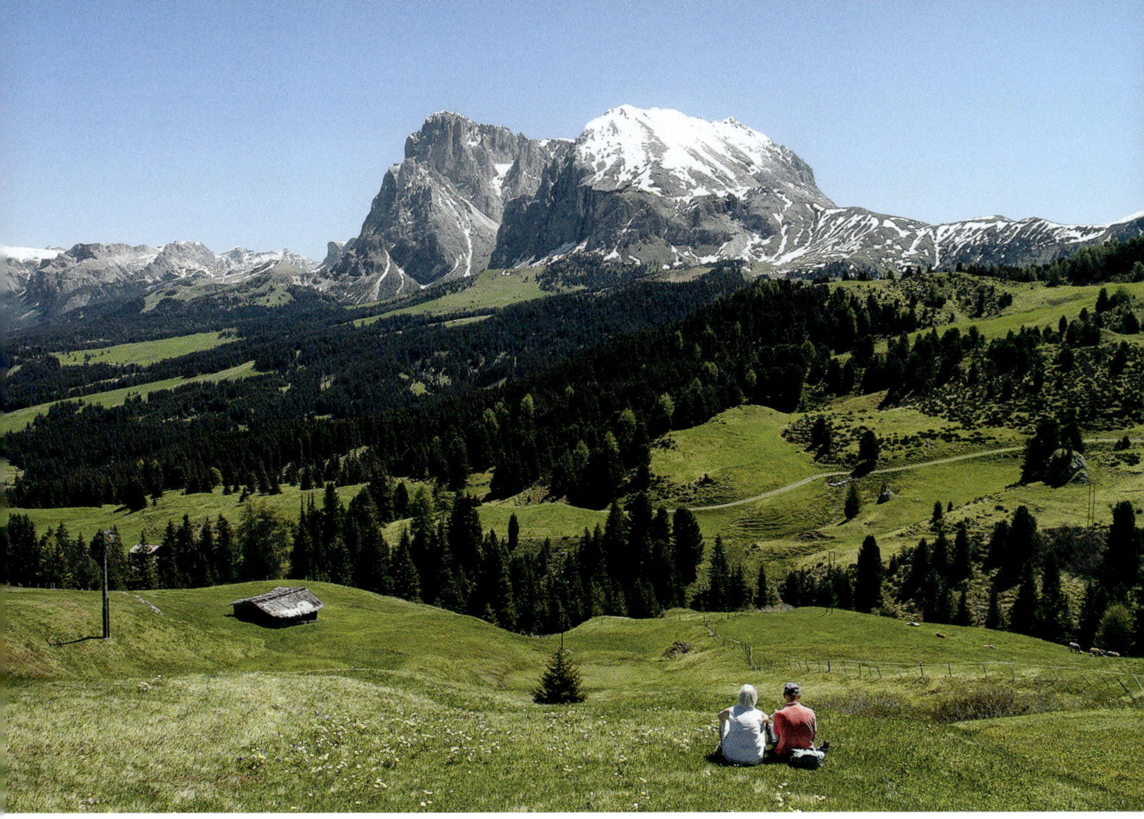

Der östliche Teil der Seiser Alm schließt zum Langkofelstock auf.

dung einiger »Sündenfälle« – nach wie vor ins Postkartenformat, auch wenn gewiss längst nicht mehr alles »heile Welt« ist. Immerhin konnte ein größeres Areal, speziell an den Abhängen des Schlernplateaus, in einem Naturpark unter Schutz gestellt werden. Wer kurz vor der ersten Mahd im Juli kommt, erlebt die Wiesenteppiche im Farbenrausch einer üppigen Blumenpracht – zumindest dort, wo ihr die Überdüngung noch nicht den Garaus gemacht hat.

Der Schlern begrenzt die Seiser Alm als mächtiger, zuoberst auffallend abgeplatteter Tafelberg nach Südwesten hin. Dabei bildet der eigentliche Hauptkorpus eine ungeschlachte Masse, während die beiden vorgelagerten Zacken namens Euringer- und Santnerspitze dem Profil Eleganz sowie echtes Dolomitenflair verleihen. Direkt an den Plateaurücken angegliedert gehört auch der Kammzug der Roterdspitze und Rosszähne mit seiner runsendurchzogenen Nordflanke zur Hintergrundkulisse der Seiser Alm. Auf unserer Rundtour lernen wir ein Maximum dieser Landschaft kennen. Wir wandern ausgiebig über die Alm, statten dem Tierser Alpl und dem Schlernplateau einen Besuch ab, und kehren später auf einem anderen Weg wieder zurück.

Zum Tierser Alpl Die Hotelsiedlung Ⓐ **Compatsch** ist obligatorischer Ausgangspunkt auf der Seiser Alm, aber nicht unbedingt der Ort, wo man länger verweilen möchte. Also

Variante

Um die Tour bergsteigerisch noch etwas aufzupeppen, können wir vom Tierser Alpl aus den gesicherten **Maximiliansteig** einbinden. Entlang der Krete zwischen Großem Rosszahn und Roterdspitze ist dies ein lustig-luftiger Kraxelspaß für erfahrene und gut ausgerüstete Bergwanderer (Klettersteigset ratsam!), garniert mit einem faszinierenden Gesamtüberblick über die Seiser Alm. Ein paar Stellen sind ein wenig knifflig (bis Grad B), weshalb die Tour damit in die Kategorie »schwarz« fiele; der Zeitbedarf erhöht sich jedoch nur unwesentlich.

schultern wir flugs den Rucksack und marschieren los. Die Nutzung des Sessellifts zum ❶ **Hotel Panorama** (2009 m) bringt kaum eine halbe Stunde Zeitvorteil. Von der Anhöhe mit dem stattlichen Hotel schlagen wir Weg Nr. 2 ein und beschreiten nun die weitläufige Wiesenlandschaft leicht aufwärts in südlicher Richtung. Rechts zieht der Schlern mit seinen beiden Zacken längst die Blicke auf sich, linker Hand ist es die formschöne Langkofelgruppe. Unsere Trasse führt an den Kuppen des Grünserbühels und Goldknopfes vorbei und nähert sich allmählich den Schuttreißen der vom Zahn der Zeit zernagten Rosszähne. Hier steilt das Gelände auf, ohne jedoch besondere Hürden in den Weg zu legen. Im Zickzack gewinnen wir die ❷ **Rosszahnscharte** (2499 m) und queren hinter den Türmen nach rechts schräg abwärts zur hübschen, rot eingedeckten ❸ **Tierser-Alpl-Hütte** (2440 m) am gleichnamigen Joch. Inzwischen ist man schon von den nördlichen Ausläufern des Rosengartens in Bann geschlagen; als Hingucker geriert sich auch die Roterdspitze.

Überschreitung zum Schlern Als Filetstück der Rundtour lässt sich sicherlich der Übergang zum Schlernhaus werten. Wir steigen ein Stück weit in die Hochmulde ab, lassen Nr. 3 dann talwärts ins abgrundtiefe Bärenloch abziehen und gewinnen mit Nr. 4 am Sockel der Roterdspitze wieder an Höhe. Man gelangt auf den Ab-

Einblicke in die gegliederte Struktur des Rosengartens sind ein Fest für die Augen.

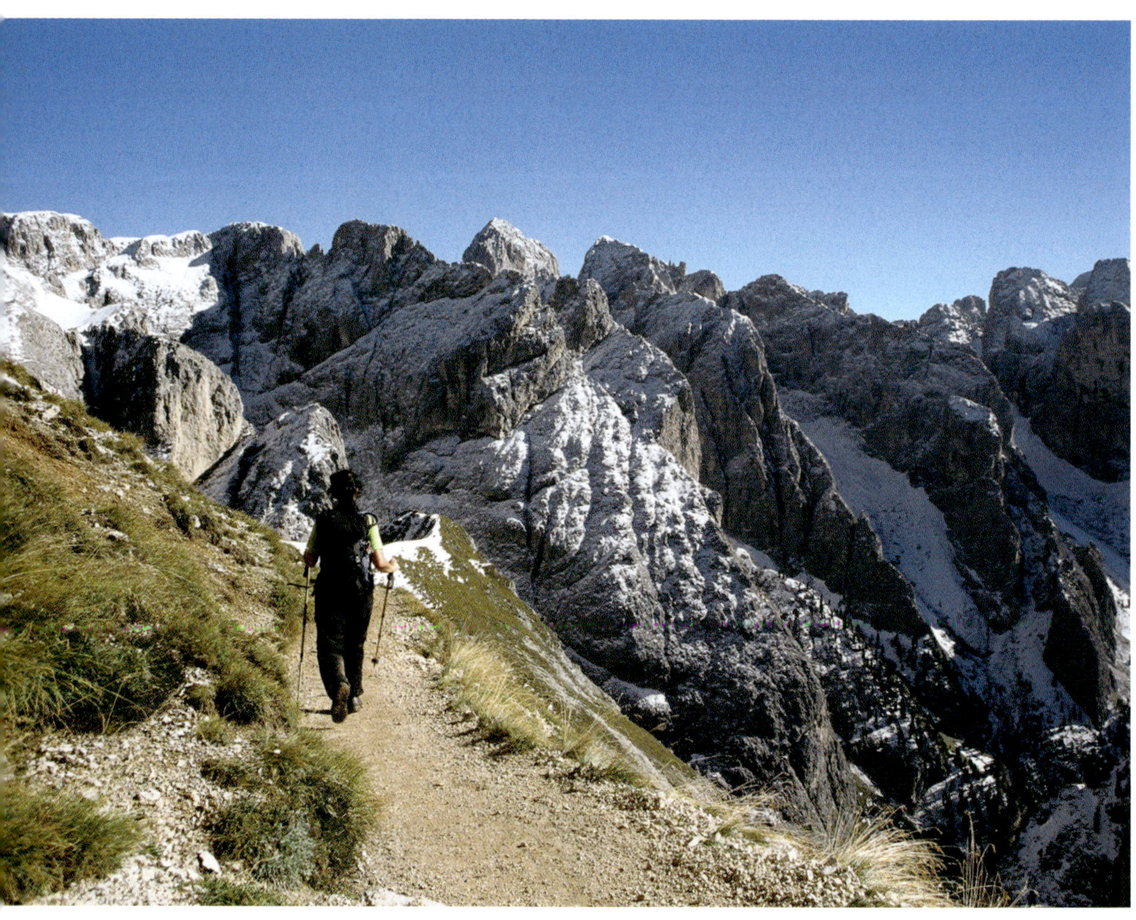

satz des Eselrückens und schließt rechts haltend zur breiten Kammhöhe auf. Von P. 2551 ließe sich ein harmloser Abstecher auf die **Roterdspitze** (2655 m) unternehmen. Die Perspektive auf den faszinierenden Rosengarten ist jetzt besonders eindrucksvoll, und auch der nördliche Gesichtskreis öffnet sich weit zu den Grödner Bergen und darüber hinaus.

Genusswandern pur ist angesagt, wenn wir die Schritte nun über die schwach eingesenkte, grasige Schlern-Hochfläche laufen lassen. Es dauert eine ganze Weile, bis wir auf den sogenannten Touristensteig (Nr. 1), die meistbegangene Route von der Seiser Alm her, treffen. Mit ihr können wir nach links in Kürze zu den altehrwürdigen ❹ **Schlernhäusern** (2450 m) gelangen, um dort vielleicht die Mittagsrast zu verbringen. Auch der höchste Punkt des Schlern, mit dem eigenständigen Namen »Petz« versehen, liegt dann in unmittelbarer Reichweite. Der Urbau der Schlernhäuser wurde 1884 übrigens als einer der ersten alpinen Stützpunkte errichtet. Das mag unterstreichen, welche Bedeutung diesem Berg damals wie heute zugemessen wird. Im Stile eines Wahrzeichens spiegelt er die Heimatverbundenheit der Südtiroler wider und wurde vermutlich sogar schon in vorchristlicher Zeit von Menschen als Kultplatz aufgesucht. Sagen und Legenden ranken sich um den Schlern. Der bekannte Heimatkundler Josef Rampold schrieb einmal, dass »nur der das Land Südtirol kennt, der es von dieser luftigen Warte geschaut hat«.

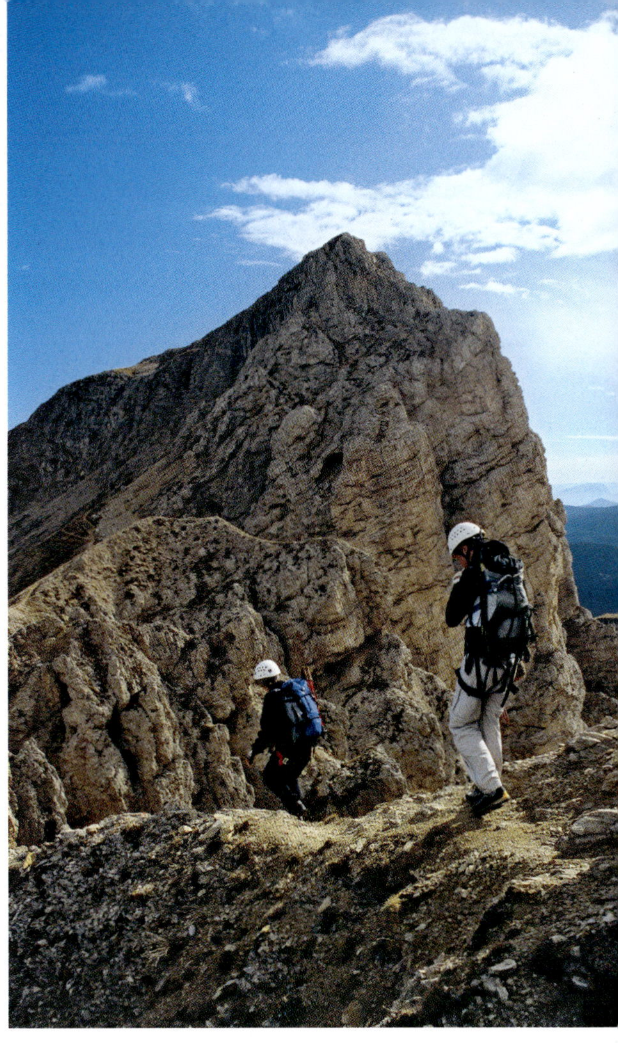

Über den Maximiliansteig und die Roterdspitze führt eine anspruchsvollere Variante.

Über den Touristensteig retour Der erwähnte Touristensteig bringt uns von den Schlernhöhen wieder bequem eine Etage tiefer und zurück auf die Seiser Alm. An der Geländekante setzen einige weit ausholende Serpentinen ein. Weiter unten nicht mit Nr. 1 links abdrehen (diese Route führt via Schlernbödele nach Bad Ratzes), sondern mit Nr. 5 rechts haltend den Einschnitt des Frötschgrabens ausgehen und gleich dahinter zur ❺ **Saltner Hütte** (1830 m), wo man sich eine deftige Marende schmecken lassen kann. Wir merken schon: An Einkehrstationen herrscht kein Mangel. So wird man am Ende wahrscheinlich ohne Kaloriendefizit die Runde über die sanften Wiesenwellen schließen. Vielleicht neigt sich die Sonne schon dem westlichen Horizont zu, dann dürfte sich auch die Betriebsamkeit auf der Seiser Alm allmählich gelegt haben. Wer darauf erpicht ist, kann nämlich auch hier durchaus einsame Wanderstunden verbringen …

Hammerwand

Abenteuerpfad zwischen Schlern und Rosengarten

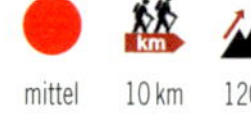   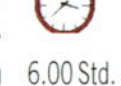

mittel 10 km 1200 m 6.00 Std.

Tourencharakter
Die Kammstrecke im Latschen-Schrofen-Gelände erfordert ausgeprägte Trittsicherheit; oft schmale und mitunter etwas ausgesetzte Wegführung einschließlich einiger gesicherter Kraxelstellen. Im Zu- und Abstieg recht steile, aber gut angelegte Steige; volles Tagespensum.

Ausgangspunkt
Weißlahnbad (1173 m); Zufahrt durchs Tierser Tal und bei St. Zyprian links ab zum Wanderparkplatz

Öffentliche Verkehrsmittel
Busverbindung von Bozen über Tiers nach Weißlahnbad

Höchster Punkt
Mittagskofel (2187 m)

Gehzeiten
Weißlahnbad – Tschafatschsattel 2½ Std. – Hammerwand 1½ Std. – Tschafonhütte 1 Std. – Weißlahnbad 1 Std.; insgesamt 6 Std.

Aufstieg/Abstieg
Bis Tschafatschsattel 900 Hm Aufstieg, Überschreitung zur Hammerwand zusätzlich ca. 300 Hm; insgesamt 1200 Hm

Beste Jahreszeit
Anfang Juni bis Mitte Oktober

Hütten/Einkehr
Gasthof Enzian in Weißlahnbad, Tschafonhütte (Tel. 347/ 813 11 52)

Karte
Tabacco, 1:25 000, Blatt 05 »Gröden – Seiseralm« oder 029 »Schlern – Rosengarten – Latemar – Regglberg«

Gegen das Tierser Tal wird der Schlernstock durch einen sekundären Kammzug abgeriegelt, der mehrere schrofige, von Krummholz überzogene Erhebungen und zwischen Tschafatschsattel und Hammerwand auch eine markierte Route trägt. Sie ist nicht so bekannt wie vieles in ihrer Nachbarschaft, aber trotz der geringen Höhe überraschend alpin angehaucht und mit einer tollen Aussicht gesegnet. Am meisten beeindruckt die Aussicht auf die Westfront des Rosengartens.

Durch die Bärenfalle Für alle, die nicht ständig auf breiten Wanderautobahnen unterwegs sein wollen und auch gewisse Erschwernisse einer urwüchsigen Natur schätzen, ist diese Tour ideal. Schon der Aufstieg durch die Titanenkerbe der Bärenfalle steckt voller Reize, auch wenn die Route hier für ein breiteres Wanderpublikum großzügig ausgebaut wurde. Im Kernbereich verläuft unser Pfad verschlungen durch latschenbesetztes Terrain, das ein bisschen an die Nördlichen Kalkalpen erinnert, quert zu-

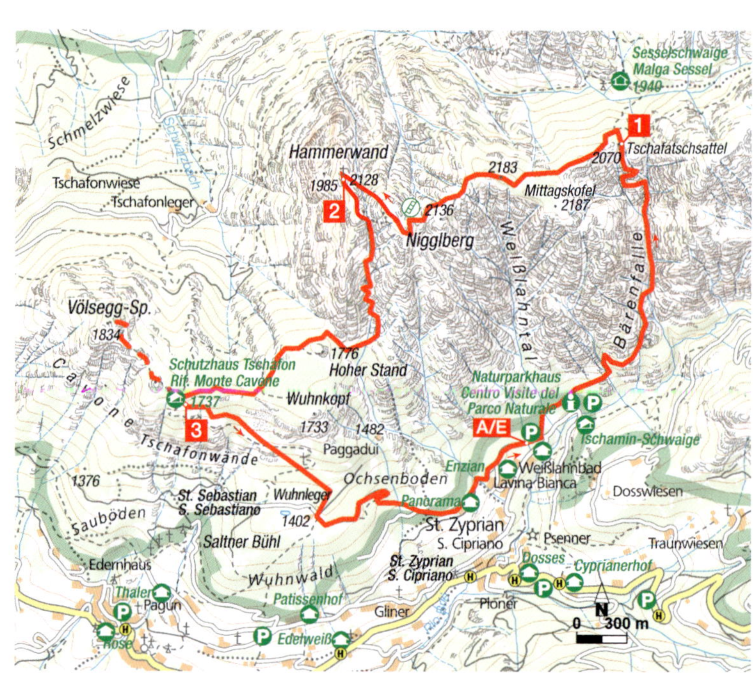

weilen über jähen Abgründen entlang und führt bis zur Hammerwand ein paarmal kräftig auf und ab. Dort ist dann der beste Logenplatz gefunden, um die Blicke weit über das Eisacktal schweifen zu lassen. Nett abgerundet wird die tagfüllende Tour eine Etage tiefer bei der Tschafonhütte, wo wir uns in aller Beschaulichkeit den pfiffigen kulinarischen Genüssen widmen können, vielleicht einem Brennnessel-Spinat-Omelette mit Salat aus eigenem Anbau …

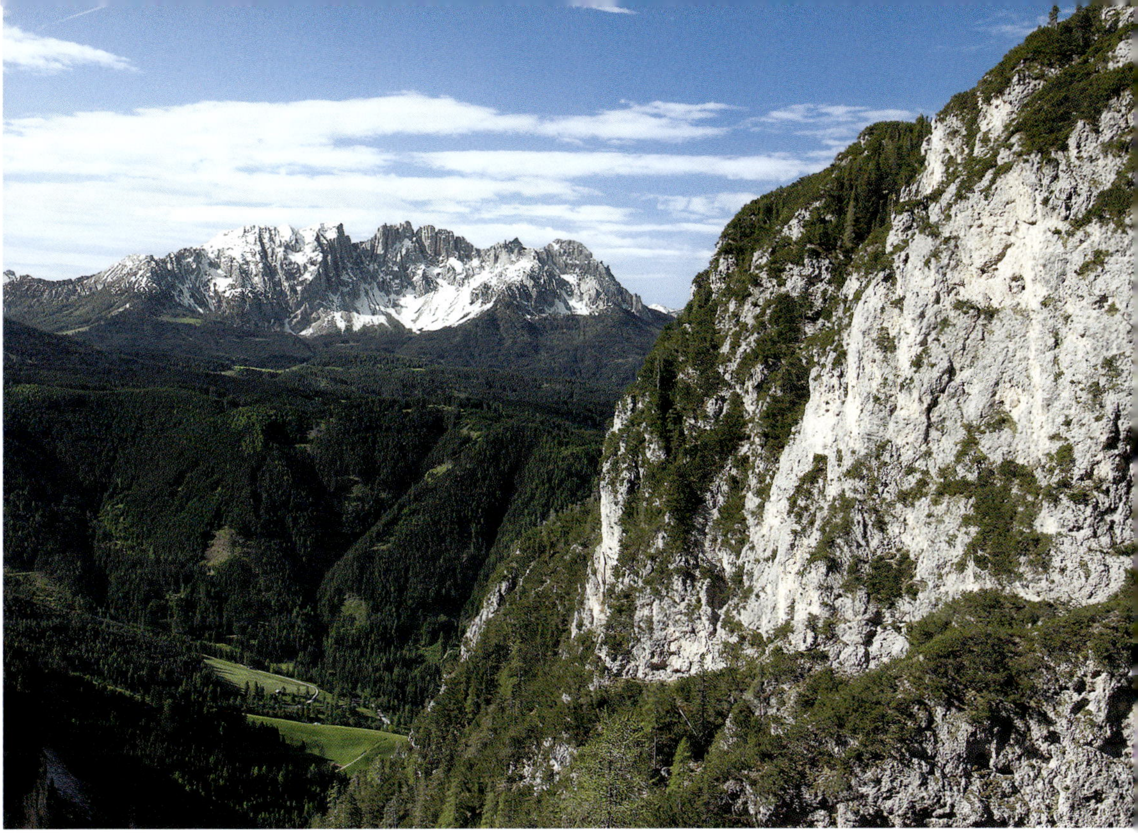

Hinter waldreichen Vorbergen erhebt sich im Süden der Latemar.

Von Ⓐ **Weißlahnbad** folgen wir Markierung Nr. 2 am bewaldeten Sockel der von Schluchten zerrissenen Strebepfeiler entlang. Hinter dem Tschetterloch nähert man sich mit einer Diagonalen dem Einstieg in die Bärenfalle. Obwohl das Gelände hier ziemlich unzugänglich wirkt, gibt es einen vorbildlich angelegten Steig, der sich durch den steilen, wildromantischen Graben in die Höhe schraubt. Vor allem in den Sandreißen weiter oben ist er phasenweise aufwendig mit Holzstegen ausgestattet. Am Schluss geht es nach links heraus zur Kammhöhe, die wir im ❶ **Tschafatschsattel** (2070 m) erreichen.

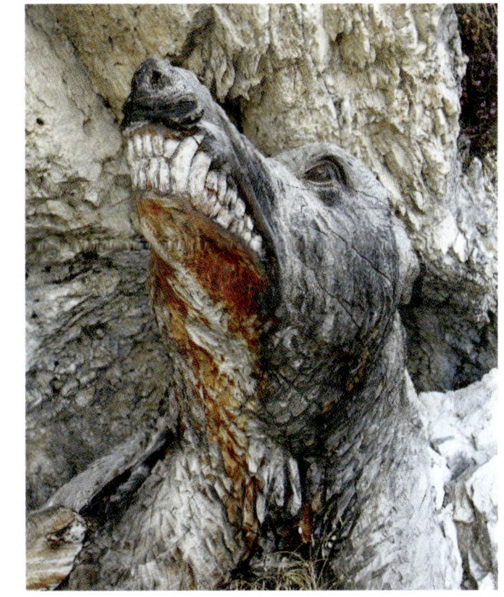

In der Bärenfalle überkommt uns womöglich das Gruseln.

Über den Mittagskofel zur Hammerwand Wir ignorieren hier die Fortsetzung Richtung Schlern und halten uns an die Bezeichnung »Hammerwand« (Nr. 9) links. Durch Latschen und Gehölz steigt man gegen den **Mittagskofel** (2187 m) an, der keinen ausgeprägten Gipfel bildet. Nachdem der höchste Punkt überschritten ist, schlängelt sich der Pfad abwechs-

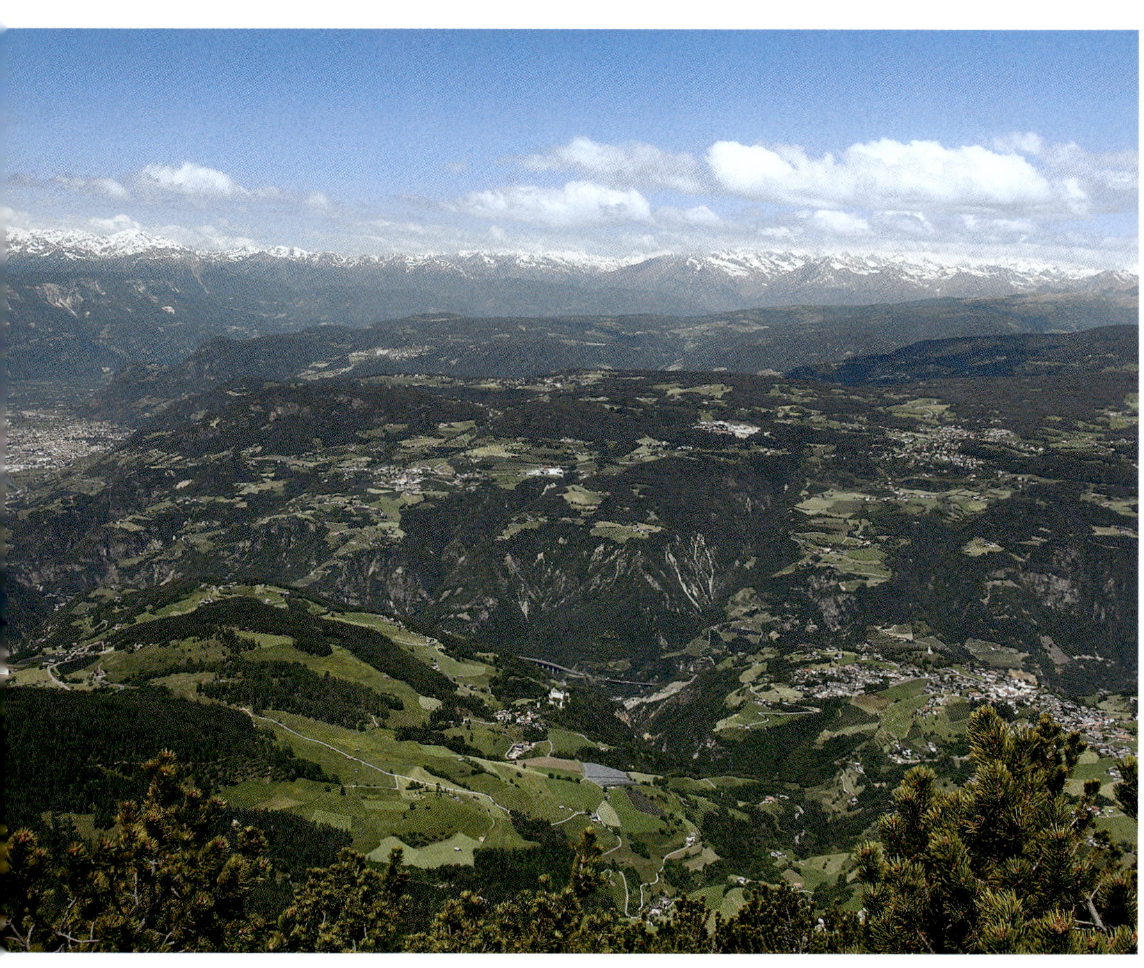

Auf der Hammerwand liegen uns die Eisacktaler Mittelgebirgsterrassen zu Füßen.

lungsreich weiter durchs Gelände – in abschüssigen Schrofen mitunter auch gesichert. Bald fällt er wieder recht steil ab, passiert ein Schärtchen, übersteigt einen kleinen Kopf und weicht dem nächsten nordseitig aus. Die Zwischenabstiege müssen bis zum Latschenplateau des Nigglbergs (2164 m) fast vollständig wieder wettgemacht werden. Von dort geht es abwärts zum Sattel kurz vor der ❷ Hammerwand (2128 m), auf deren Panorama wir uns schon lange gefreut haben. Das Kreuz entdecken wir allerdings auf einer tieferen Kanzel.

Nach dem kleinen Gipfelabstecher wird südseitig durch eine lange, von Latschen gesäumte Rinne abgestiegen. Der Zickzackkurs läuft beim Hohen Stand am Fuß der Hammerwandschrofen aus, bevor es im Wald zur idyllischen Lichtung mit der ❸ Tschafonhütte (1733 m) hinübergeht: wie heimelig! Auf breitem Wirtschaftsweg oder teilweise auch parallel geführtem Steig schließt sich über die hübsche Wunleger-Almmulde der Kreis nach Ⓔ Weißlahnbad – die Rosengarten-Westfront nochmals voll im Blick.

Tipp

Von der Tschafonhütte lohnt sich ein Besuch der **Völseggspitze** (1834 m), einer der besten leicht erreichbaren Eisacktaler Aussichtskanzeln, die ich kenne. Der Abstecher dauert hin und zurück gut 30 Min.

Zur Hanicker Schwaige

Der Sagen-Wanderweg am Fuß des Rosengartens

In beispielloser Eleganz stechen sie in den Himmel, die berühmten Vajolettürme im Rosengarten. Sie bilden neben den wuchtigeren Mauern von Laurinswand und Rosengartenspitze das Kulissenbild der Hanicker Schwaige, die hoch über dem Tierser Tal echte Südtiroler Almidylle verkörpert. Die Marende auf dem Holztisch, den Blick in die Ferne gerichtet – ein einfaches Rezept für innere Zufriedenheit …

Bergromantik für alle Es wundert kaum, dass eine derartige Umgebung steil emporgereckter Felsen über dunklen Tannenhainen und abgelegenen Almwiesen die Fantasie der Menschen einst beflügelte und so manche Sage entstehen ließ. Jene von Zwergenkönig Laurins Reich im verwunschenen Rosengarten zählt ja zu den bekanntesten überhaupt. Während einer beschaulichen Wanderung über die Hanicker Schwaige können wir sie in uns aufleben lassen. Dafür empfiehlt sich ein relativ später Aufbruch, denn am Morgen – so reizvoll gerade diese Tageszeit normalerweise ist – wirft die Rosengartenkette noch lange Schatten über

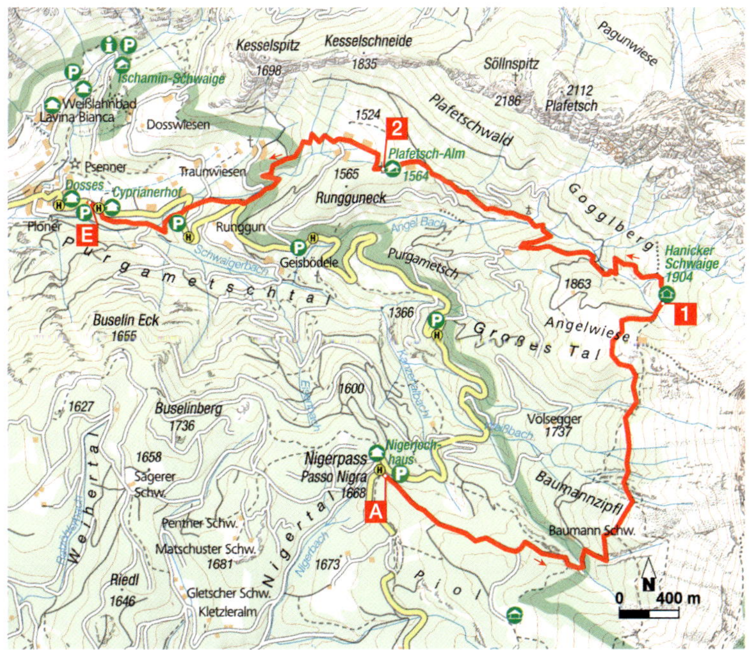

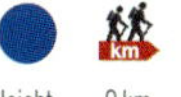
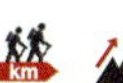
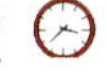

leicht | 9 km | 350 m | 3.30 Std.

Tourencharakter
Forststraßen und leichte Wanderwege, mehrheitlich bergab. Gemütliches Halbtagesprogramm für jedermann.

Ausgangspunkt
Parkplatz bei der Nigerhütte (1668 m); Zufahrt von Tiers Richtung Karerpass bzw. durchs Eggental und kurz vor dem Karerpass links ab auf die Nigerpassstraße

Endpunkt
St. Zyprian (1070 m), im Tierser Tal

Öffentliche Verkehrsmittel
Busverbindung von Bozen über Tiers nach St. Zyprian, einige Kurse auch weiter über den Nigerpass

Höchster Punkt
Etwa 1970 m vor der Hanicker Schwaige

Gehzeiten
Nigerpass – Hanicker Schwaige 1½ Std. – Plafetsch 1 Std. – St. Zyprian 1 Std.; insgesamt 3½ Std.

Aufstieg/Abstieg
350 Hm Aufstieg, 950 Hm Abstieg

Beste Jahreszeit
Ende Mai bis Ende Oktober

Hütten/Einkehr
Nigerhütte, Hanicker Schwaige, Plafetschalm

Karte
Tabacco, 1:25 000, Blatt 029 »Schlern – Rosengarten – Latemar – Regglberg« oder 06 »Val di Fassa e Dolomiti Fassane«

Rechte Seite: Eine beliebte Einkehr am Westabfall des Rosengartens ist die Hanicker Schwaige.

den westlichen Vorbau bis ins Tierser Tal hinunter. Am nachhaltigsten wirkt die Zackenfront zweifellos im Licht der untergehenden Sonne, wenn das legendäre Alpenglühen zur Entfaltung kommt – fast zu schön, um wahr zu sein. Manche glauben, der Fels öffne in diesen Augenblicken seine Seele, doch die Emotionen stecken wohl eher in uns selbst …

Vom Nigerpass aus Am besten nehmen wir den Bus von St. Zyprian bis zur Ⓐ **Nigerhütte** und starten dort auf einer Forststraße (Nr. 1/7). Bei der Gabelung links weiter und über den Graben des Breibachs, ganz in der Nähe der Baumannschwaige (1826 m). Wir bleiben knapp oberhalb der Almhütte und queren nun auf einem Bergweg die licht bewaldeten Hänge. Wo sich dieser verzweigt, lotst uns die Markierung auf die untere Trasse, die zu den Angelwiesen führt. Karten verzeichnen hingegen den oberen Pfad via P. 2022. So oder so erreichen wir die ❶ **Hanicker Schwaige** (1904 m) schließlich mit einem kurzen Abstieg. Tschaminspitzen, Vajolettürme und Laurinswand verströmen eine hinreißende Aura, sodass die Tische bei Schönwetter meist gut besetzt sind.

Für den Abstieg stehen diverse Varianten links und rechts des Angelbachgrabens zur Auswahl. Man könnte den Schleifen des Güterwegs (Nr. 10) folgen, doch ist es wohl am interessantesten, bis hinunter ins Tal der Route Nr. 7 treu zu bleiben. Diese wechselt zweimal über den Angelbach und führt dann meist auf Naturwegen zur großen Almlichtung von ❷ **Plafetsch** (1564 m) hinüber. Auch hier lohnt eine Einkehr mit traumhaftem Rückblick auf die Felsspitzen des Rosengartens. Später wird ein paarmal die Nigerpassstraße tangiert, ehe wir in Ⓔ **St. Zyprian** eintreffen.

Die filigranen Vajolettürme neben der massigen Laurinswand

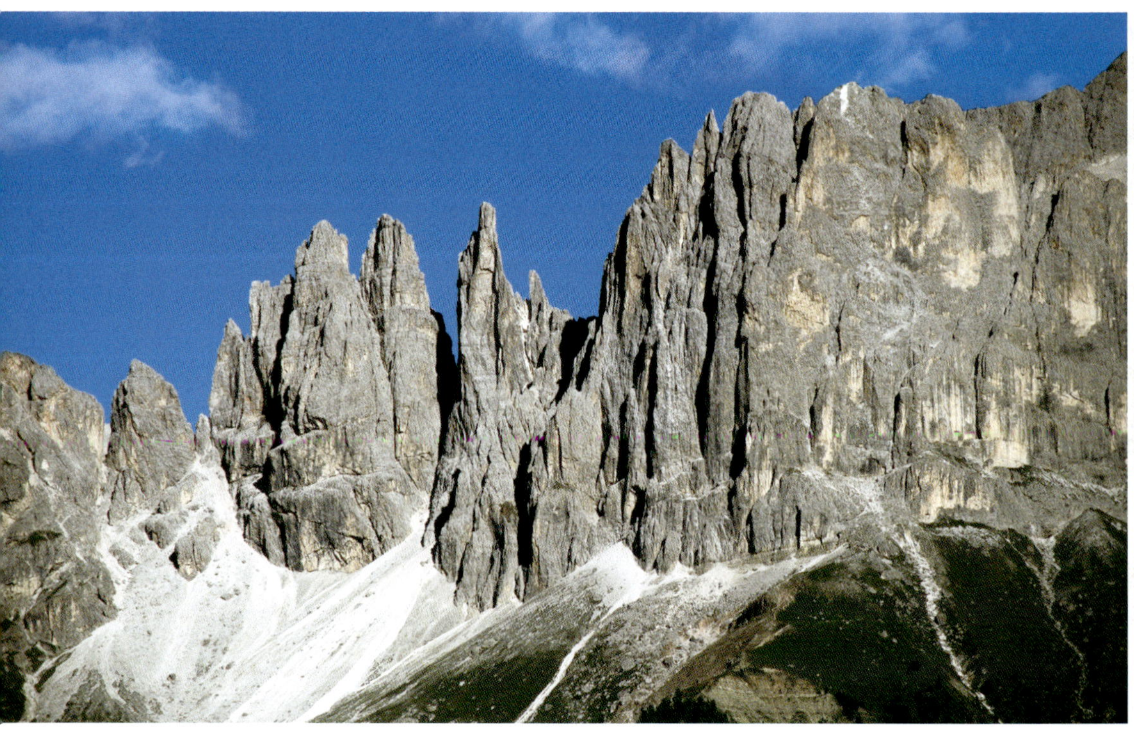

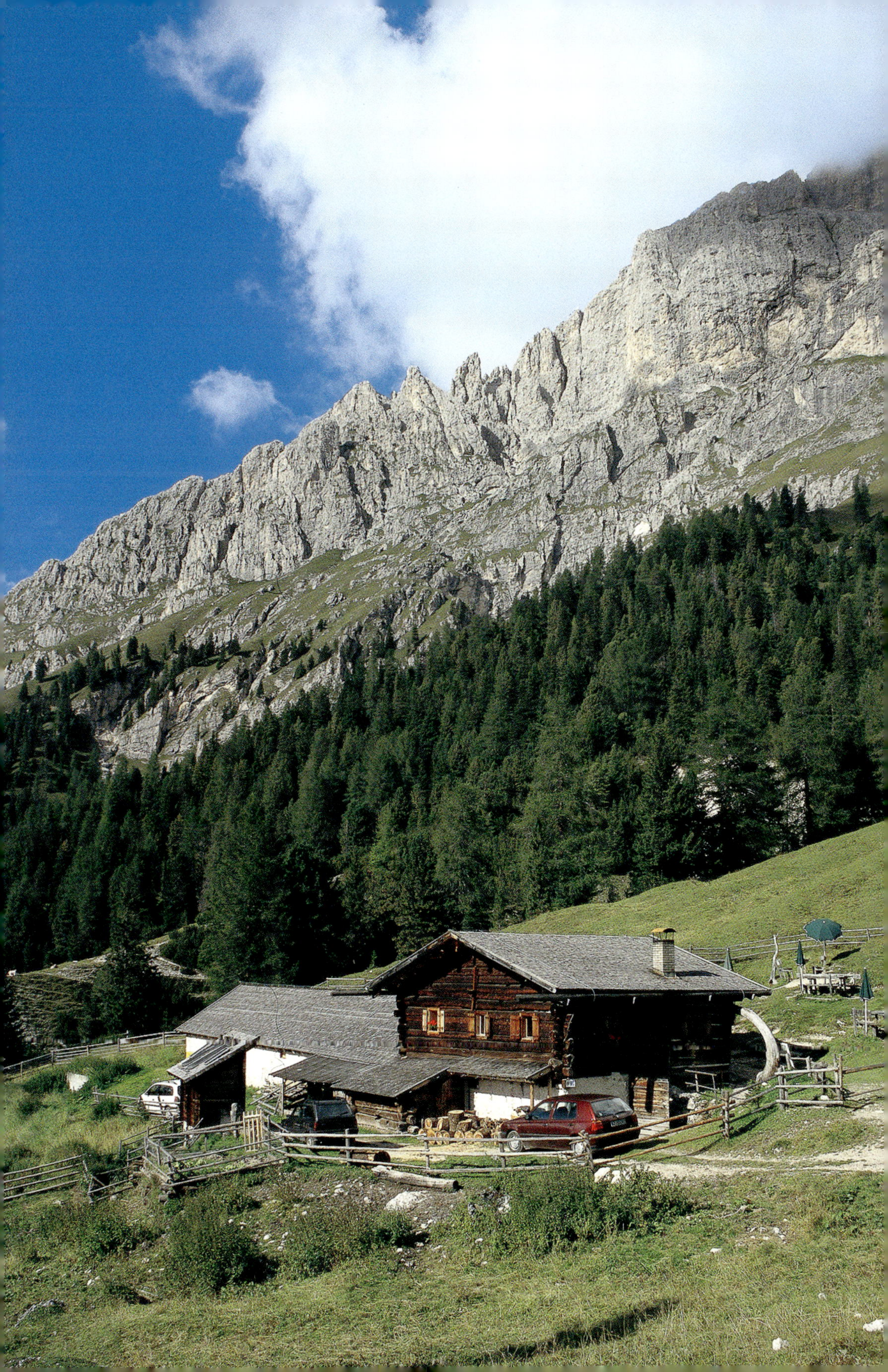

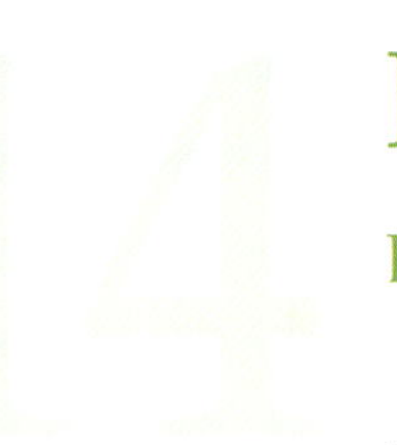

Rundtour im Rosengarten

Der Zirkel um Rotwand und Co.

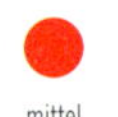 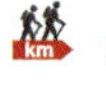 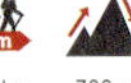 

mittel 10 km 700 m 5.00 Std.

Tourencharakter
Wegen des Gerölls manchmal etwas Trittsicherheit erfordernde Bergwege mit kurzen gesicherten Stellen zum Tschagerjoch. Zumeist aber problemlose, nahezu horizontale Flankensteige, speziell am Hirzelweg; durchschnittliche Tagestour.

Ausgangspunkt
Bergstation des König-Laurin-Lifts von der Frommer Alm zur Rosengartenhütte (2339 m); Betriebszeiten von Anfang Juni bis Mitte Oktober (ab 8.30 Uhr). Zufahrt über die Nigerpassstraße.

Öffentliche Verkehrsmittel
Im Sommer Busverbindung zwischen Tiers und Paolina-Talstation

Höchster Punkt
Tschagerjoch (2630 m)

Gehzeiten
Rosengartenhütte – Tschagerjoch 1 Std. – Passo delle Zigolade 1¼ Std. – Rotwandhütte ¾ Std. – Rosengartenhütte 2 Std.; insgesamt 5 Std.

Aufstieg/Abstieg
In Summe ca. 700 Hm

Beste Jahreszeit
Mitte Juni bis Mitte Oktober

Hütten/Einkehr
Laurins Lounge, Rosengartenhütte (Kölner Hütte, Tel. 0471/ 61 20 33), Rotwandhütte (Rifugio Roda di Vael, Tel. 0462/76 44 50)

Karte
Tabacco, 1:25 000, Blatt 029 »Schlern – Rosengarten – Latemar – Regglberg« oder 06 »Val di Fassa e Dolomiti Fassane«

Der Rosengarten ist für viele der Inbegriff einer Dolomitenlandschaft. Ein dichtes Wegenetz überspannt das Gebiet, stößt in alle möglichen Geländefalten und auch auf manchen Gipfel vor. Besonders spannend erscheinen Touren, die sowohl die Südtiroler als auch die Trentiner Seite berühren, wie der vorgestellte Rundkurs über das Tschagerjoch und den beliebten Hirzelweg.

Sagenhafter Rosengarten Kalkbleich strahlt die Westfront der Rosengartenkette tagsüber zum Bozener Talkessel hinaus und sendet verheißungsvolle Grüße aus der Bergwelt der Dolomiten. Doch wenn im Abendlicht die »Enrosadüra« beginnt, wie die Ladiner das Alpenglühen im melodischen Klang ihrer uralten Sprache nennen, dann lässt uns die Faszination garantiert nicht mehr los. Unweigerlich wird man an die berühmte Sage vom Zwergenkönig Laurin erinnert, der in grauer Vorzeit seinen Rosengarten verwünschte, nachdem dieser mit seiner Farbenpracht das geheime Reich an den Widersacher Dietrich von Bern verraten hatte: Weder bei Tag noch bei Nacht sollten die Rosen wieder erblühen. Doch in seinem Gram vergaß Laurin die Dämmerung, und so leuchtet der Rosengarten auch heute noch im warmen Licht der untergehenden Sonne und verströmt einen romantischen Zauber wie aus einem pathetischen Luis-Trenker-Film.

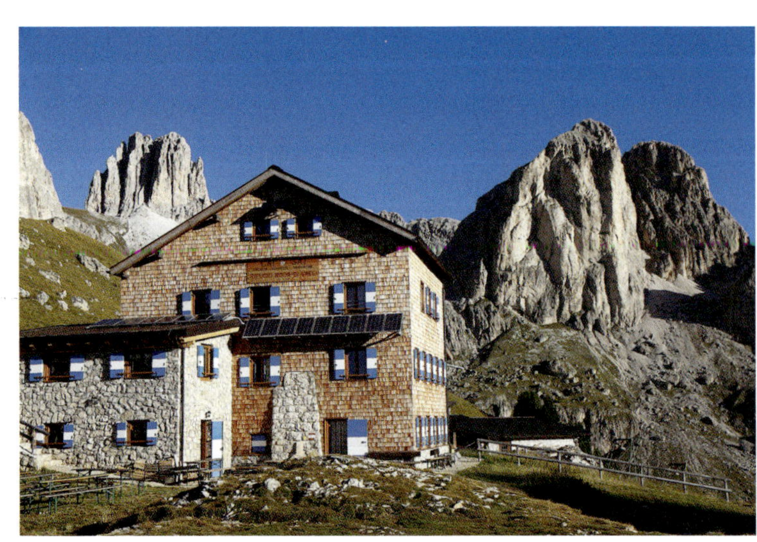

Die schmucke Rotwandhütte mit Mugoni und Tscheinerspitze (rechts)

Tscheinerspitze und Rotwand im Abendlicht (rechte Seite)

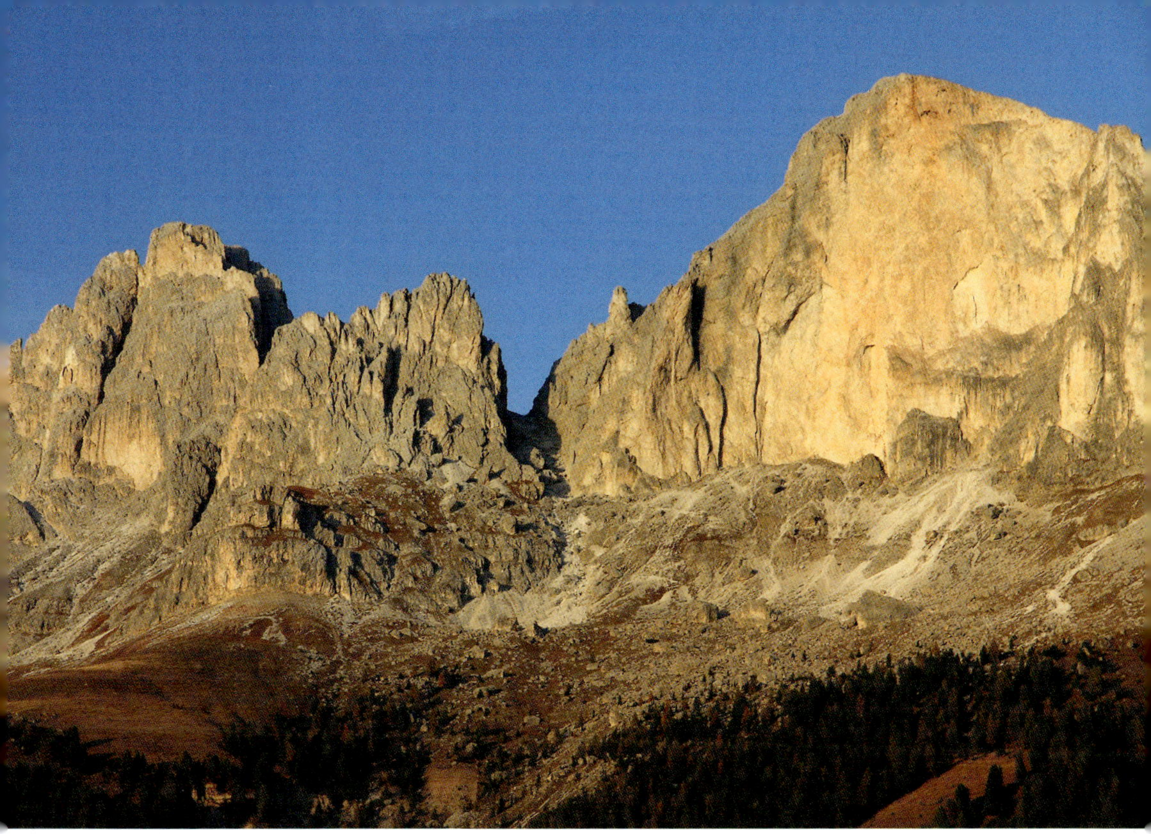

An schönen Sommertagen, wenn ganze Scharen von Wanderern das Gebiet heimsuchen, mag ein Teil dieses Zaubers auf der Strecke bleiben. Aber natürlich kann man die unzweifelhafte landschaftliche Schönheit nicht immer für sich allein beanspruchen. Immerhin verläuft es sich merklich, sobald man sich von den Seilbahnen und Hütten ein Stück weit entfernt. So gesehen bietet unsere klassische Runde im südlichen Rosengarten genug Auslauf. Im Zentrum steht dabei die Rotwand – ein absolutes Schaustück besonders nach Westen, wo eine gelb-rote Mauer lotrecht emporragt. Einschließlich ihrer näheren Trabanten wie den Coronelle und Mugoni im Norden sowie dem Masarè-Ausläufer am Südeck wollen wir die Rotwand in einer abwechslungsreichen Runde umwandern.

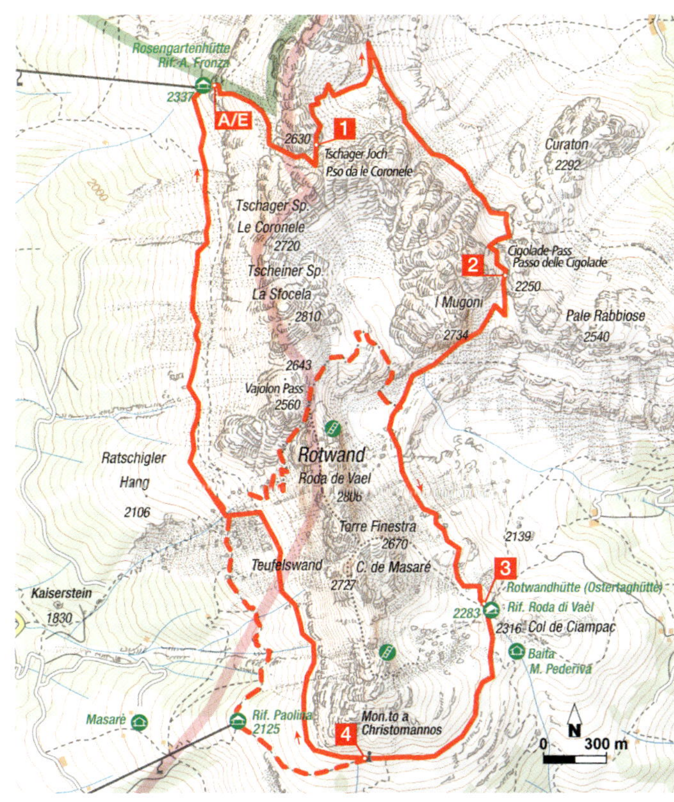

Über Tschagerjoch und Passo delle Zigolade Nachdem wir von der Frommer Alm aus die Höhenweg-Etage ohne einen Tropfen Schweiß erreicht haben, starten wir bei der neuen Laurins Lounge respektive der altehrwürdigen **A Rosengartenhütte** (die auf den Kölner Alpenverein zurückgeht) mit Markierung Nr. 550. Gleich oberhalb legt sich eine kurze Felsstufe in den Weg, die mit Drahtseilhilfe überlistet wird. Bei der folgenden Verzweigung halten wir uns rechts (links ginge es zum Santnerpass-Klettersteig) und gelangen im Schräganstieg zu einer steilen Rinne, die grimmig wirkt, aber auf gut stabilisiertem Steig bis ins **1 Tschagerjoch** (2630 m) leitet.

Jenseits quert man etwas nach links, kraxelt an einigen Schrofen abwärts und wandert durch eine schuttreiche Hangmulde auf den Verbindungsweg zwischen Vajolet- und Rotwandhütte (Markierung Nr. 541) hinab. Wir blicken auf den mächtigen Wandsockel der Rosengartenspitze, hinein ins Vajolettal und auf die wehrhafte Zackenmauer der Dirupi di Larsec, hinter der sich übrigens eine ganz eigene, unerwartet stille Welt des Rosengartens verbirgt. Weit im Osten, auf der anderen Seite des Fassatals, steht die »Dolomitenkönigin« Marmolada mit ihren Vasallen Parade.

Am Querweg angekommen, biegen wir scharf nach rechts ab, queren die Schuttreißen sowie einen ausgeprägten Graben unterhalb der Mugoni und gewinnen in kehrenreichem Gegenanstieg mit dem **2 Passo delle Zigolade** (2550 m) den zweiten Übergang des Tages. Die Rotwand tritt ins Blickfeld. Beim südseitigen Abstieg wird ein ulkiges Felsportal, das durch einen an die Wand gelehnten Turm gebildet wird,

Am Südeck des Rosengartens steht der Latemar gegenüber im Mittelpunkt.

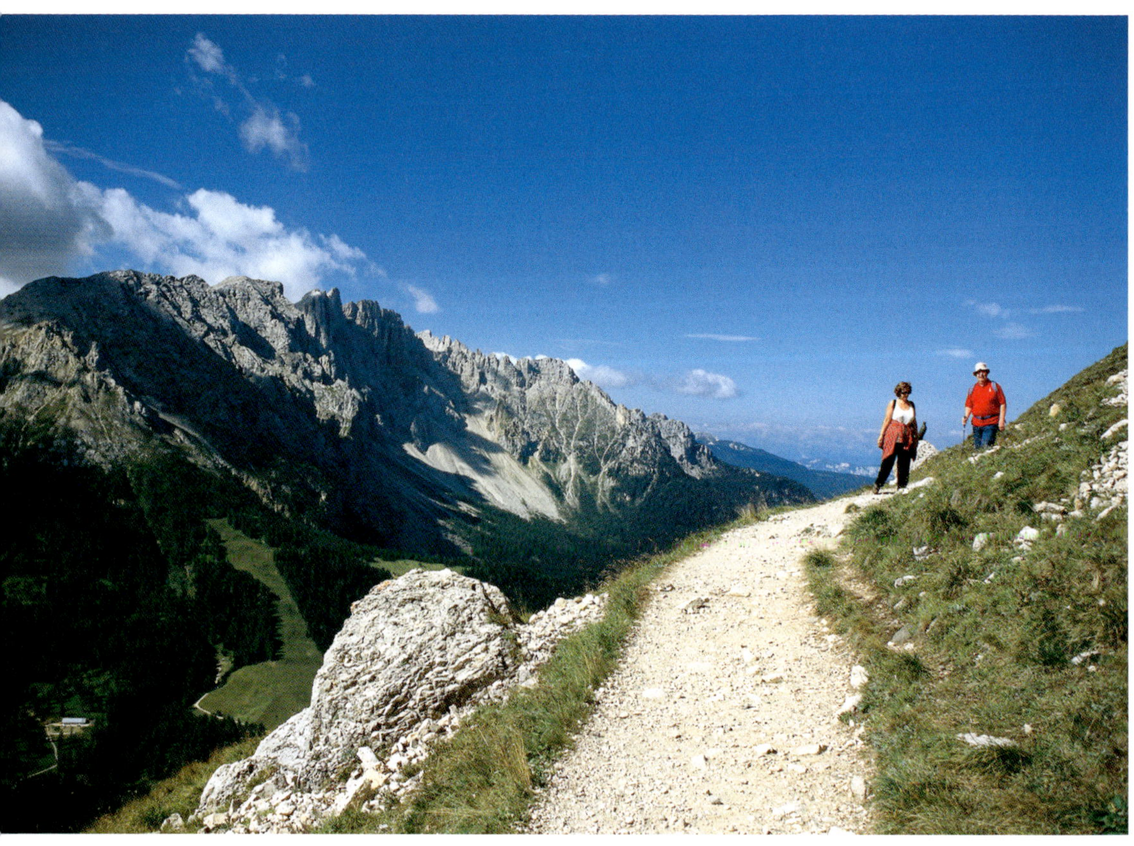

durchschritten, bevor der Weg unter dem Auslauf des Vaiolonkars fast höhengleich zur ❸ Rotwandhütte (Rifugio Roda de Vaèl, 2280 m) hinüberzieht. Ich kann mich noch gut an einen Besuch vor vielen Jahren erinnern, als sich zu vorgerückter Stunde plötzlich Aufregung in der Hütte breit machte und alle vor die Tür stürmten. Was war passiert? Nun, eine »Enrosadüra« vom Feinsten gab wieder einmal ihr herzzerreißendes Gastspiel …

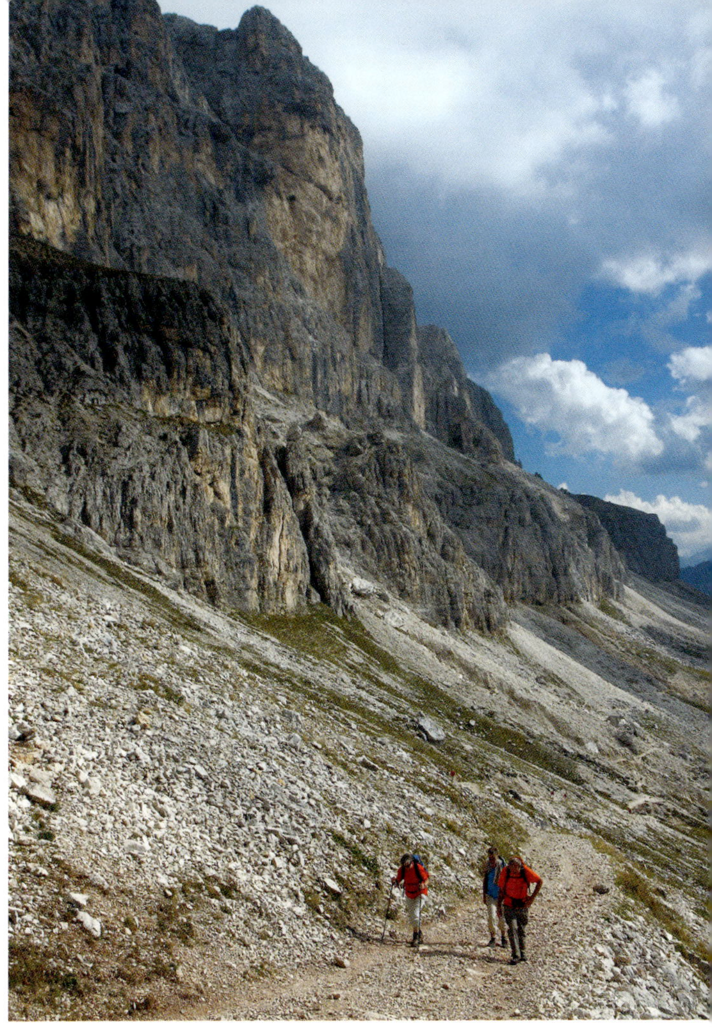

Unterwegs am Hirzelweg, der die Westfront von Rotwand und Co. abläuft

Auf dem Hirzelweg zurück Mit einem der populärsten, wohl schon millionenfach unter die Sohlen genommenen Panoramawege in den Dolomiten wollen wir unsere Rosengarten-Runde vollenden. Gemeint ist der Hirzelweg, benannt nach einem Leipziger Verleger, der mit einer großzügigen Spende Anfang des 20. Jahrhunderts die Anlage der Trasse ermöglichte. Von der Rotwandhütte folgen wir Weg Nr. 549 und halten damit die stets aussichtsreiche Höhe. Zunächst wird das äußerste Südeck der Kette umkurvt, wo der türmereiche Latemar gegenüber immer prächtiger in den Gesichtskreis tritt. Das bekannteste Vordergrundmotiv dazu ist der ❹ Christomannos-Adler, eine stattliche Bronzefigur, die ebenfalls ihre Geschichte hat: Theodor Christomannos war seinerzeit nämlich »Tourismusmanager« der ersten Stunde, initiierte unter anderem den Bau der Großen Dolomitenstraße von Bozen nach Cortina d'Ampezzo und ließ das Grandhotel »Karersee« errichten, standesgemäß für höchste Herrschaften, in dem einst auch Kaiserin Sisi logierte. Mit dem Adler hoch über dem Karerpass ist dem weit blickenden Mann ein Denkmal gesetzt worden. Dahinter schwenken wir rasch auf die Westseite der Rotwand ein, wo der Hirzelweg nun auf einer natürlichen Terrasse unter himmelstrebenden Wänden dahinführt. Man muss den Kopf schon gehörig in den Nacken legen, um diese Abbrüche zu mustern. Im Gegensatz dazu ist der Horizont im Westen vollkommen offen, an manchen Tagen über ein weites, grünes Land gar bis zum Firnscheitel der Ortlergruppe: Südtirol und seine malerischen Kontraste! Nach einigen Kilometern unbeschwerten Wandervergnügens steigt der Hirzelweg im letzten Stück nochmals etwas an und bringt uns damit zurück zur Ⓔ Rosengartenhütte, wo am Morgen die vielversprechende Runde begonnen hat.

Höhenweg am Latemarkamm

Große Überschreitung über dem Karerpass

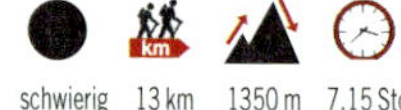

Tourencharakter
Lange, recht anspruchsvolle Bergwanderung in hochalpinem Gelände. Phasenweise abschüssiges Schutt- und Schrofengelände, meist aber passabel trassiert, Trittsicherheit und tadellose Kondition obligatorisch.

Ausgangspunkt
Karerpass (1745 m), Straßenverbindung zwischen Bozen bzw. Eggental und Val di Fassa

Endpunkt
Oberholz (2090 m), Bergstation des Sessellifts von Obereggen; Betriebszeiten von Mitte Juni bis Anfang Oktober (8.30 bis 18 Uhr)

Öffentliche Verkehrsmittel
Buslinien von Bozen durchs Eggental Richtung Welschnofen – Karerpass sowie via Birchabruck nach Obereggen

Höchster Punkt
Östliche Latemarspitze (2791 m)

Gehzeiten
Karerpass – Kleine Latemarscharte 2¼ Std. – Große Latemarscharte 1½ Std. – Erzlahnscharte 1¼ Std. – Rifugio Torre di Pisa 1 Std. – Oberholz 1¼ Std.; insgesamt 7¼ Std.

Aufstieg/Abstieg
Insgesamt etwa 1350 Hm Aufstieg, 1000 Hm Abstieg

Beste Jahreszeit
Ende Juni bis Anfang Oktober

Hütten/Einkehr
Rifugio Torre di Pisa (Tel. 348/ 364 53 79)

Karte
Tabacco, 1:25 000, Blatt 029 »Schlern – Rosengarten – Latemar – Reggelberg«

Seine türmegespickte Kulisse über dem Karersee ist ein viel bewundertes Dolomitenmotiv, doch in seinen oberen Bereichen führt der Latemar eher ein Schattendasein – kein Vergleich zum bevölkerten Rosengarten! Wer die kammnahe Überschreitung der Gruppe absolvieren will, braucht Erfahrung im Umgang mit rauem Gelände und eine gute Portion Durchhaltevermögen. Der Lohn ist ein Bergerlebnis, das garantiert nicht »von der Stange« kommt.

Ursprünglichkeit ist Trumpf Die Vorderseite des Latemar mag optisch Aufsehen erregen und am verwunschenen Karersee für einen Pflichtstopp aller Reisenden auf der »Großen Dolomitenstraße« gut sein. Doch diese Verheißung entpuppt sich als Fassade, der Latemar als Janusgestalt. Wer weiß schon von der Welt da oben, hat je von den Latemarspitzen hinunter auf den waldumsäumten See geblickt und den öden Valsorda-

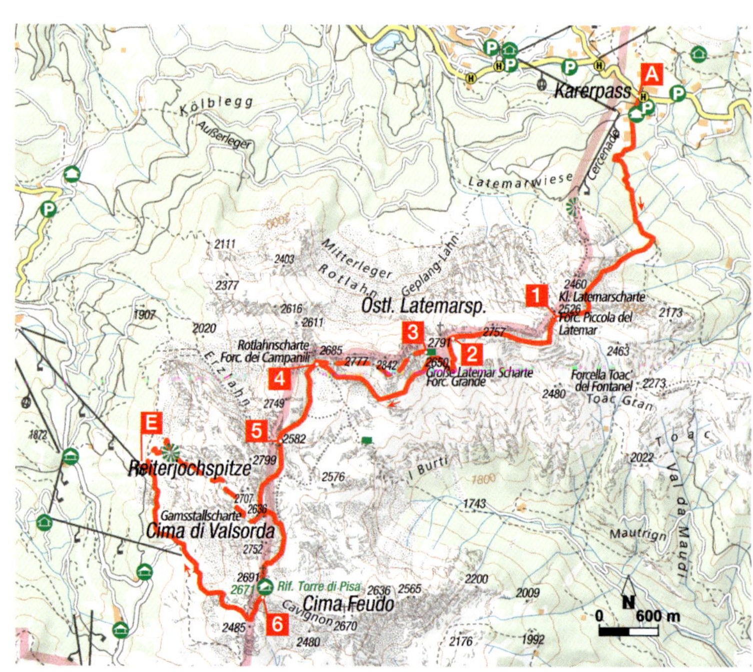

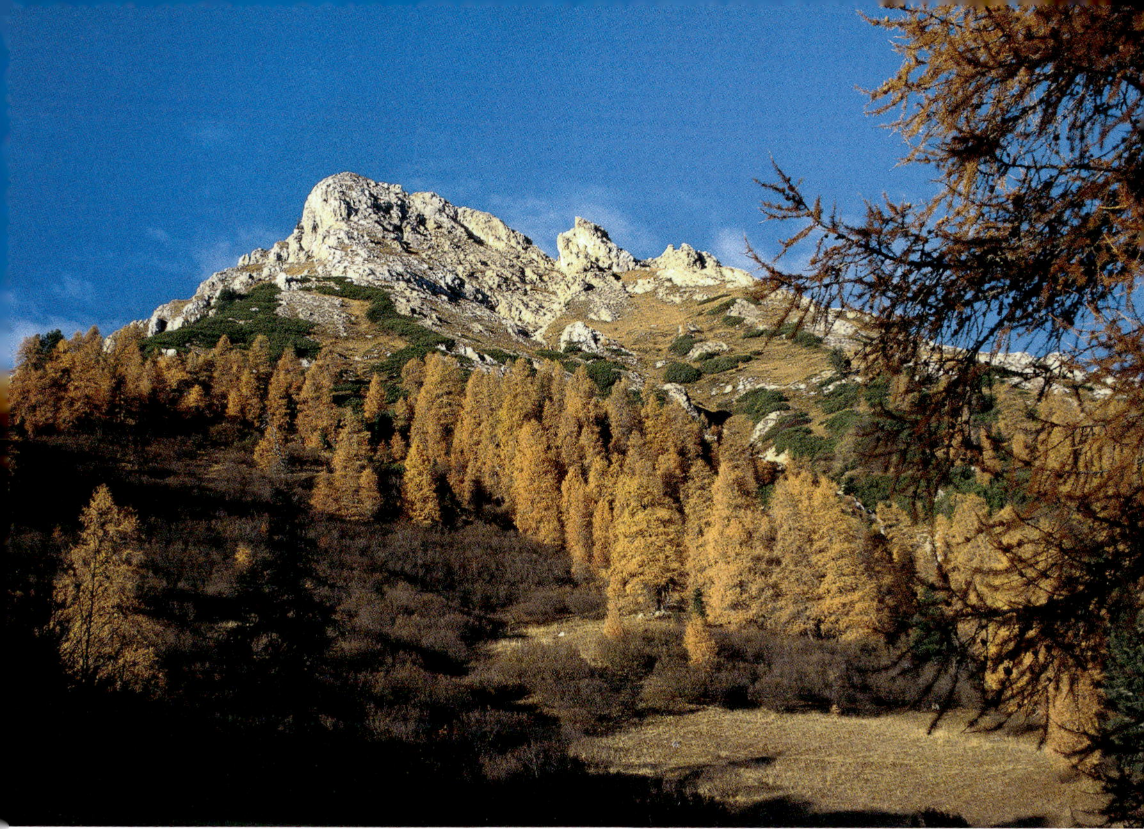

Spätherbst am Karerpass, wo die Latemar-Tour beginnt

Kessel auf der Rückseite wahrgenommen? Traditionell zieht es die Bergsteiger halt eher in den benachbarten Rosengarten, wo die Infrastruktur wesentlich besser ausgebaut wurde. Der Latemar gibt sich wesentlich weniger zugänglich, wirkt auch viel spröder und bietet ein notorisch brüchiges Gestein, um das die Kletterer lieber einen großen Bogen machen. Für reine Wanderer erscheinen die Zustiege oft zu mühsam und das Hüttenangebot mit einem einzigen Exemplar vergleichsweise dürftig. Fairerweise muss man jedoch konstatieren, dass das Rifugio Torre di Pisa einen ausnehmend reizvollen Standort besitzt. Wie ein Adlerhorst klebt es hoch oben am Grat des Cavignon. Aber all die genannten Attribute – das weiß jeder Bergfreund – haben auch ihre positiven Aspekte, belassen sie dem Gebirge doch die viel beschworene Ursprünglichkeit.

Vom Karerpass über die Östliche Latemarspitze Rüsten wir uns also für eine lange, fordernde Tour und beginnen am besten schon frühmorgens auf den sanft ansteigenden Lärchenwiesen über dem Ⓐ Karerpass. Auf Route Nr. 517 bleiben einige Skilifte rasch zurück. Bei der ehemaligen Malga Vallace (1983 m) zweigt man rechts ab und gelangt in einem Kar nun zusehends höher. Besonders die vielen kleinen Zacken am Massiv der Poppekanzel faszinieren. Über Gras und Geröll erreichen wir die ❶ Kleine Latemarscharte (2526 m) am Hauptkamm der Gruppe. Es tut sich ein herrlicher Blick auf die düstere Nordwestseite auf, wo ebenfalls ein Zugang hinaufzieht, die etwas längere Variante über die Latemarwiesen.
Der Kammrücken zum Col Cornon trägt nun zunächst den Weiterweg, doch werden wir bald zum Ausweichen in die südliche Flanke gezwungen. Auffällig ist der

wiederholte Wechsel des Untergrundes zwischen Dolomit und Vulkangestein. In dem von Rinnen zerklüfteten, abschüssigen Gelände müssen wir stellenweise sogar die Hände zur Hilfe nehmen, mitunter auch kleinräumige Auf-und-ab-Manöver bewältigen. Umso größer wird unser Enthusiasmus mit Erreichen der ❷ **Östlichen Latemarspitze** (2791 m) sein. Das Kreuz empfängt uns dabei rechts auf einer vorgeschobenen Kanzel. Ganz nah gegenüber stehen nun die mächtigen Latemartürme Spalier, in der weiteren Dolomitenumgebung vor allem Rosengarten, Marmolada, Pala und die Lagorai. An klaren Tagen reicht die Aussicht sogar bis zur Ortlergruppe und zum Alpenhauptkamm!

Hohe Route durch den Valsorda-Kessel Da ein direkter Abstieg in die nächste Scharte durch Abbrüche vereitelt wird, holt unser Schrofensteig nach Süden aus und leitet steil und etwas heikel tiefer. Später quert man hinüber zum Bivacco Rigatti nahe der ❸ **Großen Latemarscharte** (2650 m), wo sich der Weiterweg in zwei Varianten aufspaltet. Attraktiver ist jetzt zweifellos die Begehung der Via ferrata Campanili del Latemar, die fortlaufend die bizarr ausgewitterten Scharten zwischen den Latemartürmen tangiert und somit – teils über Bänder – höchst abwechslungsreich in Richtung Forcella dei Campanili hinübertraversiert. Dieser Klettersteig ist jedoch nur für gut ausgerüstete, absolut schwindelfreie Bergsteiger zu empfehlen. Zum Glück gibt es für alle Zaghaften auch eine leichtere Ausweichroute. Dabei quert man die markant geneigte südseitige Schuttabdachung einfach auf tieferer Linie.

Das triste Antlitz des verkarsteten, einst von Gletschern ausgeformten Valsorda-Kessels ist ein prägendes Merkmal unserer Durchquerung. Immerhin durchmessen

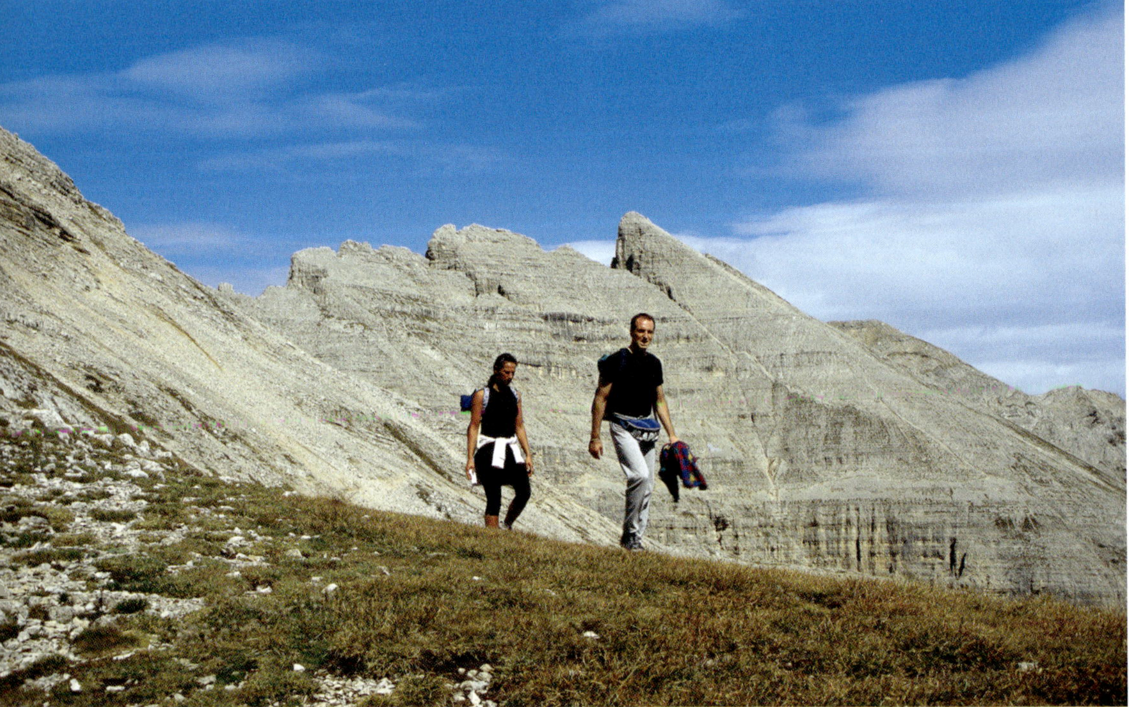

Wanderer passieren die Erzlahnscharte, nachdem die schräge Abdachung der Latemartürme schon hinter ihnen liegt.

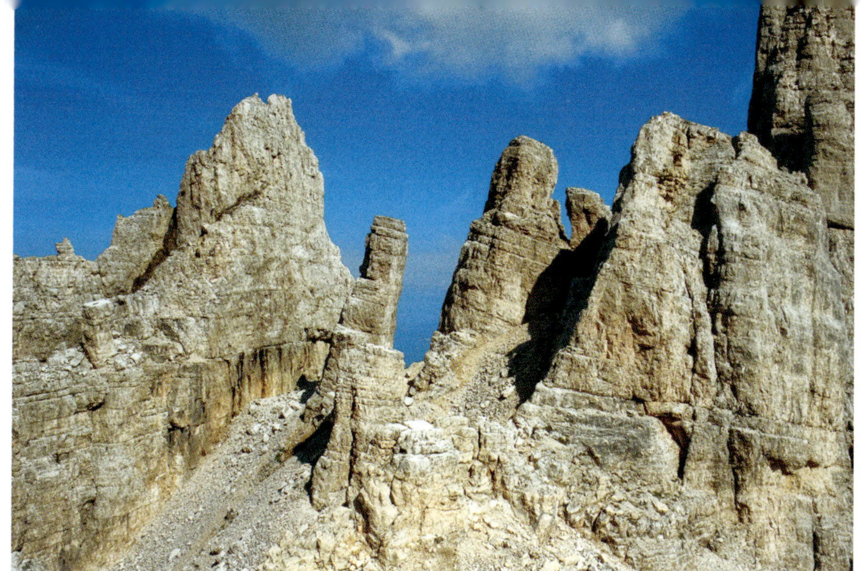

Skurrile Felsarchitektur begleitet uns im Latemar häufiger; hier die Szenerie unweit der Hütte mit dem namengebenden Torre di Pisa.

wir diesen noch längere Zeit am oberen Ansatz entlang. Nach dem Wiedervereinigungspunkt der Routen unterhalb der von skurrilen Türmchen flankierten ❹ **Forcella dei Campanili** (Rotlahnscharte, 2685 m) schlagen wir mit Nr. 516 einen Bogen unter die Ostseite der Erzlahnspitze und nehmen über flache, schuttbedeckte Böden Kurs südwärts. In Abständen kommen wir an weiteren markanten Einschnitten vorbei, zunächst an der ❺ **Erzlahnscharte** (2582 m) und etwas später an der Gamsstallscharte (2560 m), wo jeweils Routen auf die andere Seite abzweigen. Über die Gamsstallscharte könnte man binnen einer Stunde nach Oberholz absteigen. Doch auch die Cima Vasorda gilt es jetzt noch zu queren. Allmählich steigt unser Weg wieder leicht an und führt mit einigen Felsstellen hinüber zum ❻ **Rifugio Torre di Pisa** (2671 m), im deutschen Sprachgebrauch mitunter auch schlicht Latemarhütte genannt.

Abstieg nach Obereggen Die einzige Einkehrstation unterwegs wird man lange herbeigesehnt haben, denn besonders an heißen Sommertagen kann im staubtrockenen Valsorda-Kessel der Durst groß werden. Umso mehr freuen wir uns auf diesen Ausklang. Das Rifugio Torre di Pisa umgibt auf drei Seiten ein weiter Horizont und nebenan eine fast schon latemartypisch bizarre Nahkulisse. Das namengebende Türmchen, bildhafte Vergleiche mit einem sehr berühmten Bauwerk in der italienischen Stadt Pisa hervorrufend, trotzt beharrlich der Schwerkraft – wie lange noch? Wem der Abstieg am gleichen Tag zu lang wird, der kann hier oben natürlich auch über Nacht bleiben. Hat man sich früher oder später von diesem Logenplatz getrennt, folgt man dem Serpentinenweg gen Süden und dann einer eventuell nicht beschilderten Abzweigung nach rechts. Sie stellt eine effektive Abkürzung Richtung Meierlalm und Oberholz dar – empfehlenswert, auch wenn man bald in und neben einer steilen Geröllrinne absteigen muss. In der Karbucht oberhalb der Meierlalm kommt unweit einer Skiliftstation die Umgehungsroute dazu. Wir queren nun in Richtung Norden und steuern damit den Ⓔ **Oberholz-Sessellift** an, der uns das letzte Stück bis in den kleinen Ort Obereggen abnimmt. Fürwahr eine große Latemar-Tour!

16

Friedrich-August-Weg

An der Südflanke der Langkofelgruppe

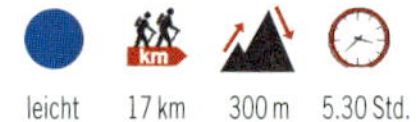

leicht 17 km 300 m 5.30 Std.

Tourencharakter
Leichte Höhenwanderung auf komfortabel ausgebauten Wegen mit geringem Auf und Ab. Die lange Strecke erfordert jedoch Marschtüchtigkeit.

Ausgangspunkt
Bergstation der Seilbahn von Campitello di Fassa zum Col Rodella (2387 m); Betriebszeiten Mitte Juni bis Anfang Oktober (8.30 bis 17.30 Uhr); alternativ auch Start am Sellajochhaus (2180 m).

Endpunkt
Campitello di Fassa (1414 m) bzw. schon beim Rifugio Micheluzzi (1860 m) im Val Duron

Öffentliche Verkehrsmittel
Buslinie von Trient ins Val di Fassa, auch von Bozen über den Karerpass. Im Sommer verkehrt ein Shuttle-Dienst von Campitello ins Val Duron.

Höchster Punkt
Col Rodella (2484 m)

Gehzeiten
Col Rodella – Rifugio Sandro Pertini 1 Std. – Plattkofelhütte ¾ Std. – Mahlknechtjoch 1¼ Std. – Rifugio Micheluzzi 1½ Std. – Campitello 1 Std.; insgesamt 4½ bzw. 5½ Std.

Aufstieg/Abstieg
Etwa 300 Hm Aufstieg, 1270 Hm Abstieg

Beste Jahreszeit
Mitte Juni bis Anfang Oktober

Hütten/Einkehr
Rifugio Des Alpes (Tel. 0462/60 11 84), Friedrich-August-Hütte (Tel. 0462/76 49 19), Rifugio Sandro Pertini (Tel. 328/865 19 93), Plattkofelhütte (Tel. 0462/60 17 21), Rifugio Micheluzzi (Tel. 0462/75 00 50)

Karte
Tabacco, 1:25 000, Blatt 06 »Val di Fassa e Dolomiti Fassane« oder 05 »Gröden – Seiseralm«

Friedrich August III. war letzter Sachsenkönig und als passionierter Bergsteiger häufig Gast in den Dolomiten. Ihm zu Ehren hat man den Höhenweg zwischen Sellajoch und Mahlknechtjoch getauft. Speziell der Abschnitt entlang der Südfront der Langkofelgruppe sieht regelmäßig starke Besucherströme. Vergleichsweise etwas ruhiger wird es auf der westlichen Fortsetzung über die Schneid.

Vom Col Rodella zum Fassajoch Ein bequemer Einstieg (zum Beispiel per Seilbahn oder von einer Passstraße aus) sowie ein Verlauf ohne große Höhenunterschiede, dafür aber mit prächtiger Aussicht – Wanderwege mit solchen Attributen locken stets das meiste Publikum an. Das alles trifft auch auf den Friedrich-August-Weg zu. Vor allem die Bergwelt des Fassatals liegt wie ein aufgeschlagenes Buch vor uns. Später bewegen wir

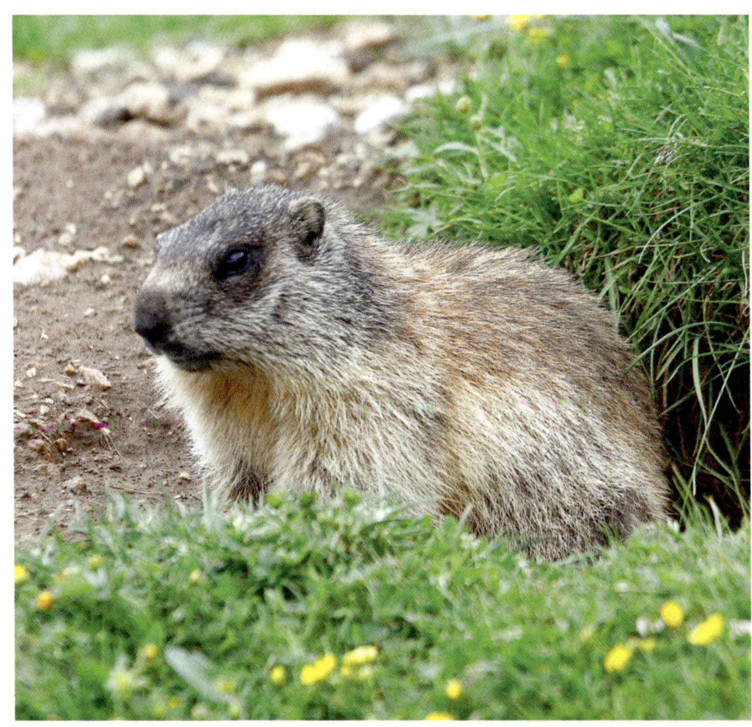

uns auf der Schwelle zwischen der sanft gewellten Seiser Alm und dem Val Duron, welches die Grenze zur Rosengartengruppe markiert. Offiziell beginnt der Friedrich-August-Weg am Sellajoch, doch erscheint der Einstieg mit der Seilbahn zum Col Rodella organisatorisch günstiger, weil wir später durchs Val Duron in den Talort Campitello zurückkehren wollen. Nachdem man während eines kurzen Gipfel-

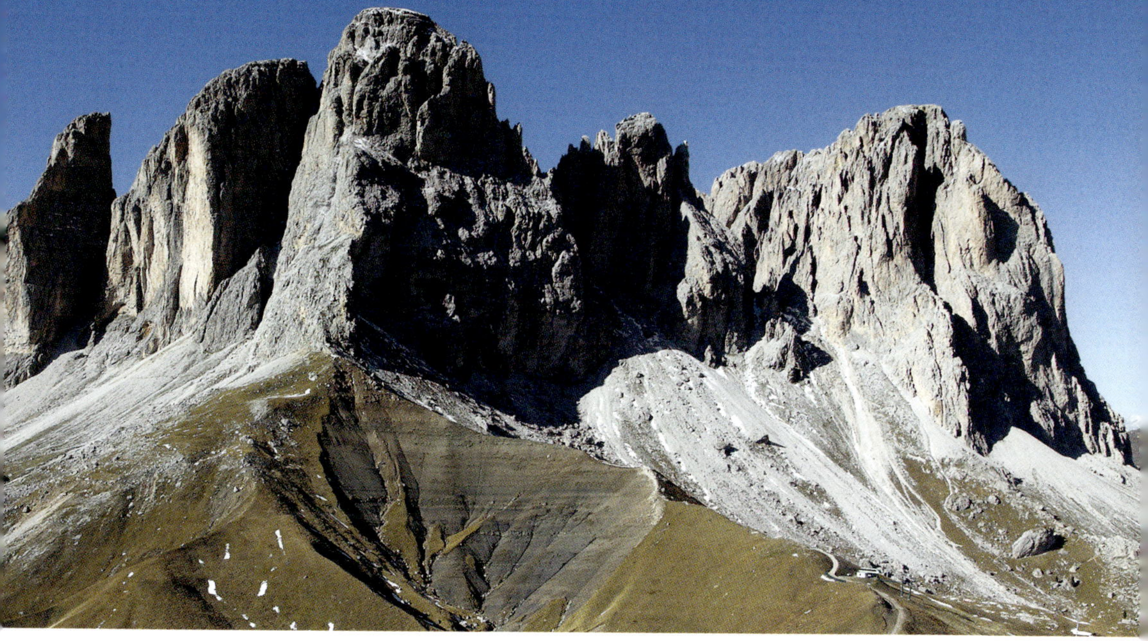

Die Südfront der Langkofelgruppe vom Col Rodella

Sas Pordoi und Piz Boè vom Col Rodella aus gesehen

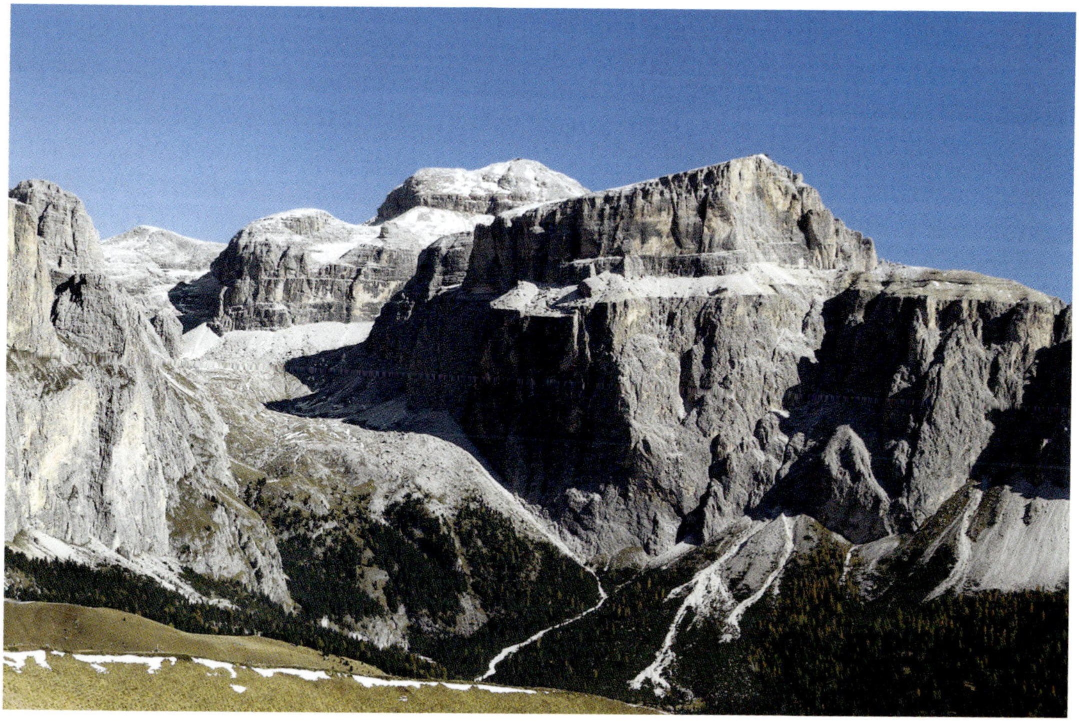

Tipp

Der Friedrich-August-Weg ist auch in die sehr beliebte **Langkofel-Runde** integriert. Diese führt dann ab Plattkofelhütte nordwärts über den Piza da Uridl bis unter das Langkofelkar und weiter im großen Bogen um die düsteren Nordabstürze herum. Über das Rifugio Comici gelangt man in das Felssturzgelände der »Steinernen Stadt« und zurück zum Sellajochhaus. Gesamtgehzeit ca. 6 Std.

abstechers am Ⓐ **Col Rodella** (2484 m) bereits das Panoramafeld zwischen Sella- und Langkofelgruppe, Marmolada und Rosengarten abstecken konnte, verbinden sich die Zugänge bei der **Forcella Rodella** (2318 m). Wenige Schritte weiter treffen wir bei der ❶ **Friedrich-August-Hütte** (2298 m) ein. Vor allem das nahe Atoll des Langkofelstocks nimmt uns jetzt gefangen. Nacheinander schreiten wir die Phalanx von Fünffingerspitze, Grohmannspitze, Zahnkofel und schließlich den breit gelagerten Plattkofel mit seiner charakteristischen Schräge ab. Die Strecke führt in leichtem Auf und Ab durch Gras und Geschröf und steuert via **Rifugio Sandro Pertini** (2300 m) die ❷ **Plattkofelhütte** (2300 m) am Fassajoch an. Hier weitet sich die Schau über die Seiser Alm.

Über die Schneid zum Mahlknechtjoch Die Fortsetzung des Höhenweges Richtung Westen erscheint wie eine Einladung. Im Wiesengelände bleibt die Trasse stets angenehm, sodass »Genuss« weiterhin großgeschrieben wird. Vor dem Palatsch weichen wir ein Stück weit in die südliche Flanke aus und umgehen die Kuppe bis in die nächste Einsattelung. Dann folgt der Kammabschnitt mit dem Namen »Auf der Schneid«, der allmählich gegen das ❸ **Mahlknechtjoch** (2168 m) ausläuft. Im Blick voraus stehen die kariösen Rosszähne, während sich links vom Tierser-Alpl-Joch die wuchtige Masse des Molignon über dem Talschluss des Val Duron aufbaut.

In dieses begeben wir uns nun im Schrägabstieg, wobei die weite Schleife über die Malga Docoldaura auf einem Steig effektiv abgekürzt wird. Wohl dem, der am Ende eines Wandertages auch einen Talhatscher noch genießen kann. Das Val Duron offenbart nämlich ganz liebreizende Szenerien mit verstreuten Hütten und Schupfen. Gegebenenfalls kann man ab ❹ **Rifugio Micheluzzi** (1860 m) den Shuttle-Dienst talauswärts nutzen – ansonsten verbleiben weitere dreieinhalb Kilometer auf der (nicht öffentlichen) Fahrstraße bis Ⓔ **Campitello**.

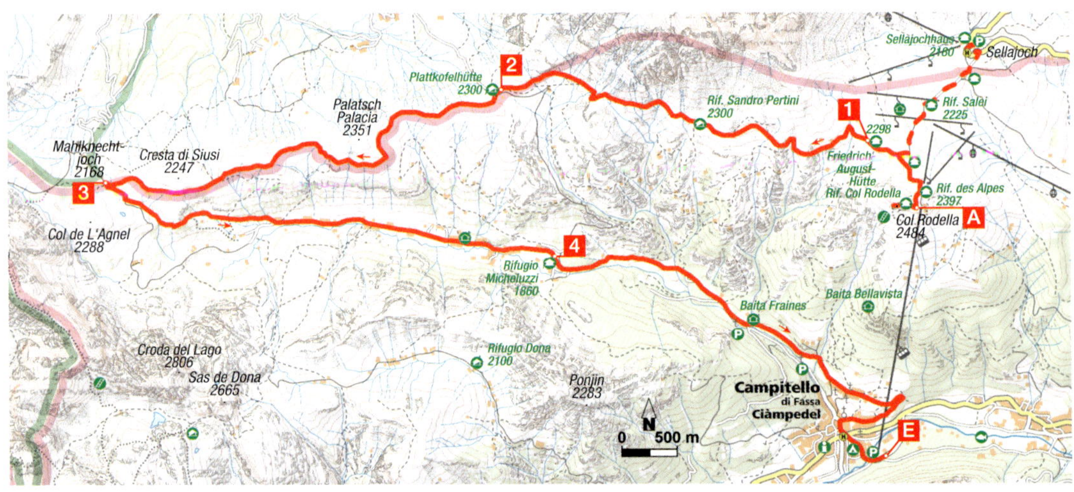

Der Bindelweg

Panoramabalkon vor der Marmolada

Um 1900 initiierte der Bamberger Alpenverein unter seinem Vorsitzenden Karl Bindel den Ausbau einer der schönsten Panoramameilen in den Dolomiten. Der Ursprung dieser Route geht allerdings auf den traditionellen Warenaustausch zwischen Fassatal und Agordino zurück; der ladinische Name Vièl del Pan bedeutet übersetzt »Brotweg«.

Logenplätze am Padonkamm Anschauungsobjekt Nummer eins auf dieser Strecke ist die »Königin der Dolomiten«, wie die Marmolada respektvoll genannt wird. Immerhin ragt dolomitenweit kein Gipfel höher in den Himmel. Ihrer gletschergepanzerten Nordflanke ist der begrünte, wie mit Samt überzogene Padonkamm als natürlicher Balkon vorgebaut. Mit seinem dunklen Eruptivgestein, einst als Feuerglut ausgespuckt aus den Tiefen des Erdinneren, und den üppigen Graspleisen, die im Sommer einem Blumenteppich gleichen, wirkt er wie ein Fremdkörper im Reich des hellen Dolomits. Nicht ganz am Kamm, aber doch weit oben in der Flanke verläuft in beinahe bequemer Promenadenmanier der Bindelweg. Aufgrund der stets ungehinderten Aussicht auf Marmolada, Vernel und Co. bei denkbar geringen Mühen gehört er zu den populärsten Wanderwegen weit und breit. Vorteilhafte Einstiege in die Tour finden wir am Pordoijoch (insbesondere, wenn man ganz früh noch relative Stille genießen möchte) oder bei den Seilbahnstationen am Col dei Rossi (von

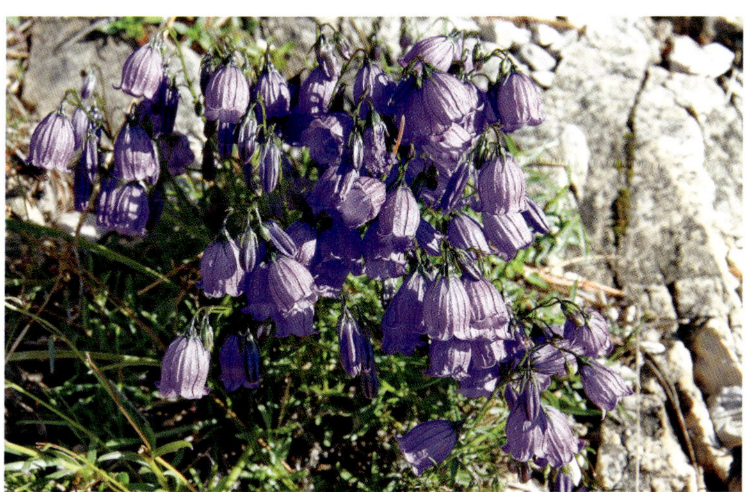

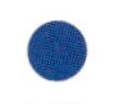 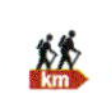 

leicht | 6 km | 200 m | 2.30 Std.

Tourencharakter
Gutmütige, wenig anstrengende Höhenwanderung auf komfortabel ausgebauten Wegen, obwohl die Hänge teilweise steil abfallen

Ausgangspunkt
Bergstation der Seilbahn von Canazei über Pecol zum Col dei Rossi (2383 m); Betriebszeiten von Mitte Juni bis Ende September (8.30 bis 17.20 Uhr)

Endpunkt
Lago di Fedaia (2053 m), Bushaltestelle beim Rifugio Castiglioni alla Marmolada

Öffentliche Verkehrsmittel
In der Hauptsaison Buslinien von Canazei zum Lago di Fedaia und zum Passo Pordoi

Höchster Punkt
Rifugio Vièl del Pan (2432 m)

Gehzeiten
Col dei Rossi – Rifugio Vièl del Pan 1 Std. – Lago di Fedaia 1½ Std.; insgesamt 2½ Std.

Aufstieg/Abstieg
Etwa 200 Hm Aufstieg, 530 Hm Abstieg

Beste Jahreszeit
Mitte Juni bis Ende Oktober

Hütten/Einkehr
Rifugio Belvedere, Rifugio Sass Bccò (Tel. 333/459 30 34), Rifugio Fredarola (Tel. 0462/60 20 72), Rifugio Vièl dal Pan (Tel. 339/386 52 41), Rifugio Castiglioni alla Marmolada (Tel. 0462/60 16 81)

Karte
Tabacco, 1:25 000, Blatt 06 »Val di Fassa e Dolomiti Fassane« oder 07 »Alta Badia – Arabba – Marmolada«

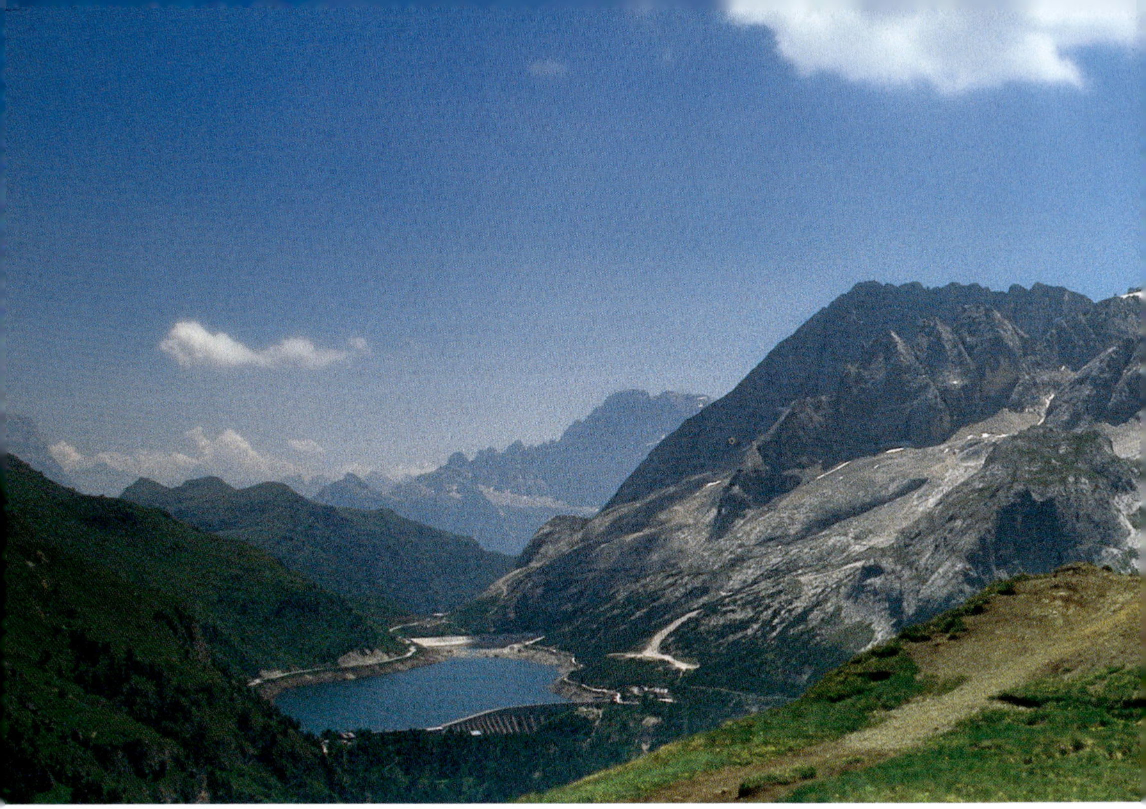

Vorherige Seite: Der Padonkamm ist aufgrund seiner geologischen Besonderheiten für seine prächtige Flora bekannt.

Canazei) bzw. an der Porta Vecovo (von Arabba). In letzterem Fall wählt man die umgekehrte Richtung.

Höhenspaziergang zum Fedaiasee Der Ⓐ **Col dei Rossi** markiert den westlichen Eckpunkt des Padonkammes. Im Norden erregt der wuchtige Sellastock Aufmerksamkeit, doch gilt unser Hauptinteresse von Anfang an der Marmolada samt Trabanten. In Kürze buhlen bereits drei verschiedene Einkehrstationen um die Ausflügler. Beim ❶ **Rifugio Fredarola** (2370 m) nehmen wir den Zugang vom Passo Pordoi auf und

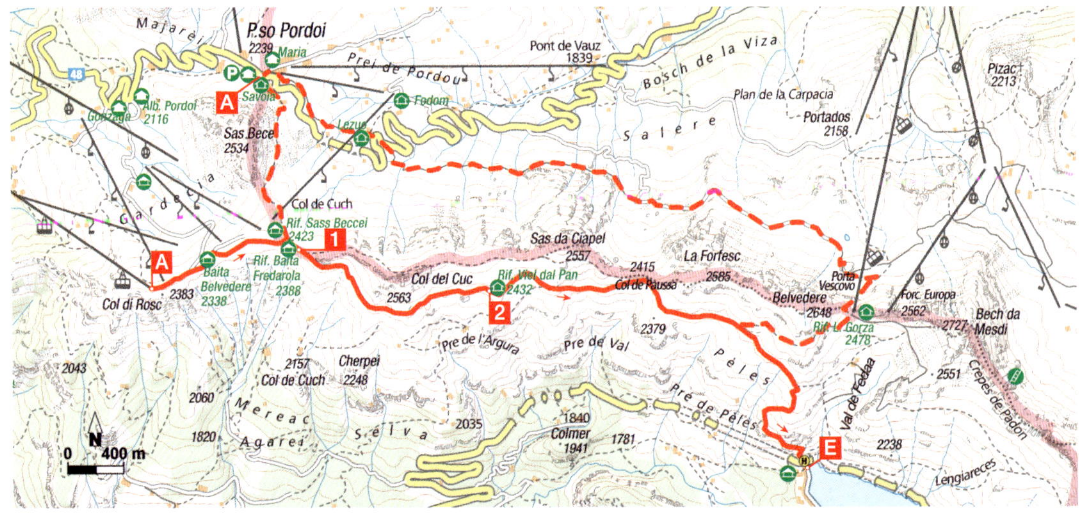

schwenken in die Südflanke ein. Den Geländestrukturen optimal angepasst geht es minimal ansteigend bis zum ❷ **Rifugio Vièl del Pan** (2432 m) dahin. Der grimmige Gran Vernel und die firnglänzende Marmolada wetteifern miteinander – wir können die Augen kaum von dieser Skyline abwenden. Im weiteren Verlauf verliert man ein paar Höhenmeter beim Ausgehen einer seichten Hangmulde, tangiert die Kammhöhe am Col de Paussa und kommt zu einer Gabelung. Während es links leicht aufwärts zur Seilbahnstation an der Porta Vescovo ginge, schraubt sich der originale Bindelweg nun mit einigen Schleifen zum Ⓔ **Lago di Fedaia** hinunter.

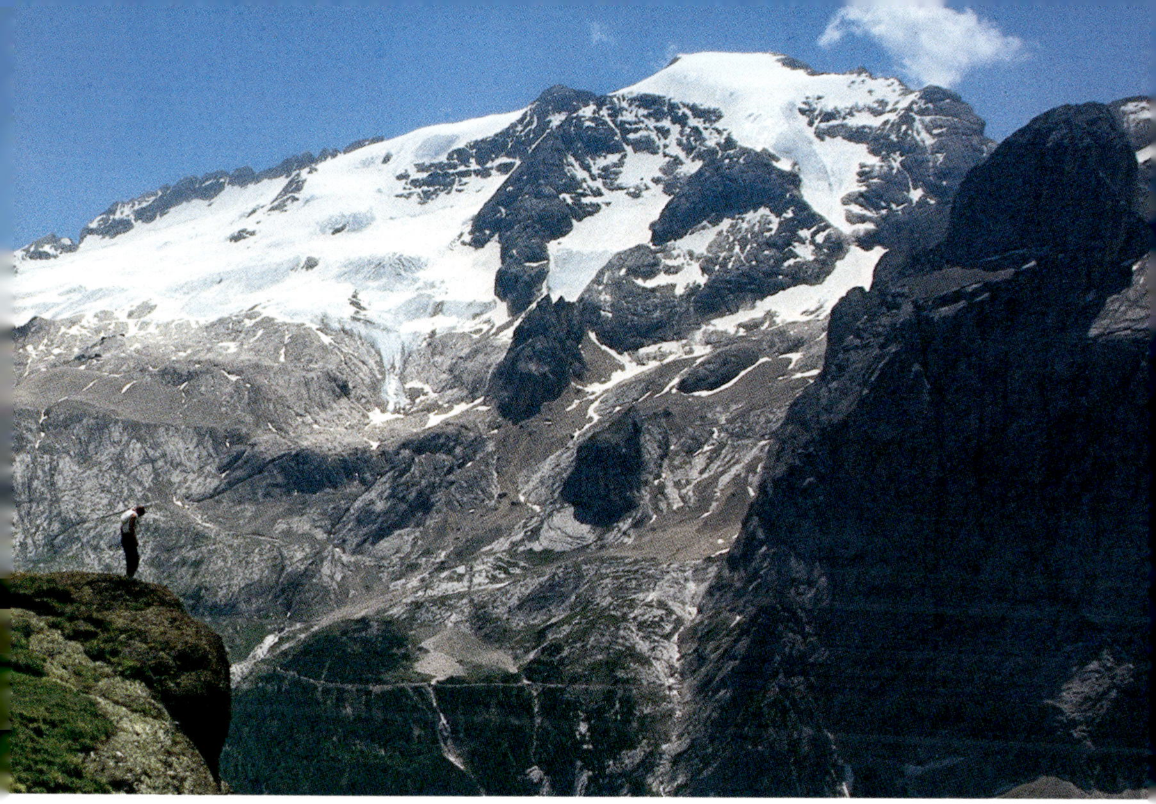

Die vergletscherte Nordabdachung der Marmolada begeistert Wanderer am Bindelweg seit über 100 Jahren.

Beim Rifugio Vièl del Pan hat man nur noch Augen für Gran Vernel und Marmolada.

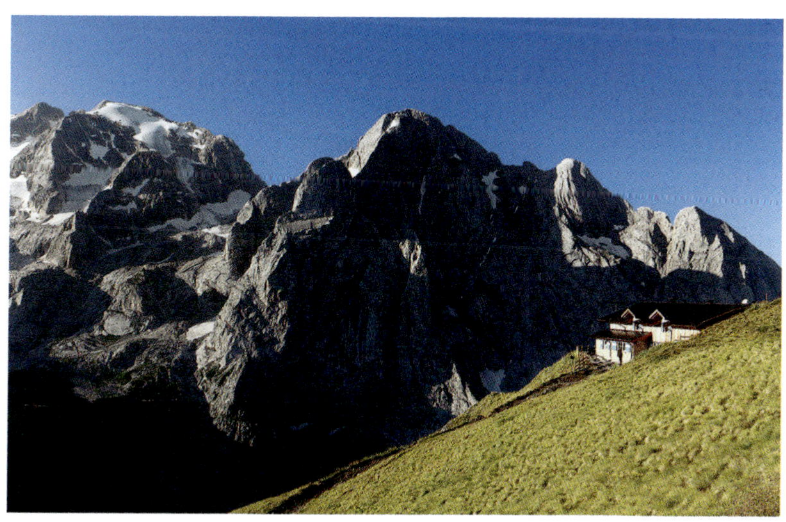

Variante

Mit Start am **Passo Pordoi** (2239 m) bietet sich auch ein Rundkurs an, indem man nach der Strecke am Bindelweg über die **Porta Vescovo** auf die Nordseite wechselt und mit Nr. 680 quer durch die Flanke zum Pass zurückkehrt; Gesamtgehzeit ca. 4 Std.

18

Von Buffaure zum Passo di San Nicolò

Über Sas d'Adam und Forcia Neigra

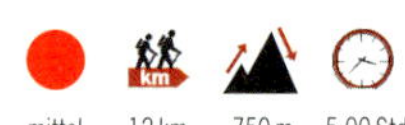

mittel 12 km 750 m 5.00 Std.

Tourencharakter
Streckenweise schmale, nicht überall gut beschilderte Wege und Pfade, meist durch Grasgelände, dabei teilweise auch erdige Trassen (Vorsicht bei Nässe). Hinter der Forcia Neigra bzw. am Sentiero Pederiva (Variante) einige Sicherungen an Schrofen, Trittsicherheit notwendig.

Ausgangspunkt
Bergstation der Seilbahn von Pozza di Fassa nach Buffaure (2044 m); Betriebszeiten von Mitte Juni bis Ende September (8.30 bis 17.50 Uhr)

Endpunkt
Baita Ciampié (1826 m), im inneren Val di San Nicolò

Öffentliche Verkehrsmittel
Linienbusverkehr von Trient nach Pozza di Fassa (auch von Bozen via Karerpass möglich). Ins Val di San Nicolò pendelt in der Hauptsaison eine »Bimmelbahn«; eine private Zufahrt ist dann nur bis Parkplatz Sauch möglich.

Höchster Punkt
Forcia Neigra (2509 m)

Gehzeiten
Buffaure – Sas d'Adam 1¼ Std. – Sella Brunéch ½ Std. – Forcia Neigra 1 Std. – Rifugio Passo San Nicolò 1 Std. – Baita Ciampié 1¼ Std.; insgesamt 5 Std.

Aufstieg/Abstieg
Ab Buffaure 750 Hm Aufstieg, 970 Hm Abstieg

Beste Jahreszeit
Mitte Juni bis Ende September

Hütten/Einkehr
Rifugio Buffaure, Baita Cuz, Rifugio El Zedron am Col Valvacin, Rifugio Passo San Nicolò (Tel. 0462/76 32 69), Baita Ciampié

Karte
Tabacco, 1:25 000, Blatt 06 »Val di Fassa e Dolomiti Fassane«

Zwischen Rosengarten und Marmolada liegt das Val di Fassa mit dem Seitenast des Val di San Nicolò, das von sehr unterschiedlichen Bergtypen umrahmt wird. An der nördlichen Talseite fällt der üppige Bewuchs auf – Folge des nährstoffreichen vulkanischen Untergrundes. An diesem Kammzug können wir einen herrlichen Höhenweg unter die Sohlen nehmen.

Hoch über dem Val di San Nicolò Dafür bietet sich der Einstieg mit der Seilbahn nach Ⓐ **Buffaure** an. Auf der Wiesenschulter finden wir uns zwar zunächst in einem wenig anheimelnden Skigebiet wieder, doch die Aussicht vor allem auf den Rosengarten ist bereits aller Ehren wert. Rotwand, Rosengartenspitze und Kesselkogel – einige Altbekannte muss man von der Trentiner Ostseite aus betrachtet erst einmal richtig zuordnen. Die anfängliche Pistenstrecke verlassen wir knapp oberhalb einer

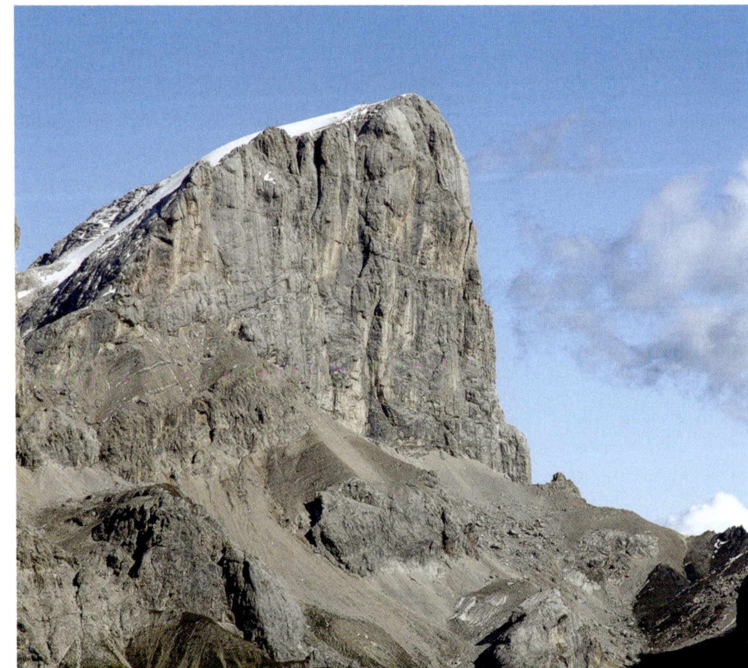

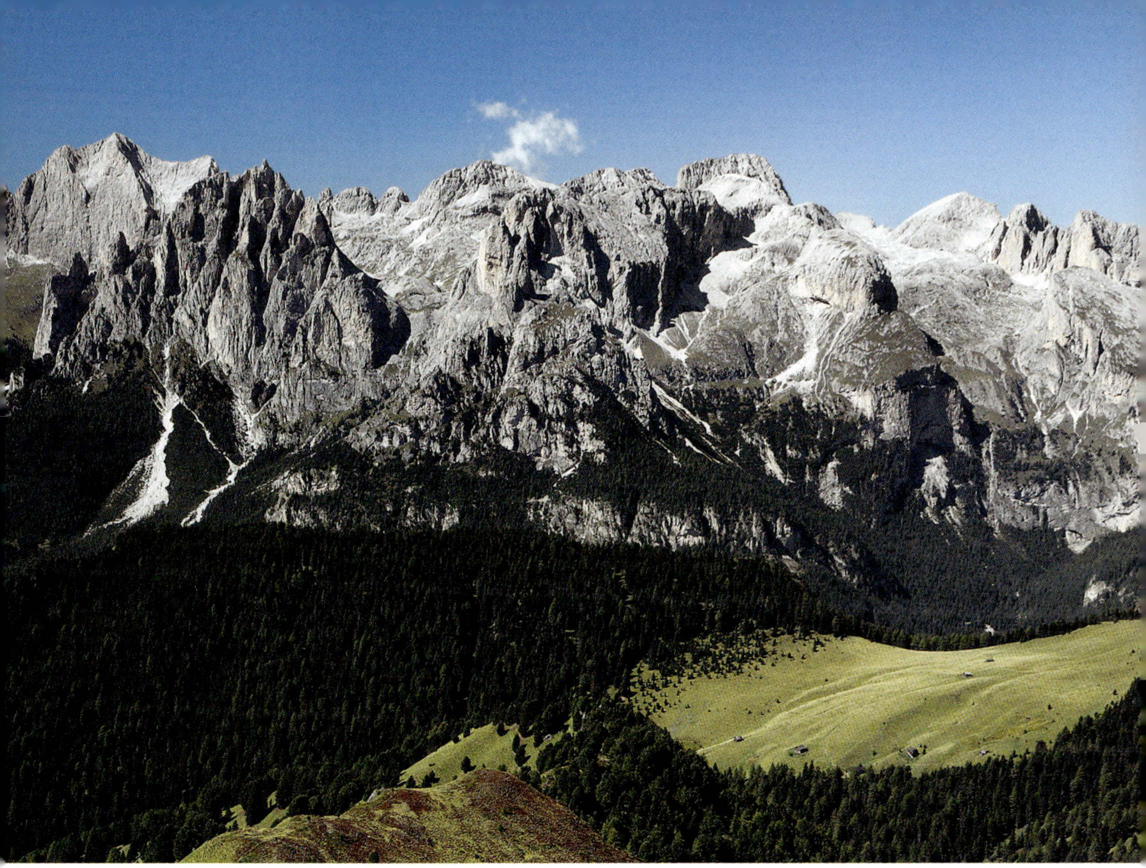

Bar und weichen auf einen alternativen Pfad aus, der sich etwas verwachsen im Gras bis zur Kammhöhe hinaufschraubt. Beim Col de Valvacin (2372 m) befindet sich der letzte Lift (in der Hauptsaison normalerweise in Betrieb) und nochmals eine Einkehrstation. Mit der Kammstrecke über den ❶ **Sas d'Adam** (2430 m) steht nun einer der reizvollsten Abschnitte bevor – die Monzoni und Costabella im Süden stets im Blick. Sämtliche Bergstöcke rund ums Fassatal treten in den Gesichtskreis, all-

Rosengartenspitze, Cima Scalieret, Kesselkogel, Antermoiakogel und Croda del Lago (von links)

Linke Seite: Das unverwechselbare Profil der Marmolada

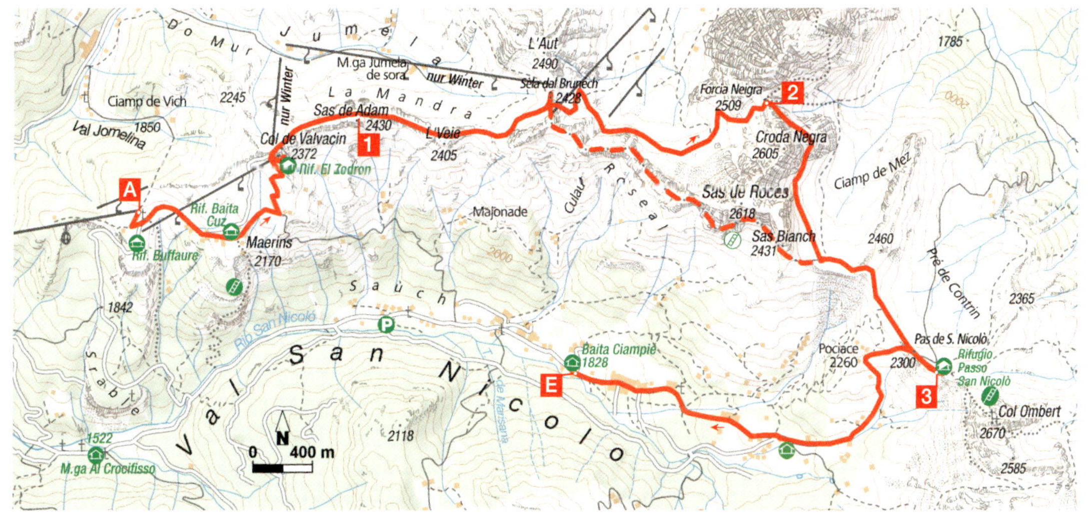

Variante

Ab der Sella Brunéch kann auch der etwas anspruchsvollere **Sentiero Lino Pederiva** (Nr. 613B) entlang der schroffen Krete begangen werden. Dem Gipfelaufbau des **Sas de Roces** (2618 m) wird allerdings südseitig ausgewichen, wobei einige Drahtseile in steilen Schrofen Hilfestellung leisten. Geübte werden mit dieser Variante ein wenig Zeit einsparen.

mählich auch die Marmolada, die wir später noch eindrücklicher sehen werden. Hinter dem Gipfel weicht die Trasse (stets Nr. 613) vom Kamm ein wenig nordseitig aus und leitet über die Sella Brunéch (2428 m) ins Skigebiet von Ciampac. Wir durchqueren den Kessel auf relativ hoher Linie und achten dabei auf die schwach ausgetretene Hangquerung, die durch einige Pflöcke signalisiert ist. Aus dem hinteren Kessel (Ciamp de Agnel) fädeln wir in den Gegenanstieg ein und gewinnen im Zickzack über einen steilen Grashang die ❷ **Forcia Neigra** (2509 m). Die Felsmassen des Colàc sind hier ganz nah und auch Gran Vernel und Marmolada zeigen sich jenseits des Val de Contrin nun in voller Erhabenheit. Wir steigen aber nicht in dieses Tal ab, sondern queren über einzelne gesicherte Stellen nach rechts und schlüpfen durch die Lücke bei einem markanten dunklen Turm. An der Ostseite des Sas de Roces bzw. Sas Bianch hinunter zur Vereinigung mit dem Sentiero Pederiva (siehe Variante) und über eine Rippe hinweg in den Bereich des ❸ **Passo di San Nicolò** (2340 m), wo uns das gleichnamige Rifugio empfängt: ein herrlicher Fleck für eine letzte Rast. Diese werden wir lange auskosten, bevor es ins Val di San Nicolò hinabgeht. Der ursprüngliche Weg Nr. 608 wurde (aufgrund von Erosionsschäden) inzwischen verlegt, womit man auf den Wiesenböden westlich der Baita alla Cascate herauskommt und noch ein Stück gemütlich talauswärts bis zur Ⓔ **Baita Ciampié** bummelt.

Die alles überragende Marmolada, flankiert von Gran Vernel und Cima Ombretta, wie man sie von der Forcia Neigra aus sieht.

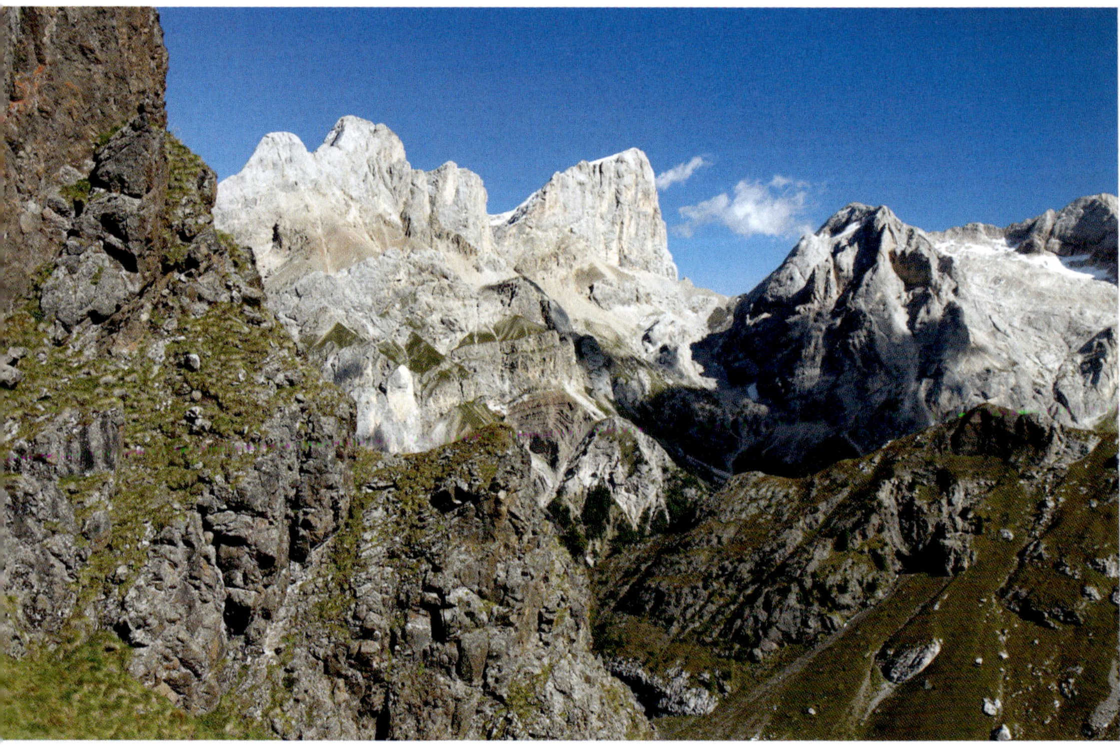

Alta Via Bruno Federspiel

Ehemaliger Kriegspfad über die Monzoni

Mineralogen sind die Monzoni ein fester Begriff, bei den Bergsteigern hingegen stehen sie eher im Abseits. Das dunkle Eruptivgestein leuchtet halt nicht so verheißungsvoll daher, hütet aber im Inneren so manchen kleinen Schatz. Im Ersten Weltkrieg verlief hier die Front, weshalb wir heute auf einen rekonstruierten Kammsteig zurückgreifen können – ein Schaupfad par excellence und dabei fast noch ein Geheimtipp!

Rundtour über dem Valle dei Monzoni Düstere Felsabstürze auf der Nordseite, Grasflanken nach Süden – das Bild der Monzoni ist zweigeteilt. Im leichten Halbbogen zwängt sich diese aus einem magmatischen und metamorphen Gesteinscocktail aufgebaute Kette zwischen typische Kalk- und Dolomitberge, wie sie nebenan den Kammzug der Costabella oder das Valacia-Hufeisen auszeichnen. Das Kraxeln an kantigen Strukturen und nicht sehr soliden Grasschrofen fühlt sich etwas ungewohnt an, entfaltet auf längeren Kamm- und Bänderpassagen aber ebenso seine Reize wie die handelsüblichen Touren. Dem Gebietsexperten Bruno Federspiel zu Ehren hat man die alten Kriegssteige wieder hergerichtet und damit eine tolle Rundtour über dem Valle dei Monzoni geschaffen.

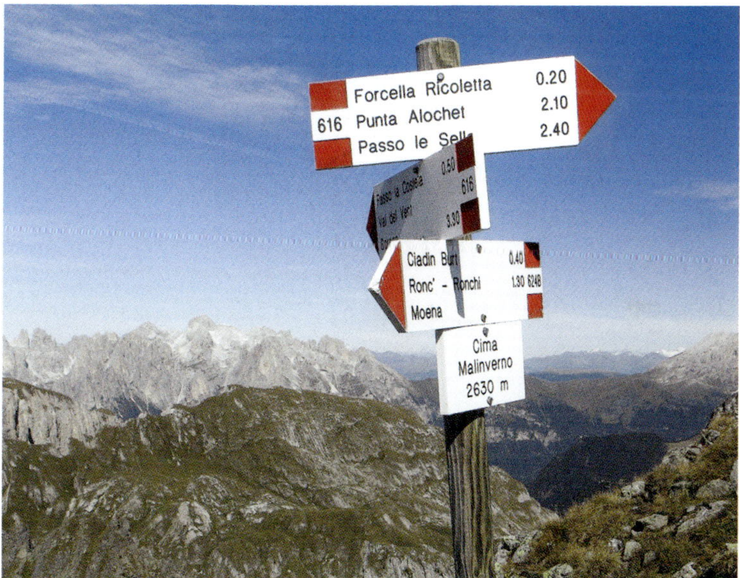

schwer 11 km 1300 m 6.45 Std.

Tourencharakter
Anspruchsvoller Gratsteig mit einigen klettersteigartig ausgebauten Passagen (A bis maximal B). Trittsicherheit und Schwindelfreiheit erforderlich, bei einer Tagestour auch Ausdauer.

Ausgangspunkt
Malga Monzoni (1862 m); Zufahrt von Pozza di Fassa ins Val di San Nicolò und rechts ins Valle dei Monzoni. Zwischen Anfang Juli und Mitte September ab letztem Parkplatz (ca. 1600 m) Weiterfahrt nur mit dem Shuttle-Dienst (oder ¾ Std. zu Fuß bis zur Malga Monzoni).

Öffentliche Verkehrsmittel
Linienbusverkehr nach Pozza di Fassa. In der Hauptsaison Wanderbus ins Valle dei Monzoni.

Höchster Punkt
Spiz dei Tariciogn (2647 m)

Gehzeiten
Malga Monzoni – Rifugio Taramelli ½ Std. – Rifugio Passo delle Selle 1½ Std. – Spiz dei Tariciogn 1¾ Std. – Cima del Malinverno ¾ Std. – Forcella de la Costèla 1 Std. – Rifugio Valacia ½ Std. – Malga Monzoni ¾ Std.; insgesamt 6¾ Std.

Aufstieg/Abstieg
Insgesamt 1300 Hm

Beste Jahreszeit
Ende Juni bis Mitte Oktober

Hütten/Einkehr
Malga Monzoni, Rifugio Taramelli (Tel. 360/87 97 19), Rifugio Passe delle Selle (Tel. 347/403 93 31), Rifugio Valacia (Tel. 349/886 68 66)

Karte
Tabacco, 1:25 000, Blatt 06 »Val di Fassa e Dolomiti Fassane«

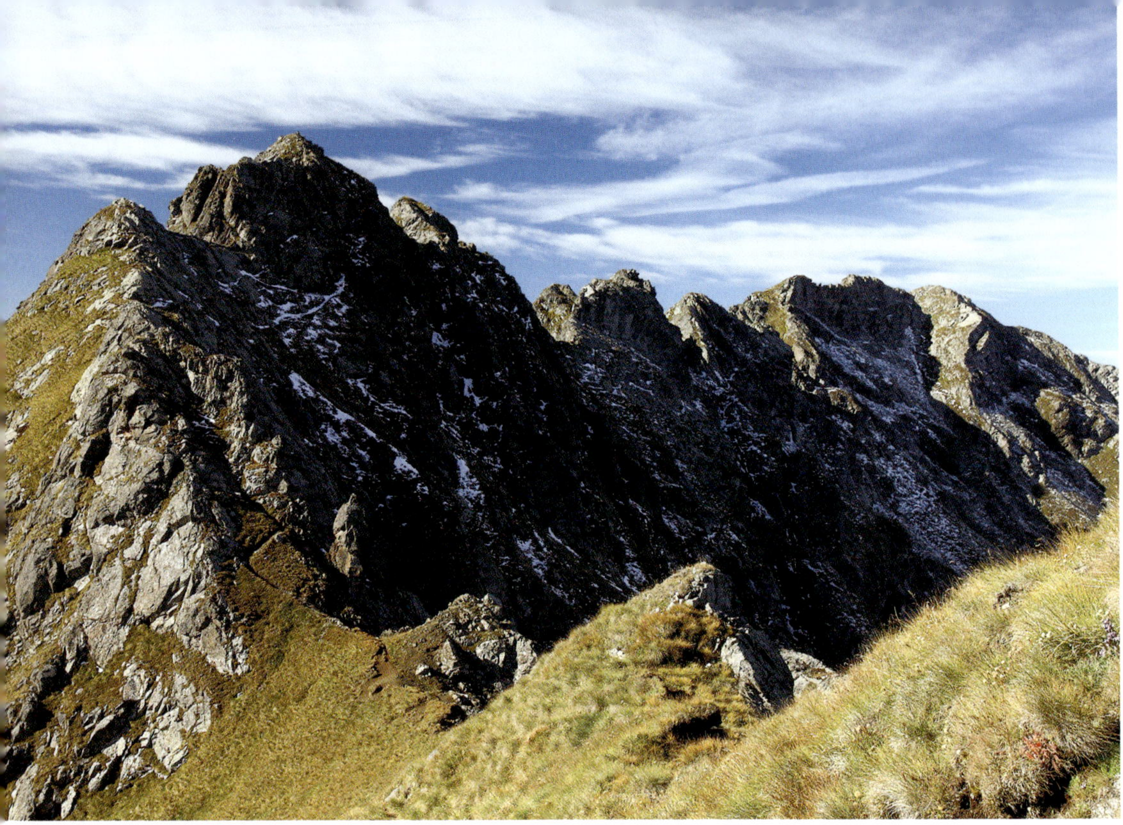

Der Gratzug der Monzoni, über den die Alta Via Federspiel führt, zeigt sich geologisch extravagant für die Dolomiten.

Vorherige Seite: Auf der Cima Malinverno ist unser Hochgefühl ein Gipfelgefühl.

Bei der Ⓐ Malga Monzoni haben wir die dunkle Silhouette mit den wenig herausgehobenen Gipfelpunkten schon im Visier. Bei der Gabelung links haltend geht es rasch zum kleinen ❶ Rifugio Taramelli (2040 m) hinauf und weiter mit Nr. 604 über eine Schwelle ins Hochtal des Val delle Selle, wo wir links an einer Seemulde vorbeiziehen. Stets in angenehmer Steigung steuern wir nach einem Rechtsbogen den ❷ Passo delle Selle (2528 m) mit seinem Rifugio an – früher auch Bergvagabundenhütte genannt. Der südliche Horizont öffnet sich bis zur Palagruppe, und

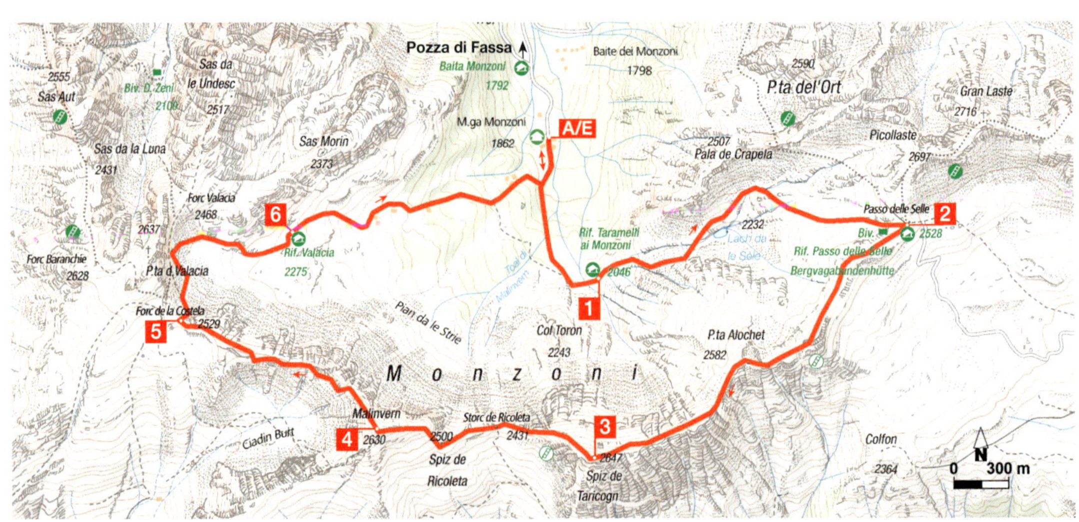

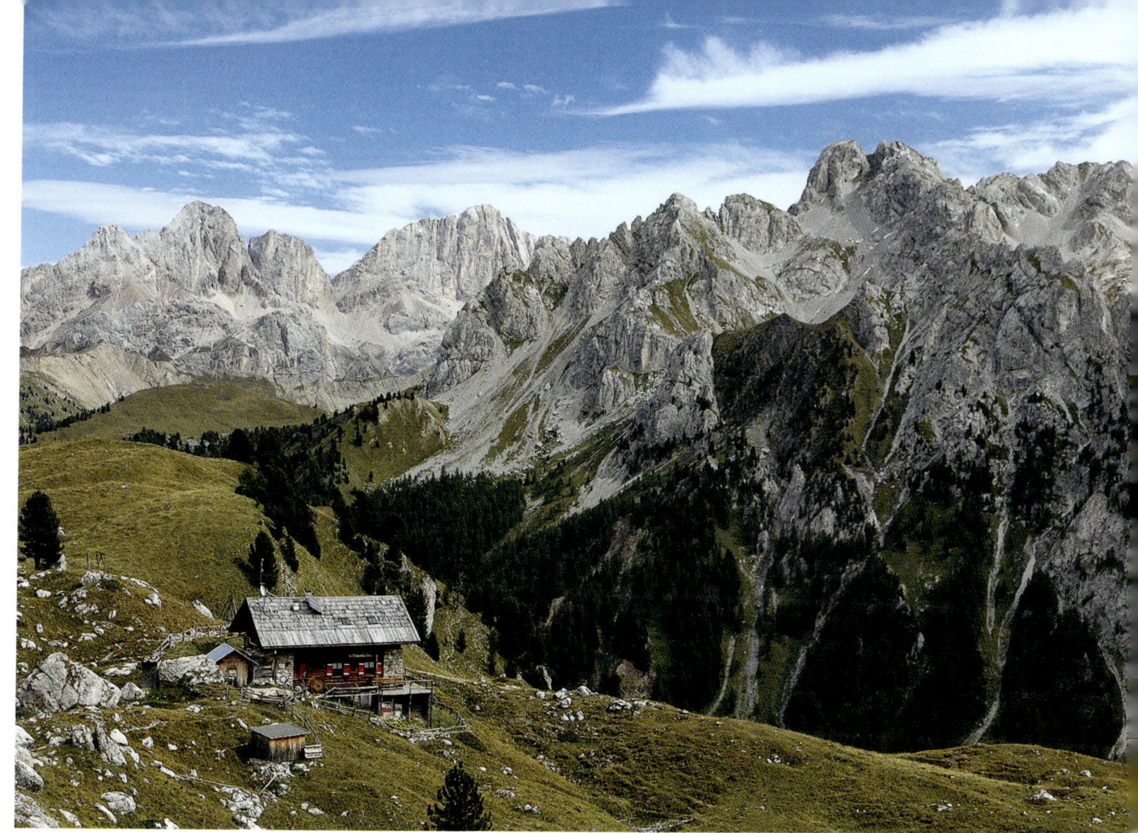

Hübsch gelegen: das Rifugio Valacia mit Blick auf Vernel, Marmolada und L'Ort

schon tauchen auch erste Kriegsrelikte auf. Unmissverständlich, dass die Alta Via Bruno Federspiel – wie auch die Alta Via Bepi Zac zur anderen Seite – auf dieser Historie beruht.

Über Tariciogn und Malinvern Am Gratweg (Nr. 616) über die gutmütige Cresta delle Selle passieren wir einige Schärtchen und treffen hinter der Punta Alochet (2582 m) auf die ersten Klettersteigpassagen; eine steilere Platte ist bergab zu meistern. Erneut im Gehgelände kommt man gegen zerklüftete Kammbereiche voran, die abwechslungsreich über nordseitige Bänder traversiert werden. Einzelne Stufen und Quergänge sind dabei gesichert. Schließlich wechseln wir wieder auf die Sonnseite und gelangen bis in unmittelbare Nähe der Kulmination am ❸ Spiz dei Tariciogn (2647 m). Eine weite Schau über die Fassaner und Fleimstaler Bergwelt umgibt uns hier! Westseitig führt ein etwas erdiger Steig knapp links der Krete abwärts in die Forcella Ricoletta (2431 m), wo ein Ausstieg nach Süden möglich wäre. Die verlorenen Höhenmeter müssen gleich anschließend auf Grastritten bis zur ❹ Cima Malinverno (in manchen Karten Spiz del Malinvern, 2630 m) wieder reingeholt werden. Jenseits erfolgt ein steiler, gesicherter Abstieg an heiklen Grasschrofen. Wo sich einige Gratzacken in den Weg legen, weicht man südseitig aus, kraxelt jedoch alsbald wieder zurück auf die Krete und folgt dieser mit geringen Ausweichmanövern in leichtem Auf und Ab bis zur ❺ Forcella de la Costèla (2510 m). Im Abstieg ostseitig am Felssockel entlang, dann mit Nr. 624 rechts abdrehen und über das schmucke ❻ Rifugio Valacia (2275 m) zu einem Karrenweg, der durch die Gardecia-Mulde zurück zur Ⓔ Malga Monzoni führt.

Sentiero delle Farangole

Mitten durchs Herz der wilden Pala

schwer 14 km 1000 m 6.45 Std.

Tourencharakter
Im Kernstück anspruchsvoller Alpinsteig mit ausgesetzten, teilweise gesicherten Passagen. Außer Fels und Schrofen auch viel Geröll. Nur für erfahrene Bergwanderer mit guter Trittsicherheit und Kondition.

Ausgangspunkt
Bergstation der Rosettabahn (2635 m) von San Martino di Castrozza; Betriebszeiten von Ende Juni bis Mitte/Ende September (8.10 bis 16.40 Uhr)

Endpunkt
Passo Rolle (1972 m), Straßenpass zwischen Fleimstal und San Martino di Castrozza

Öffentliche Verkehrsmittel
Buslinie von Trient nach San Martino di Castrozza

Höchster Punkt
Passo delle Farangole (2814 m)

Gehzeiten
Rosettabahn – Rifugio Pedrotti alla Rosetta ¼ Std. – Pian dei Cantoni ¾ Std. – Val Strut 1 Std. – Passo delle Farangole 1½ Std. – Rifugio Volpi al Mulàz ¾ Std. – Baita Segantini 2 Std. – Passo Rolle ½ Std.; insgesamt 6¾ Std.

Aufstieg/Abstieg
Bis zum Rifugio Mulàz 700 Hm Aufstieg, 770 Hm Abstieg, weiter zum Rollepass 300 Hm Aufstieg, 900 Hm Abstieg

Beste Jahreszeit
Anfang Juli bis Ende September

Hütten/Einkehr
Rifugio Pedrotti alla Rosetta (Tel. 0439/6 83 08), Rifugio Volpi al Mulàz (Tel. 0437/59 94 20), Baita Segantini

Karte
Tabacco, 1:25 000, Blatt 022 »Pale di San Martino«

Die Pale di San Martino, im deutschsprachigen Raum meist Palagruppe oder kurz Pala genannt, umfassen wohl die größte Ansammlung eindrucksvoller Felsbauten im gesamten Dolomitenraum. Wer hier eintaucht, erlebt alle Faszination der »Bleichen Berge«, zum Beispiel auf dem großartigen Sentiero delle Farangole, der die Rosettahütte auf der kargen Hochfläche mit der Mulazhütte unterm Focobon verbindet.

Ewige Faszination der Pala Seit meinen ersten Erkundungen in der Pala bin ich von diesem Gebiet schlichtweg begeistert. Liegt es an der unglaublichen Formenvielfalt, an der Mischung streng hochalpiner und urwüchsig südalpiner Elemente oder einfach auch daran, dass es die Pala dem Besucher nicht unbedingt leicht macht, dass man sich hier gute Kenntnisse auf langen, oft beschwerlichen Streifzügen regelrecht erarbeiten muss? Das Gros der Gipfel ist für normale Wanderer eine aufregende Staffage, jedoch praktisch unerreichbar. Und auch die markierten Steige haben es mitunter in sich. Der große Dolomiten-Höhenweg Nr. 2 durch-

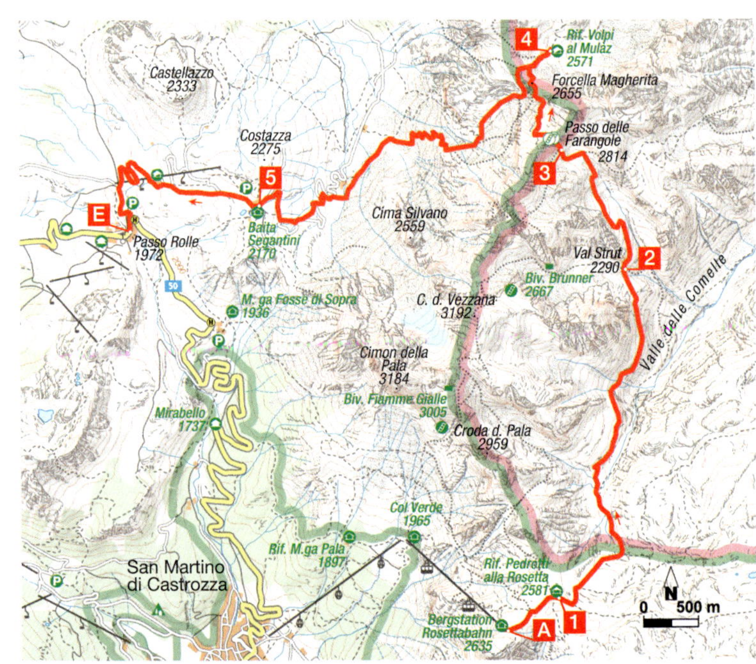

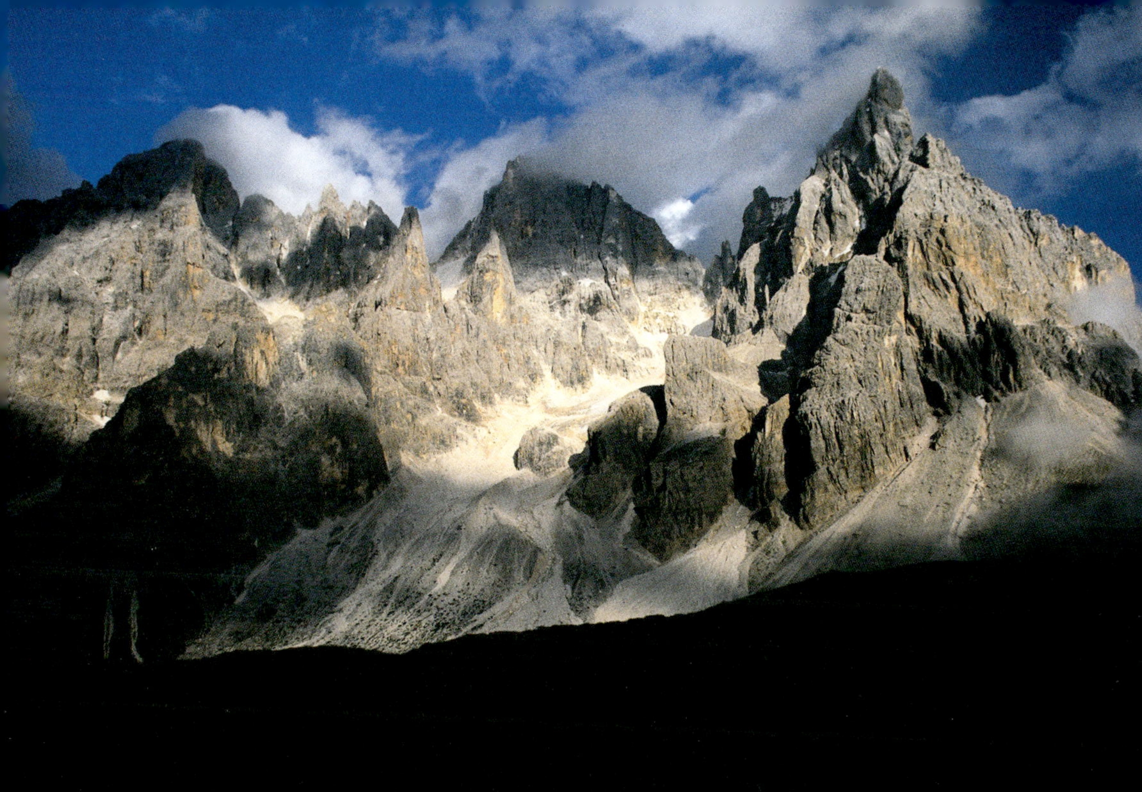

Cima dei Bureloni, Cima della Vezzana und Cimòn della Pala – die Dreitausender-Kulisse des Pala-Nordzuges über dem Passo Rolle

quert die Gruppe von Nord nach Süd und integriert dabei auch den Sentiero delle Farangole, der an den Dreitausendern der Nordkette vorbeiführt. Alle paar Jahre bin ich dort unterwegs und stets aufs Neue in Bann gezogen von dieser charismatischen Topografie, von den Zacken über dem Val Grande, den Abgründen des Val delle Comelle und dem melancholisch-herben Altipiano, wo das steinerne Herz der Pala schlägt. Entgegen der üblichen Beschreibung im Rahmen des »Zweiers« empfehle ich hier als strammes Tagesprogramm die umgekehrte Richtung von Süd nach Nord. So können wir uns den Zustieg von einer Seilbahn abnehmen lassen. Gleichwohl wäre zu erwägen, dies bereits am Vortag zu tun und im Rifugio Rosetta zu nächtigen. Denn gerade die Morgenstimmungen in großer Höhe bereichern den Erlebniswert ungemein.

Etappe des Höhenwegs Nr. 2 Nachdem uns die **A Gondel von San Martino** aus in zwei Sektionen in die Höhe gehievt hat, ist das **1 Rifugio Pedrotti alla Rosetta** (2581 m) auf der weitläufigen Pala-Hochfläche nur einen Katzensprung entfernt. Von dort mit Nr. 703 über die kargen Schuttfluren und Karrenfelder nordostwärts allmählich hinab und zum Pian delle Comelle, wo der Sentiero delle Farangole an der linken Seite weiterführt. Die Neigung der Flanken nimmt bald schon ein Ausmaß an, dass man objektiv von Ausgesetztheit sprechen kann. Eine erste echte Hürde bildet der Einschnitt des Valle delle Galline, wo wir nach einer engen, kaminartigen Passage die ausgewaschene Rinne kreuzen müssen. Wer hier in den ersten Tagesstunden unterwegs ist, erlebt meist ein intensives Spiel von Licht und Schatten. Euphorisiert, aber auch mit der gebotenen Vorsicht, gehen wir die folgenden, teils mit Drahtseilen versehenen Schrofenquerungen an. Der von Schuttzungen durchzogene Boden des Pian delle Comelle liegt hier schon 400 Meter unter uns. Ein gutes Stück weiter öffnet sich mit dem ❷ **Val Strut** (2290 m) das nächste Hochtal aus dem oberen Stockwerk – ein schuttgefüllter Trichter, der gegen die alles überragende Cima della Vezzana aufschließt. Wir kommen leicht daran vorbei und treten die längere Steigung durchs Val Grande an. Auf der Seite der profilierten Torcia di Valgrande bleiben die Grasböschungen allmählich zurück. Oberhalb der Karschwelle dominiert Schutt, und man bekommt einen Einblick in den versteckten Winkel unterhalb der Ziròcole und der Cima dei Bureloni. Stärker im Fokus stehen freilich die Türme und Zacken, welche unmittelbar den ❸ **Passo delle Farangole** (2814 m) flankieren. Über rutschigen Untergrund nähern wir uns von rechts her der Geröllrinne, die letztlich steil in die enge Kerbe hinaufzieht (Drahtseile an der rechten Felsbegrenzung).

Der Übergang ist nicht leicht, gestattet aber überhaupt den einzigen Durchschlupf im Verlauf der ganzen Pala-Nordkette. Auf der anderen Seite beschäftigt uns zunächst ein kurzer Klettersteig, mit dem die Stufe jedoch weniger heikel zu überwinden ist als in der grimmigen Rinne daneben. Der anschließende Bogen unter den Wänden des Focobon verläuft je nach Jahreszeit im Geröll oder teils auch über Schneefelder. Unten kann man bereits die Kehren erkennen, die zum Campigol della Vezzana hinabziehen, doch ist es besser, auf stabilisiertem Weg zunächst die **For-**

Der Passo delle Farangole – hier die Nordseite – wird von eindrucksvollen Felszacken eingerahmt.

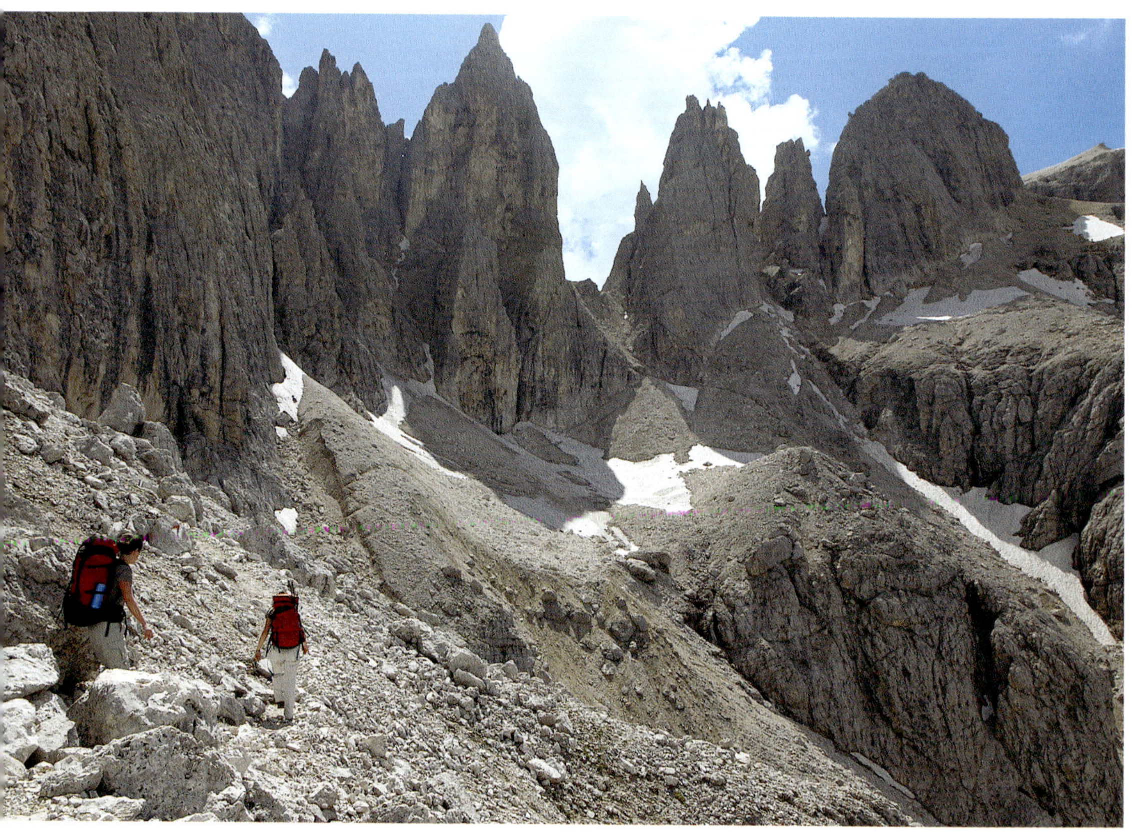

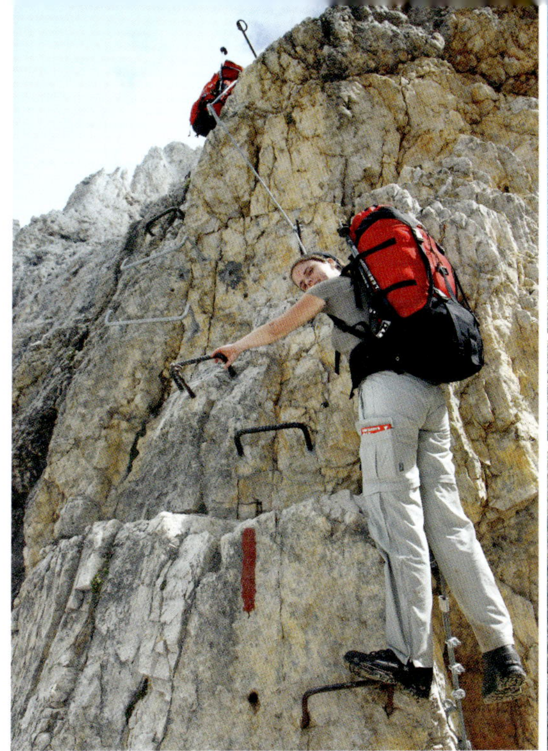

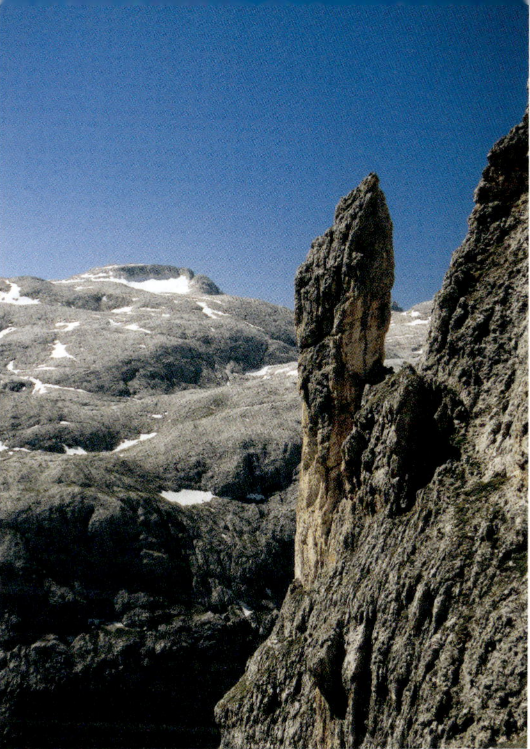

Oben links: Am Passo delle Farangole erwartet uns eine kurze Klettereinlage.

Oben rechts: Bizarr – die Torcia di Valgrande vor dem kargen Altipiano im Hintergrund

cella Margherita (2655 m) und anschließend den Passo del Mulàz zu überschreiten. Ein kurzer Abstecher zum ❹ Rifugio Volpi al Mulàz (2571 m) ist dabei wohl Ehrensache.

Galablick zum Abschluss Nachdem man nun auch diesen Winkel der Pala auf sich wirken lassen konnte, wechselt man über den nahen Passo del Mulàz (2619 m) auf die Südwestseite und steigt mit Nr. 710 in einen Kartrichter ab. Eine steilere Partie verlangt leichte Unterstützung durch die Hände, ehe wir nach einer Rechtsbiegung auf den gewaltigen Schuttkegel gelangen, um über diesen im Zickzack weiter abzusteigen. Noch vor dem Talgrund halten wir uns links, durchqueren ein Blockfeld und leiten damit die etwas lästige, aber unvermeidliche Gegensteigung zum Passo Castrozza ein. Immerhin werden wir mit eindrucksvollen Blicken in das Gemäuer des Nordzuges bei Laune gehalten, während wir den Schleifen einer alten Militärtrasse folgen. Bei der ❺ Baita Segantini (2170 m) dann die klassische Perspektive auf den Cimòn della Pala, alpines Aushängeschild der ganzen Region und wirklich eine Silhouette, die man, einmal gesehen, nie mehr vergessen wird! Ist sogar noch die Abendsonne mit im Spiel, wird es fast schon kitschig. Etwas weiter am Ⓔ Passo Rolle verabschieden wir uns von diesem Zauber – im Bewusstsein, eine der schönsten Alpinwanderungen weit und breit kennengelernt zu haben.

Tipp

Ein Vorschlag für echte Gebirgsspezialisten mit tadelloser Kondition und Hang zu wenig ausgelatschten Pfaden ist die Rundtour um das Val delle Comelle! Es handelt sich um eine sehr lange und sehr eindrückliche Unternehmung, die man im Dörtchen **Gares** (1381 m) startet. Zuerst geht es in 4 Std. mit Nr. 755 hinauf zum **Passo delle Fede** (2670 m), über den man auf den Sentiero delle Farangole im Val Grande kommt. Nun südwärts bis zum Altipiano und dort nordostwärts abdrehen, um mit Nr. 756 via **Passo Antermarùcol** (2334 m) die Runde nach Gares zu schließen. Gesamtgehzeit 9½ Std.; Unterbrechung im Rifugio Rosetta möglich.

Giro della Pala di San Martino

Kontraste zwischen Altipiano und Val di Roda

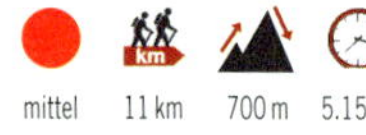

Tourencharakter

Wegen des steinigen Untergrundes oft etwas raue, aber wenig schwierige Bergwege. Auf der Hochfläche zum Teil nur markierte Leitlinien über nackte Karrenfelder (Vorsicht bei Nebel!), auf der Westschleife prinzipiell gut ausgebaute Trassen mit einer gesicherten Passage. Mit Seilbahnhilfe normale Tagestour.

Ausgangspunkt

Bergstation der Rosettabahn (2635 m) von San Martino di Castrozza; Betriebszeiten von Ende Juni bis Mitte/Ende September (8.10 bis 16.40 Uhr)

Öffentliche Verkehrsmittel

Busverbindung von Trient nach San Martino di Castrozza

Höchster Punkt

Nahe des Passo Pradidali Basso (2658 m)

Gehzeiten

Rosettabahn – Rifugio Rosetta ¼ Std. – Passo Pradidali Basso 1¼ Std. – Rifugio Pradidali 1 Std. – Passo di Ball ½ Std. – Col delle Fede ¾ Std. – Rosettabahn 1½ Std.; insgesamt 5¼ Std.

Aufstieg/Abstieg

In Summe ca. 700 Hm

Beste Jahreszeit

Ende Juni bis Ende September

Hütten/Einkehr

Rifugio Pedrotti alla Rosetta (Tel. 0439/683 08), Rifugio Pradidali (Tel. 0439/641 80)

Karte

Tabacco, 1:25 000, Blatt 022 »Pale di San Martino«

Diese beliebte Tour ist gewissermaßen eine Kombination zweier – grundlegend verschiedener – Verbindungsrouten zwischen den Rifugi Rosetta und Pradidali. Während auf der Westseite die gewaltigen Felskulissen des Val di Roda dominieren, wird die Ostseite von einer steinernbleichen, im Detail ziemlich verwirrenden Hochfläche bestimmt.

Von der Rosetta ins Val Pradidali Bei der Ⓐ **Seilbahnstation** eingetroffen, sollte man zunächst den kurzen Abstecher auf den Gipfel der Rosetta (2743 m) nicht versäumen (hin und zurück 30 Minuten zusätzlich). Der Fern- und Tiefblick ist atemberaubend! Ansonsten geht es leicht absteigend zum nahen ❶ **Rifugio Pedrotti alla Rosetta** (2581 m), dann mit Bezeichnung Nr. 709 weiter über die kupierte Steinwüste Richtung Osten, später mehr Südosten. Eine beeindruckende Mondlandschaft umgibt uns hier. Mit etwas Auf und Ab steuert man den ❷ **Passo Pradidali Basso**

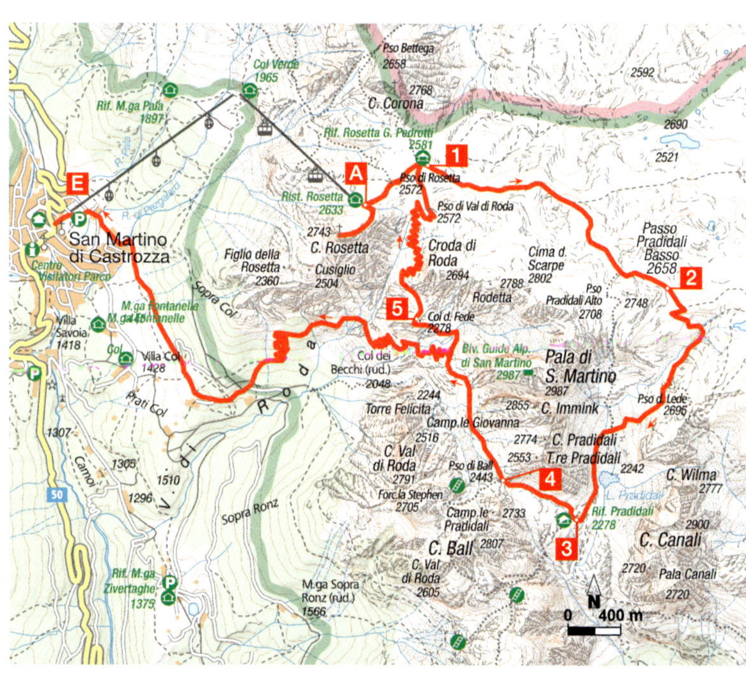

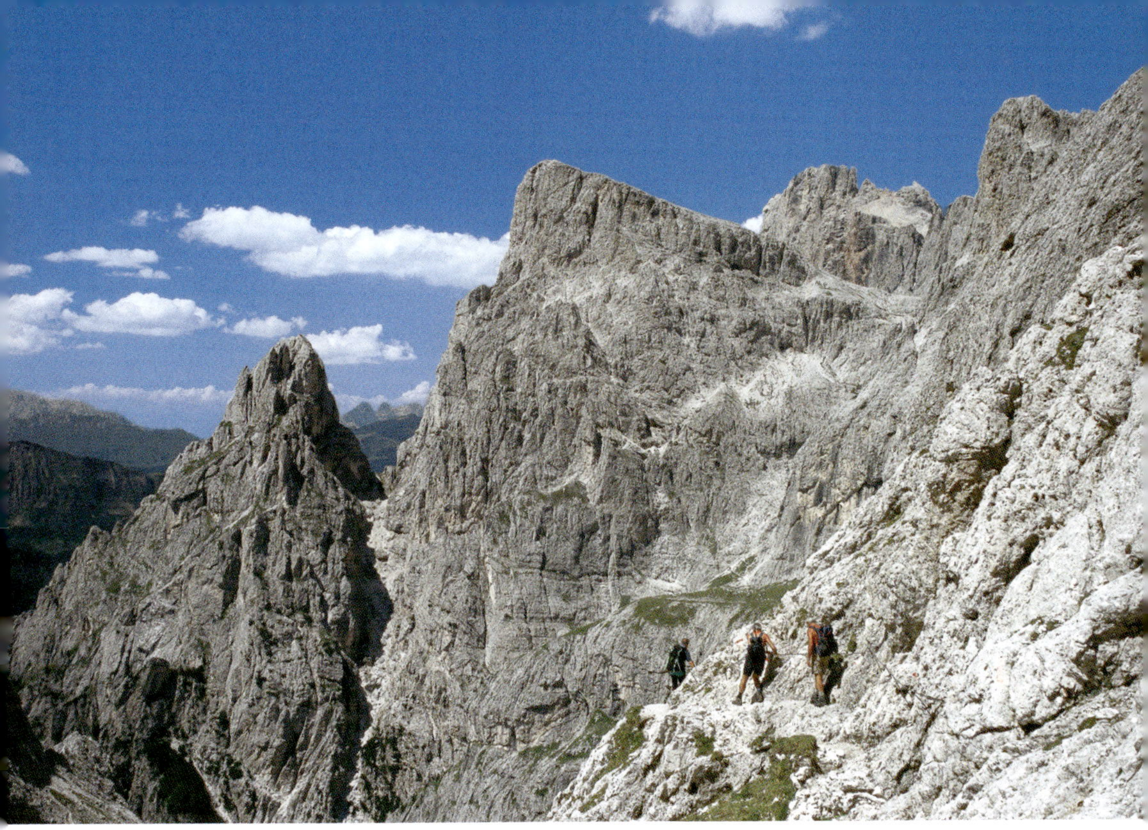

(2658 m) an, der zuletzt von oben erreicht wird. Die in den Karten verzeichnete Variante über den Passo Pradidali Alto ist wegen des vielen Gerölls übrigens weniger empfehlenswert und ungebräuchlich. Nun verlassen wir die Hochfläche südseitig

Ausgesetzte Passage im Bereich des oberen Val di Roda mit Blick auf die Rosetta, die von der Seilbahn ganz leicht zugänglich ist

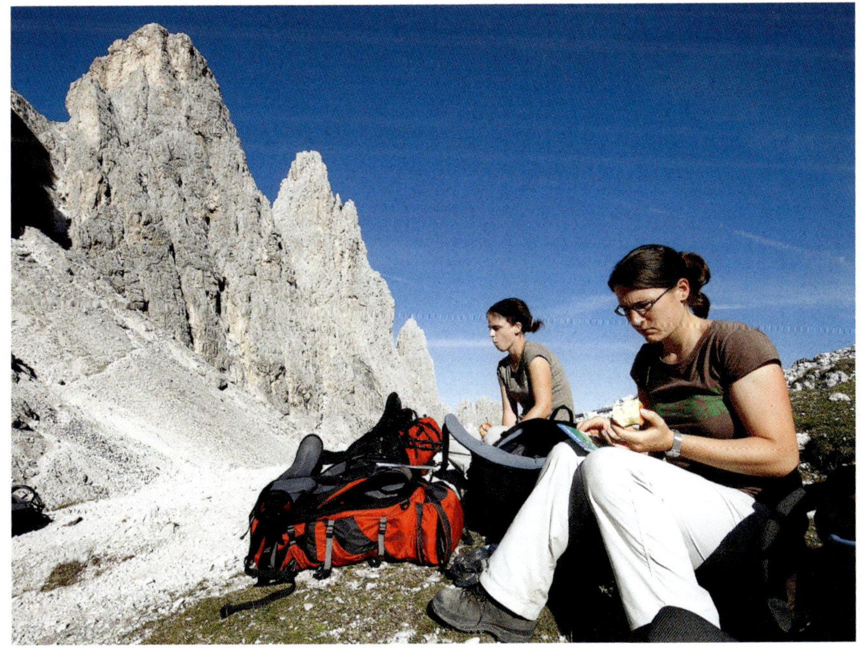

Rast am Passo di Ball

Variante

Wer aus dem Val di Roda gleich zur Talstation abzusteigen gedenkt (zeitlich nicht viel länger), folgt bei der Verzweigung unterhalb der Pala di San Martino dem linken Weg und vollzieht auf diesem ebenfalls zahllose Kehren – allerdings im Bergab. An der Kanzel des Col dei Becchi vorbei und auf die rechte Seite des Geländeeinschnitts. Weiter unten taucht man in den Wald ein und erreicht eine Forststraße, die nordwestwärts Richtung San Martino di Castrozza führt.

Rechte Seite: Der markante Sass Maor gehört zu den absoluten Schaustücken in der Palagruppe; rechts dahinter die Cima della Madonna.

Unterwegs in der skurrilen Felslandschaft zwischen Rifugio Pradidali und Passo di Ball

und steigen in den von wuchtigen Felsmassen eingefassten oberen Pradidali-Kessel ab. Über einige kleine Felsstufen zu einem ausgedehnten Schotterboden und hier auf die linke Seite hinüber. Der Schuttsteig führt tiefer, lässt die Abzweigung zum Passo delle Lede liegen und zieht schließlich nach rechts hinüber, um auf dieser Seite die oft ausgetrocknete Mulde des Lago Pradidali zu umgehen. Kurz darauf läuft man beim ❸ **Rifugio Pradidali** (2278 m) ein, wo uns besonders die Ostwand des Sass Maor und die orgelpfeifengleiche Westwand der Cima Canali in Bann ziehen. Dies ist der südliche Umkehrpunkt.

Ein Gegenanstieg bringt uns mit Nr. 715 durch eine blockige Karmulde zum ❹ **Passo di Ball** (2443 m), wo man schon wieder einen neuen Blickwinkel einnimmt. Allenthalben starke Felsimpressionen – das gilt auch für die wild gezackten »Campanili« über dem Val di Roda. Durch diese Furche führt der Weiterweg, wobei man sich ganz an die rechte Seite hält und im Sockelfels der Cima Immink bald eine ausgesetzte Passage über felsige Abhänge und Bänder zu absolvieren hat (Sicherungen). Nach wohldosiertem Nervenkitzel geht es gutmütig weiter leicht abwärts bis zu einer Weggabelung, die uns zwei Möglichkeiten anbietet. Um den Rundkurs zur Bergstation zu schließen, geht man geradeaus eine Einbuchtung aus, passiert die zauberhaften Grasböschungen am ❺ **Col delle Fede** (2278 m) und nimmt sich am Ende der Traverse einer langwierigen Serpentinenschlange an, die zurück aufs Hochplateau führt. Die Steilheit des Geländes wird durch den ausgeprägten Zickzackkurs effektiv gemindert. An der Schwelle des Passo di Val di Roda (2572 m) hat uns der Altipiano wieder. Wir bummeln an der Hütte vorbei zur Ⓔ **Rosettabahn** und schweben von dort wieder zu Tal.

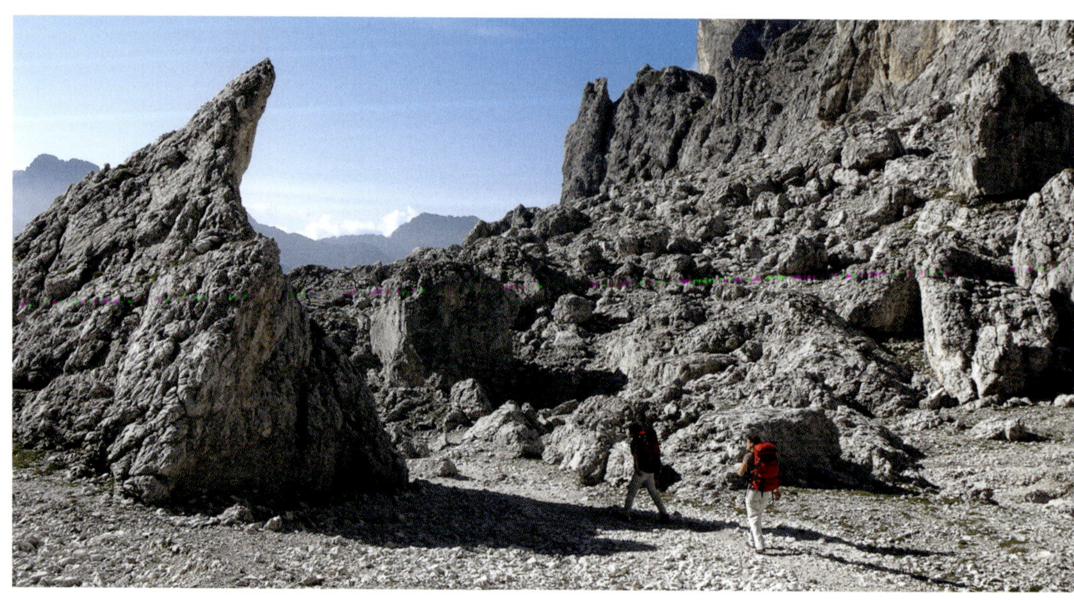

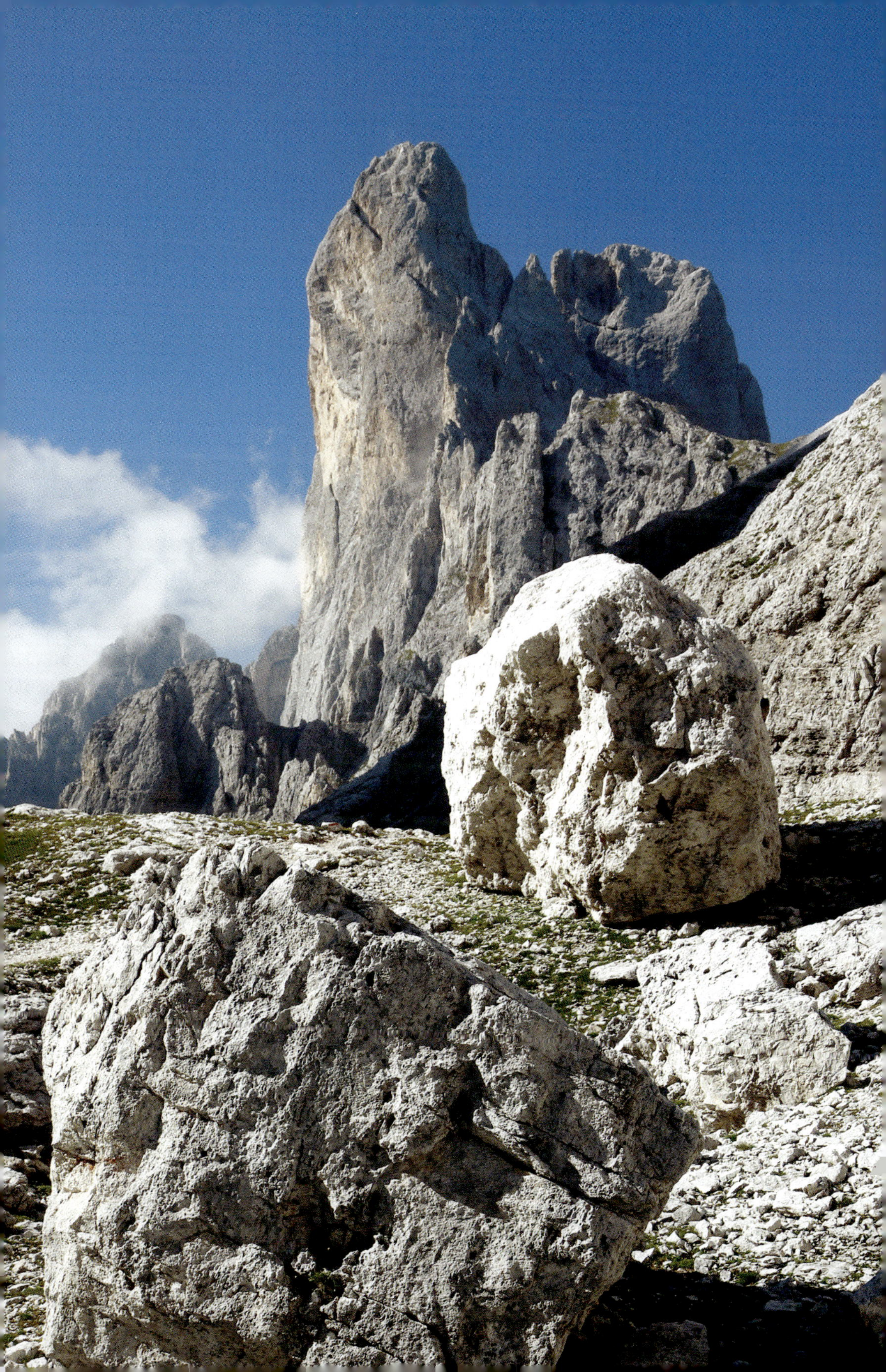

22

Entlang der Pala-Südkette

Vom Passo Cereda bis an den Fuß des Agnèr

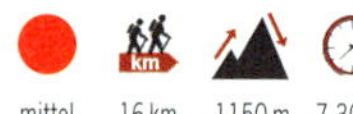

Tourencharakter
Bergwege unterschiedlicher Beschaffenheit, teils recht einfach zu begehen, streckenweise auch ruppig (z. B. in Rinneneinschnitten) bzw. stark bewachsen. Ausreichende, aber nicht gerade üppige Markierung. Ziemlich lange Strecke mit dem Hauptanstieg zu Beginn. Neben elementarer Trittsicherheit vor allem Ausdauer erforderlich.

Ausgangspunkt
Passo Cereda (1361 m), Straßenpass zwischen Fiera di Primiero im Val Cismon und Ágordo im Cordevoletal

Endpunkt
Frassenè (1084 m), im Valle Sarzana (Agordino). Der Lift zur Malga Losch war zuletzt nicht mehr in Betrieb.

Öffentliche Verkehrsmittel
Im Sommer Busverbindungen nach Mis-Sagron, sowohl von Ágordo über Frassenè als auch von Fiera über den Passo Cereda

Höchster Punkt
Unterhalb des Passo Regade auf ca. 2100 m

Gehzeiten
Passo Cereda – Abzweig Passo Regade 2 Std. – Abzweig Forcella d'Oltro 1 Std. – Bivacco Menegazzi 1 Std. – Passo del Col di Luna 1½ Std. – Rifugio Scarpa 1 Std. – Frassenè 1 Std., insgesamt 7½ Std.

Aufstieg/Abstieg
In Summe etwa 1150 Hm Aufstieg, 1430 Hm Abstieg

Beste Jahreszeit
Mitte Juni bis Ende September

Hütten/Einkehr
Albergo Cereda (Tel. 0439/651 18), Bivacco Menegazzi, Rifugio Scarpa-Gurekian (Tel. 348/739 10 01)

Karte
Tabacco, 1:25 000, Blatt 022 »Pale di San Martino«

Cimònega, Piani Eterni, Monti del Sole – Namen, die selbst gute Dolomitenkenner oftmals nicht mit lebendigen Inhalten füllen können. Diese Berggruppen stehen am Horizont Parade, wenn wir den Südzug der Pala auf traditionellen Almpfaden abschreiten. Man muss einmal selbst dort gewesen sein, um die Skepsis vor dem Unbekannten abzulegen und die wahren Werte aufzuspüren. Das sind nicht etwa prestigeträchtige Namen, sondern: Natur, Natur, Natur …

Echte Erlebniswerte Vielleicht wird ja die Neugier geweckt mit einigen Worten des italienischen Autors Luca Visentini, der in seiner umfangreichen Gebietsmonografie schwärmt: »Dieser Abschnitt der Kette ist der typische Lebensraum der Gämse. Eindrucksvolle Felsformen, verlassene Weiden, uralte Jagdgründe und außergewöhnliche Ausblicke lassen ihn zum Erlebnis werden.« In der Tat – der äußerste Süden der Dolomiten besitzt stets sein eigenes Flair, das sich schon erheblich von den gut erschlossenen Gebieten weiter nördlich unterscheidet. Das muss nicht im-

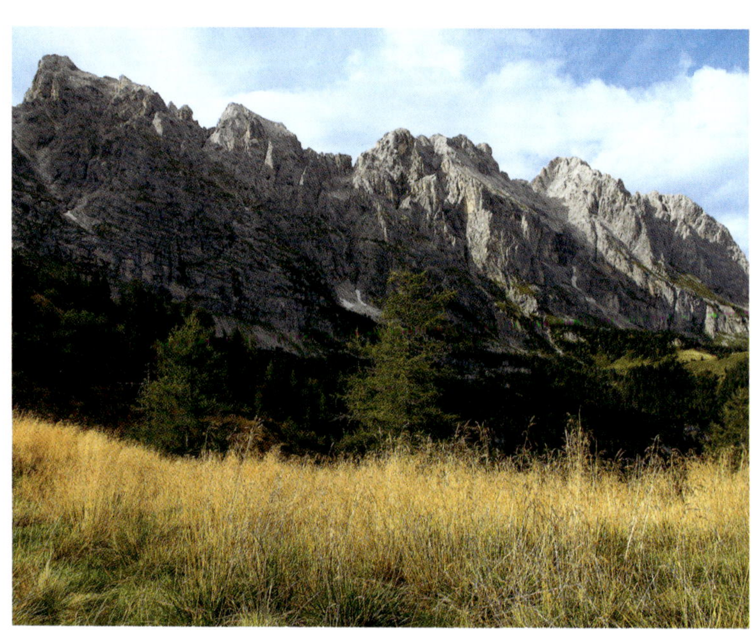

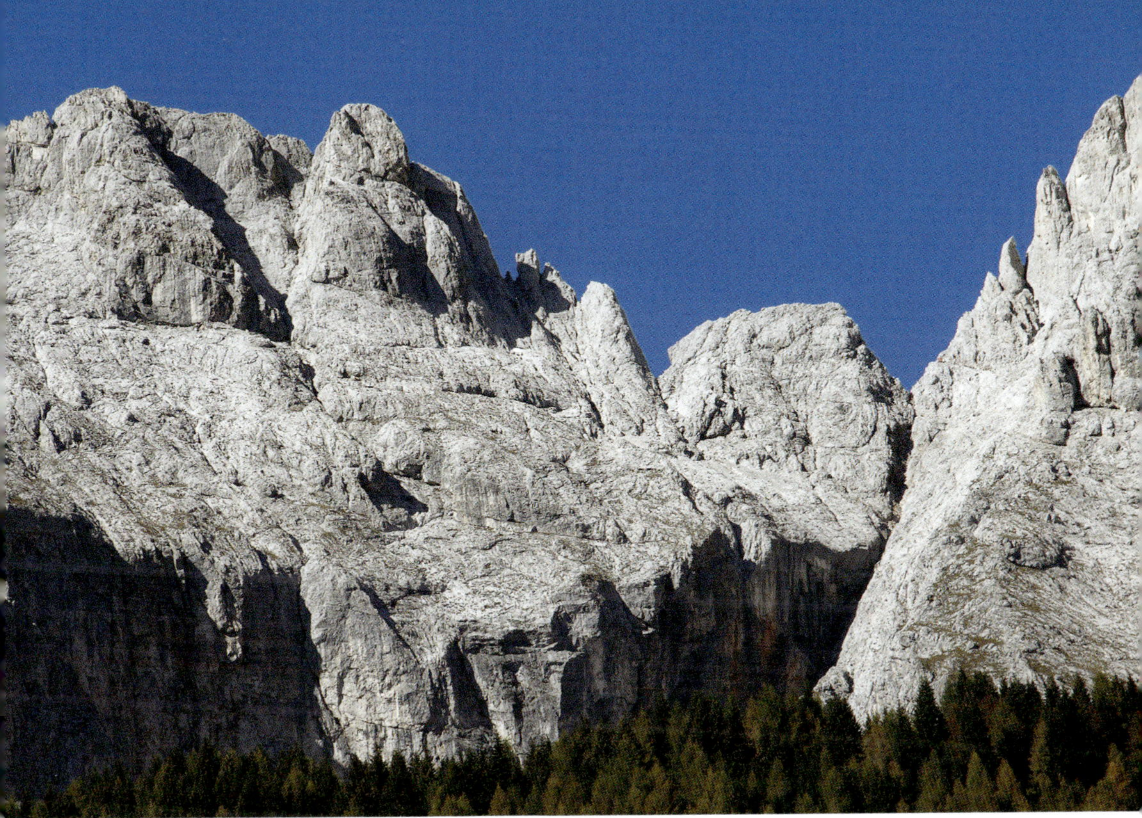

mer mit übermäßigen Schwierigkeiten einhergehen. Aber regelrechte Promenaden darf man hier nicht erwarten, und auch nicht alle Stunde eine bewirtschaftete Hütte. Großartig, dass es eine solche Vielfalt innerhalb der Dolomiten überhaupt noch gibt, dass noch nicht jeder attraktive Fleck zum Spekulationsobjekt degradiert worden ist. Manchmal sind derartige Impressionen auch für einen selbst heilsam. Nicht alles muss bis ins Letzte präpariert sein – gerade dort, wo solch ursprüngliche, erhabene Kulissen Spalier stehen …

Die gewaltige Plattenflucht der Lastei d'Agnèr überwältigt uns am Ende der Traverse.

Zum Biwak auf Pianlonch Wir beginnen die lange Wanderung am Ⓐ Passo Cereda, wo wir zunächst einem Fahrweg zum Maso Brunet folgen. Gegenüber schraubt sich Route Nr. 718 nun an der bewaldeten Berglehne empor. Das ist noch nicht sonderlich spannend, was sich jedoch ändert, sobald wir in eine eigenartige Landschaft bizarrer Felszacken eintreten. Sie spitzen einfach so aus den grasigen Hängen. Man quert in diesem Bereich ein Stück nach rechts und steigt fast bis zum ❶ Passo Regade auf, verbleibt dann aber in der südöstlichen Flanke. Unterhalb von Monte Feltraio und Le Rochette schneidet der Weg den Felsansatz, kreuzt dabei einige Runsen, Einbuchtungen sowie kleinere Rücken und bietet fortwährend eine herrliche Schau auf die gegenüberliegende Talseite mit den südlichsten Ausläufern der Dolomiten. Typische sommerliche Quellungen können allerdings dazu führen, dass man hier schon zeitig am Vormittag eher durch diffusen Nebel tapst.

Nachdem wir allmählich wieder etwas an Höhe eingebüßt haben und uns bereits am Fuß der Cima d'Oltro befinden, lassen wir Nr. 718 (gleichzeitig der Dolomiten-Höhenweg Nr. 2) über die Forcella d'Oltro wechseln und setzen die spannende Tra-

Linke Seite: Im Südzug der Pala stehen schroffe Gipfel Spalier; ganz rechts der Agnèr.

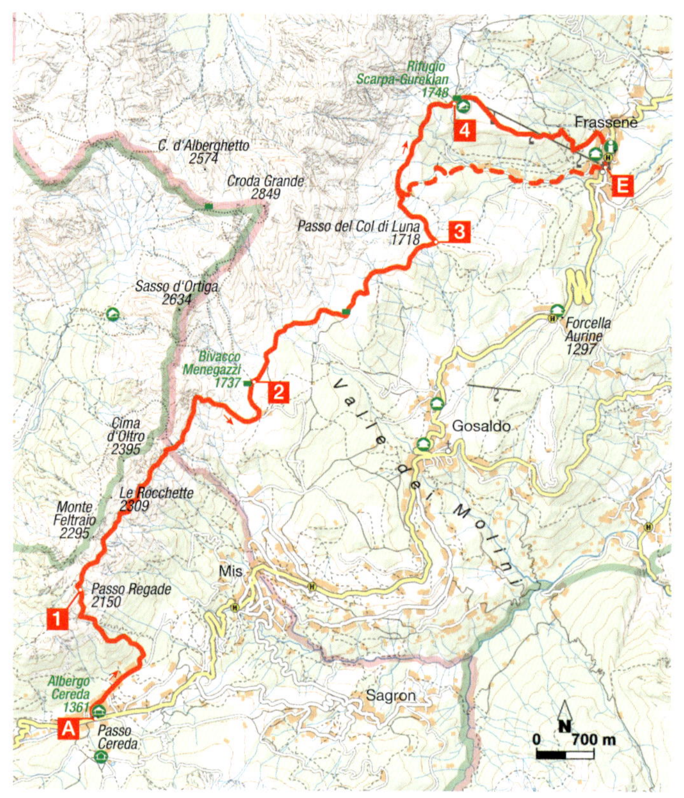

verse diesseitig fort. Sie gestaltet sich nun über diverse Rippen und durch den abschüssigen Trichter des Val delle Pala etwas verwickelter, doch kommt man dahinter allmählich gegen die Casera Cavallera hinunter. Mit gutem Gespür lässt sich ein Stück weit oberhalb nach links zu den sanften Wiesen von Pianlonch abkürzen. Hier, unterhalb der Felsrecken von Pala della Madonna und Sass d'Ortiga, hat das gemauerte ❷ **Bivacco Menegazzi** (1737 m) seinen idyllischen Platz.

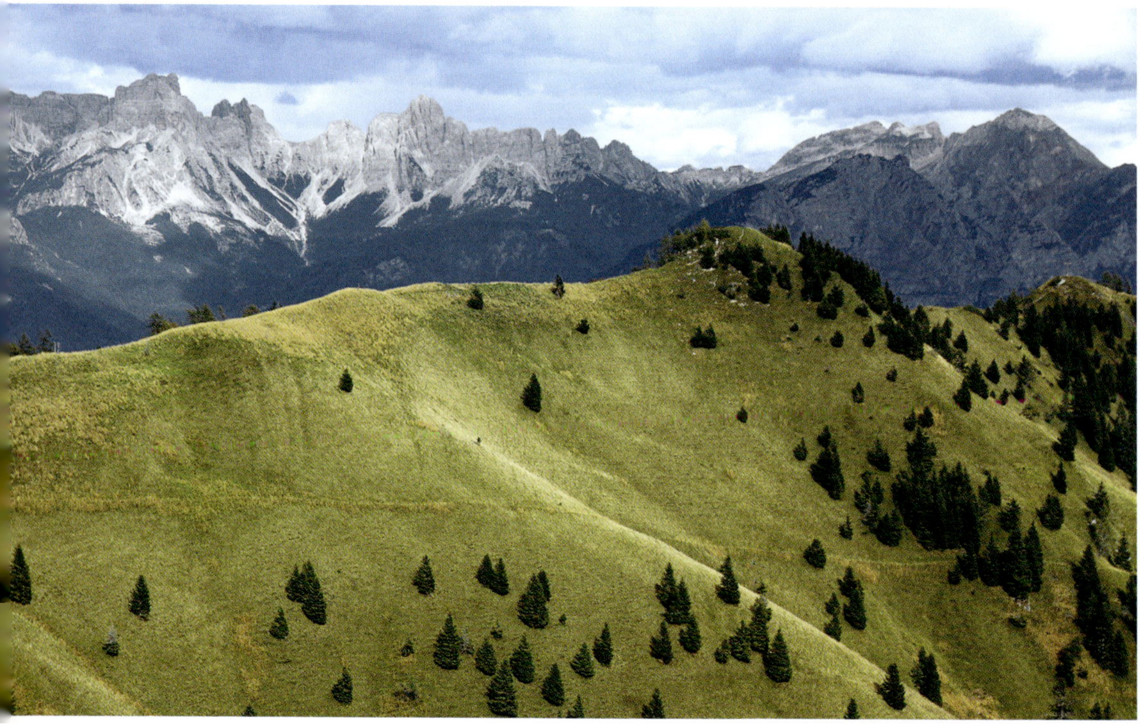

Zweite Halbzeit über den Col di Luna Die Markierung Nr. 773 lotst uns nun weiter in Grundrichtung Nordost, mit respektvollem Abstand zu den von tiefen Schluchten durchzogenen Felsabstürzen der Pala-Südkette, die keinen Vergleich

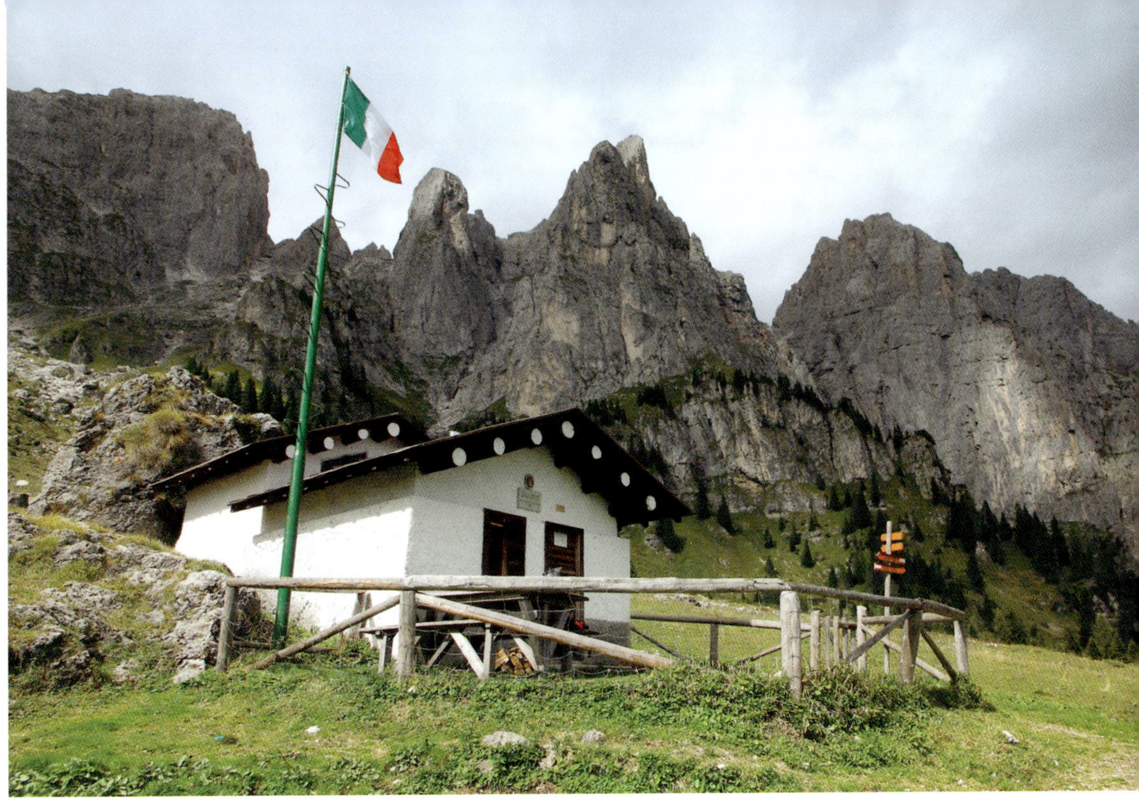

mit populäreren Dolomitenszenarien zu scheuen brauchen. Nachdem der Graben des Valle Sprit gekreuzt ist, geht es wieder etwas ansteigend auf einer verwachsenen Wiesenspur dahin. Hinter einem weiteren Graben folgen wir dem Bogen hinüber zur **Casera del Campo** (1750 m) und achten dort gut auf die undeutliche Fortsetzung. Diese leitet hinauf zur nächsten markanten Grasrippe. Unser Höhenweg schneidet nacheinander zwei Hangbuchten und nähert sich damit dem Kreuzungspunkt am ❸ **Passo del Col di Luna** (1718 m). Eine Stunde trennt uns nun noch von einer möglichen Einkehr, drüben im Rifugio Scarpa. Abermals müssen wir etwas Höhenverlust in Kauf nehmen, an einem Brunnen vorbei zum Abzweig des Weges Nr. 772, der eine Abkürzung in den Talort Frassenè herstellt: bei Konditionsmängeln eine gute Option! Ansonsten gehen wir auch noch den weiten Kessel des Val Domadore aus – durch ein Gehölz zur letzten Gegensteigung, die uns zur Malga Losch und nebenan auf die aussichtsreiche Kuppe mit dem ❹ **Rifugio Scarpa-Gurekian** (1748 m) bringt. Im Inneren der Hütte befindet sich eine offene Feuerstelle – so was hätte man anderswo wohl schon längst »wegreglementiert«. Blickfang Nummer eins wird jetzt womöglich der Agnèr, seines Zeichens Höchster der gesamten Pala-Südkette, sein. Gewaltige Felsmassen türmen sich dort auf, und man ahnt noch nicht, dass die abgewandte Nordseite diesbezüglich noch eins draufsetzt. Aber das wäre ja fast schon zu viel der Dramatik! So schweifen unsere Blicke gern auch in die Weite – zum Piz di Mezzodì etwa, der den geheimnisumwitterten Monti del Sole entragt, oder hinüber zu Moiazza, Tàmer und Schiara jenseits des Cordevole. Es mag spät geworden sein. Leeren wir das Glas und sagen »Ciao« zum Wirt. Der Abstieg über den Weg Nr. 771 nach Ⓔ **Frassenè** wird noch rund eine Stunde in Anspruch nehmen und die lange Tour im äußersten Süden der Pala unspektakulär ausklingen lassen.

Wildromantisch: Im Bivacco Menegazzi können es sich Wanderer und Kletterer häuslich einrichten.

Linke Seite: Weit hinter den grünen Hängen des Col di Luna zeigen sich die Gipfel der Tamergruppe.

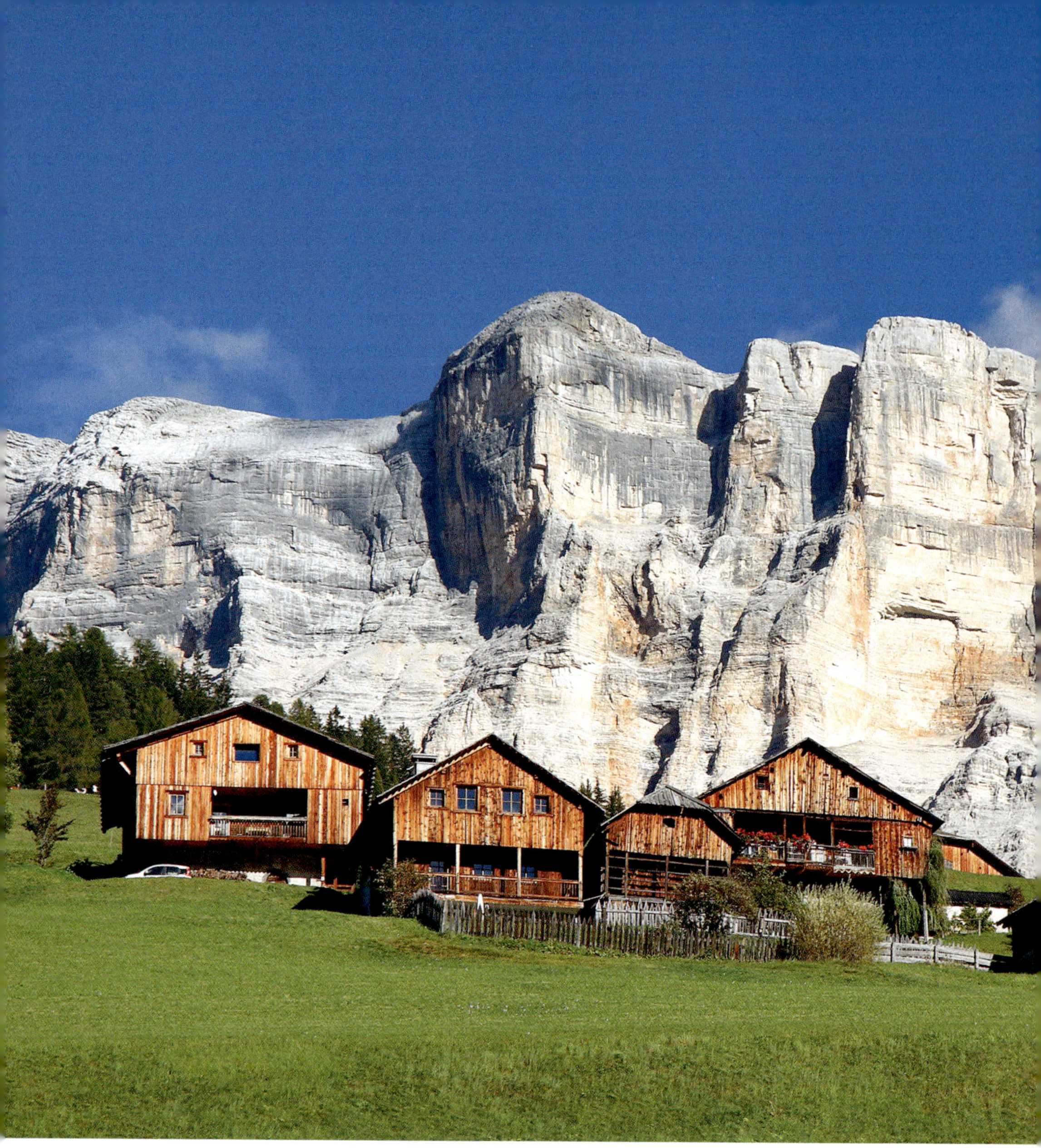

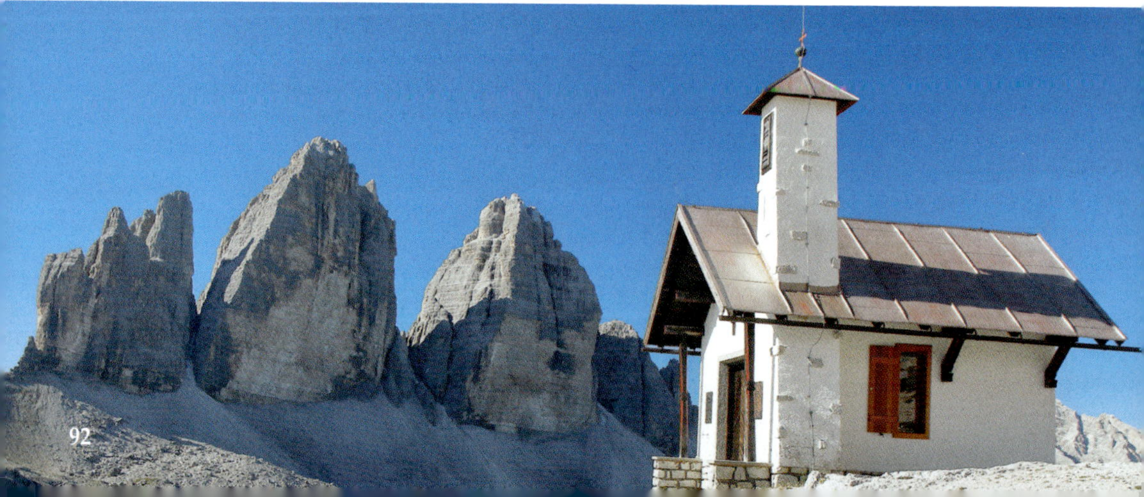

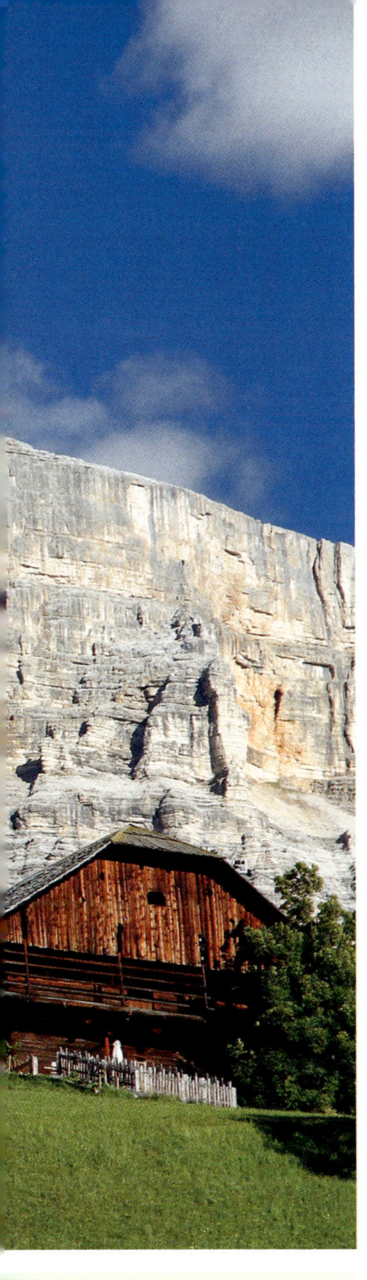

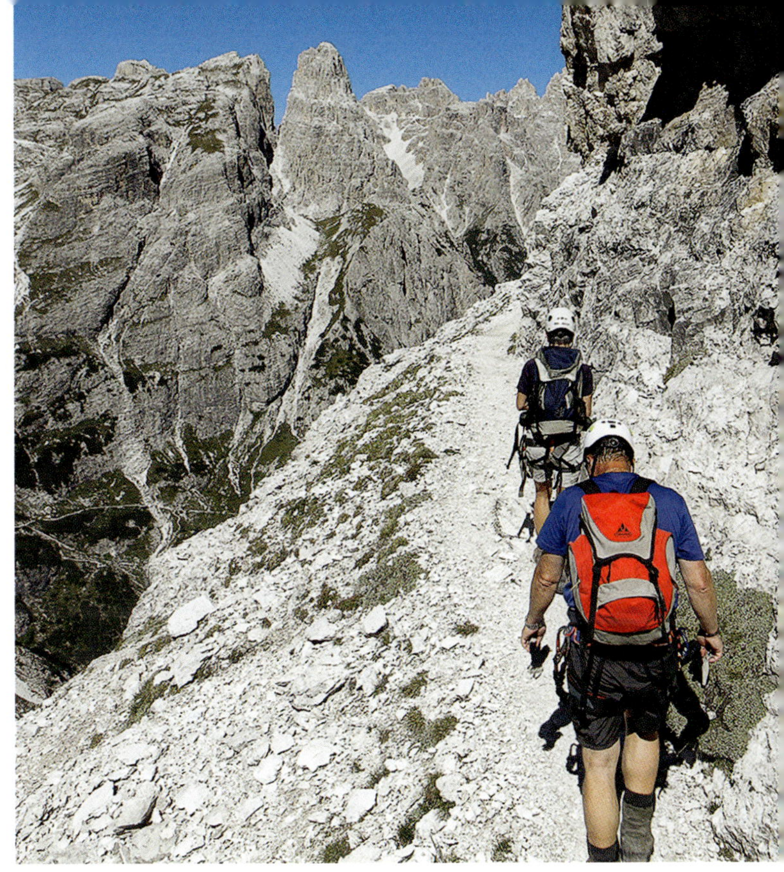

Dolomiten Ost

Oben links: Im Gadertal beeindruckt die Westwand des Heiligkreuzkofels. Unten links: Kapelle bei der Drei-Zinnen-Hütte. Oben rechts: Am luftigen Salvezzaband beginnt der Alpinisteig. Unten rechts: Zackige Kulissen in der Civettagruppe, ganz links der Torre Venezia

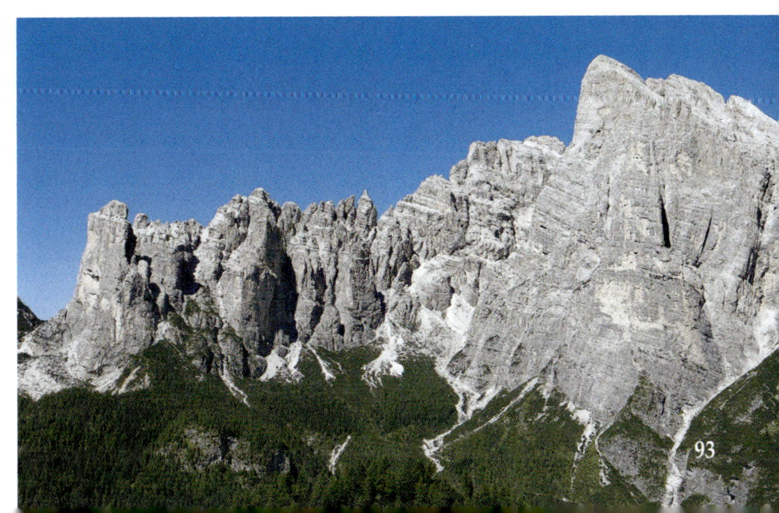

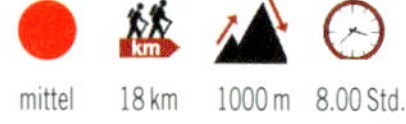

Rund um die Tamergruppe

Urwüchsige Landschaft zwischen Agordino und Zoldano

mittel 18 km 1000 m 8.00 Std.

Tourencharakter
Lange Bergwanderung auf streckenweise sehr holprigen und überwachsenen Pfaden, auch mit einigen Steilstellen. Viel Auf und Ab, deshalb neben Trittsicherheit auch gute Kondition nötig.

Ausgangspunkt
Passo Duràn (1601 m), Pass zwischen Agordo und Val di Zoldo

Öffentliche Verkehrsmittel
Die Buslinien enden in den Talorten (La Valle bzw. Zoldo Alto), keine über den Pass

Höchster Punkt
P. 1966 knapp westlich der Forcella del Moschesin

Gehzeiten
Passo Duràn – Baita Angelini 2 Std. – Malga di Prampèr 2 Std. – Forcella del Moschesin 1¼ Std. – Forcella Dagarei 2 Std. – Passo Duràn ¾ Std.; insgesamt 8 Std.

Aufstieg/Abstieg
In Summe rund 1000 Hm

Beste Jahreszeit
Anfang Juni bis Ende Oktober

Hütten/Einkehr
Zwei Gasthäuser am Passo Duràn: Rifugio Cesare Tomè (Tel. 346/416 54 61) und Rifugio San Sebastiano (Tel. 0437/623 60), Baita Angelini (unbewirtschaftet), Malga di Prampèr

Karte
Tabacco, 1:25 000, Blatt 025 »Dolomiti di Zoldo, Cadorine e Agordine«

Rund um den Tamer formiert sich eine formschöne Berggruppe, die gemeinsam mit dem Civetta-Moiazza-Komplex, den Pale di San Lucano, dem Agnèr samt Trabanten sowie den Monti del Sole die Kulisse des Agordino bildet. Sie lässt sich vom Passo Duràn aus in einer strammen Tagestour komplett umrunden und bringt uns eine von urwüchsigen, lieblichen und imposanten Szenerien geprägte Südalpen-Landschaft nahe.

Urtümliche Tamergruppe Obwohl der höchste Punkt der Tour nicht einmal die 2000er-Linie übertrifft und wir uns kaum in hochalpin-felsigem Terrain bewegen, ist sie nur einigermaßen routinierten Wanderern anzuraten. Denn wie so oft in den südlichen Teilen der Dolomiten erweisen sich die Wege als rau, verschlungen und beschwerlich, damit verbunden aber auch als sehr urtümlich und einsam. Speziell die erste Hälfte vom Passo Duràn hinüber ins Val Prampèr ist mit diesen Attributen gesegnet. Die Traverse der Westseite wird hingegen regelmäßiger begangen, und zwar im Zuge des großen Dolomiten-Höhenweges Nr. 1.

Auf dem Anello Zoldano ins Val di Prampèr Am **A** **Passo Duràn** nehmen wir Weg Nr. 536 auf und wandern am Nordfuß der Gruppe mit einigem holp-

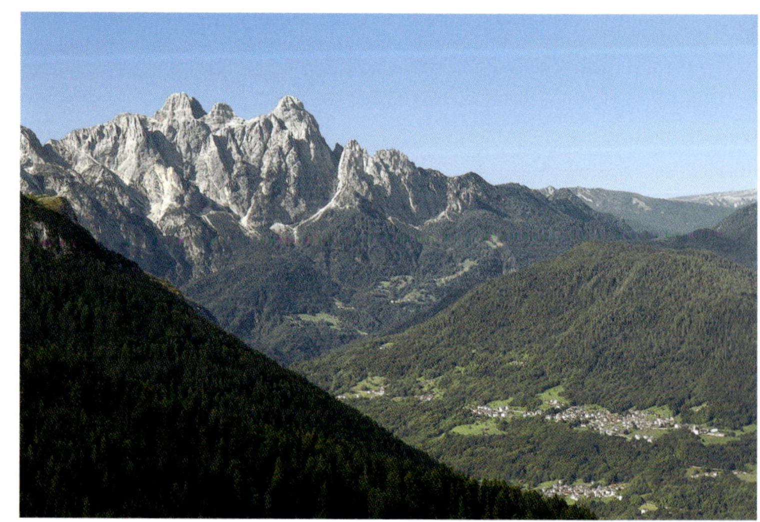

Fernblick über das Agordino auf die Gruppe der Cimònega am Südrand der Dolomiten

rigen Auf und Ab um einen weit vorspringenden Gratkamm herum zur **Forcella delle Barance** (1688 m). Dahinter höhengleich durch eine Karbucht zum nächsten Riegel, der in der Forcella de le Cáure überstiegen wird. Im Wald taucht plötzlich das »Hexenhäuschen« des ❶ **Bivacco Baita Angelini** (1680 m) auf – ein verschwiegenes Plätzchen! Nach einem deutlichen Abstieg wird die Nordabdachung des Petorgnon über einige felsige Stufen traversiert, bevor wir mit Blick auf die Gruppe des Spiz di Mezzodi quer durch ein Schuttfeld auf der Ostseite Anschluss an den Wirtschaftsweg im Val di Prampèr erhalten. Er führt über den Pian dei Palùi zur ❷ **Malga di Prampèr** (1540 m).

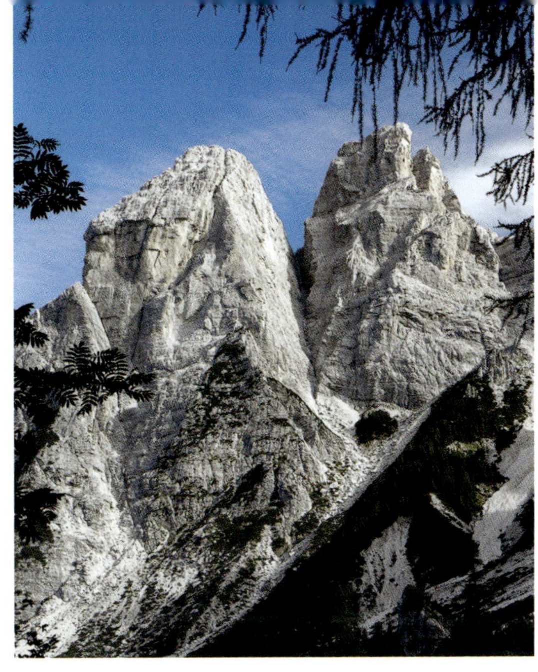

Tàmer Davanti und Tàmer Grande ragen direkt über unserem Höhenweg auf.

Auf der Alta Via Uno zurück zum Passo Duràn Kurz davor zweigt bereits die Fortsetzung (Nr. 540) durch das Hochtal zur ❸ **Forcella del Moschesin** (1940 m) ab. Imposant die Begleitkulisse von Cima di Prampèr zur Linken und Castello di Moschesin zur Rechten. Vor den letzten Kehren verbindet sich die Route mit dem Dolomiten-Höhenweg Nr. 1, der vom Rifugio Sommariva al Pramperèt herüberkommt und für den Rest der Tour nun unser Leitfaden bleibt. An einem verfallenen Fort vorbei geht es hinüber zu einem Geländeeck (P. 1966) und dann in Kehren abwärts zur verwaisten **Malga Moschesin** (1800 m). Neue Eindrücke vermitteln inzwischen die Berge jenseits des tiefen Cordevoletals, die teils zur Palagruppe, teils zu den Monti del Sole gehören. Durch Wald verliert man noch etwas an Höhe und quert anschließend kilometerweit die Schuttreißen und Bergsturzfelder unterhalb der schnittigen, pfeilerbewehrten Tamergipfel. Erneut verschlungener durch Wald geht es zur ❹ **Forcella Dagarei** (1620 m) und von dort abwärts zur Duranstraße, die wir in der großen Linkskurve bei der Malga Càleda Vecchia (1493 m) erreichen. Knapp zwei Kilometer verbleiben nun noch auf der Passstraße zurück zum Ausgangspunkt am Ⓔ **Passo Duràn**.

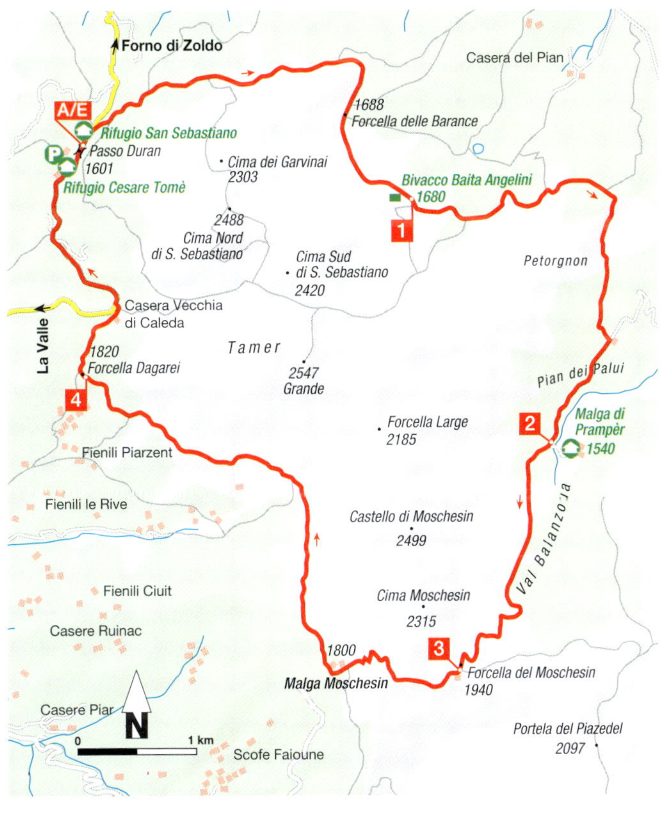

Große Civetta-Rundtour

Zwei lange Tage zwischen Agordino und Zoldano

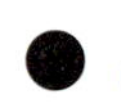 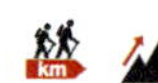 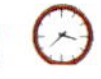

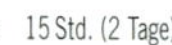

schwer 30 km 2570 m 15 Std. (2 Tage)

Tourencharakter
Mindestens zweitägige Bergwanderung, die Trittsicherheit und Durchhaltevermögen verlangt. Auf der ersten Etappe meist noch leichtere Wege, nur abschnittsweise Geröllpassagen. Am zweiten Tag auf kleineren Pfaden deutlich anspruchsvoller, viel Schotter und felsdurchsetztes Gelände (stellenweise I. Grad).

Ausgangspunkt
Passo Duràn (1601 m), Straßenpass zwischen Agordo und Val di Zoldo

Öffentliche Verkehrsmittel
Keine Busverbindung über den Passo Duràn

Höchster Punkt
Porta del Masarè (ca. 2350 m)

Gehzeiten
Passo Duràn – Rifugio Carestiato 1 Std. – Forcella del Camp 1 Std. – Rifugio Vazzolèr 2½ Std. – Rifugio Tissi 2 Std. – Rifugio Coldai 2 Std. – Abzweig Sentiero Angelini 2 Std. – Forcella Inferiore 2 Std. – Passo Duràn 2½ Std.; insgesamt 15 Std. (2 oder 3 Tage)

Aufstieg/Abstieg
1. Etappe bis Rifugio Tissi 1370 Hm Aufstieg, 720 Hm Abstieg; 2. Etappe 1200 Hm Aufstieg, 1850 Hm Abstieg

Beste Jahreszeit
Ende Juni bis etwa 20. September (Hüttenschluss)

Hütten/Einkehr
Gasthäuser am Passo Duràn, Rif. Carestiato (Tel. 0437/ 629 49), Rif. Vazzolèr (Tel. 0437/ 66 60 08), Rifugio Tissi (Tel. 0437/ 72 16 44), Rif. Coldai (Tel. 0437/ 78 91 60), Bivacco Grisetti

Karte
Tabacco, 1:25 000, Blatt 015 »Marmolada – Pelmo – Civetta – Moiazza« oder 025 »Dolomiti di Zoldo, Cadorine e Agordine«

Im Rahmen der Alta Via 1, der beliebtesten Weitwanderstrecke der Dolomiten, ist die Westtraverse der Civettagruppe als »la più bella passeggiata delle Dolomiti« zu einigem Ruhm gekommen. Was nicht jeder weiß: Auch an der Ostflanke gibt es eine durchgängige Höhenroute, im Verlauf durch einige Karbuchten eine Nummer rauer und auch viel weniger frequentiert. Zusammen eine fantastische Runde, die zu den Highlights in diesem Band zählt!

Im Reich der überwältigenden Civetta Die Gipfel der Civettagruppe – einschließlich der Moiazza als südlichem Anhängsel – sind in aller Regel nicht gerade leicht zugänglich. Als reiner Wanderer steht man immer wieder staunend vor Kulissen, die bedrohlich und faszinierend zugleich wirken. Immerhin können wir ihnen auf halber Höhe zwischen Tal und Berg ziemlich nahe sein. Dass die großartige Route über die Rifugi Coldai, Tissi und Vazzolèr eben als »la più bella passeggiata delle Dolomiti« und damit als perfekter Panoramaweg in dieses Buch gehört, scheint klar. Vielleicht von Alleghe mit Liftunterstützung zum Col dei Baldi und am Schluss durchs Val Corpassa hinaus nach Listolade? So ganz überzeugt mich dieses Vorgehen nicht, zumal mir just in Erinnerung kommt, welch eindrückliche Erlebnisse ich auch auf der Ostseite des Massivs schon gesammelt habe. Deshalb sei an dieser Stelle eine Rundtour vorgestellt, die am Passo Duràn aufgenommen wird und mit 15 Stunden Gesamtgehzeit schon aus dem üblichen Rahmen fällt. Konditionsstarke können sie binnen zweier voll ausgefüllter Tage bewältigen, wobei im Rifugio Tissi Quartier bezogen wird. Warum gerade dort, werden wir später noch sehen …
Möchte jemand das Programm indes lieber auf drei Tage entzerren, nächtigt man freilich optimaler im Rifugio Vazzolèr und im Rifugio Coldai – stimmungsvoll wird's so oder so! Ist die Strecke auf dem Dolomiten-Höhenweg Nr. 1 noch ziemlich allgemeintauglich, müssen wir auf der Ostseite unser Rüstzeug als erfahrene Bergwanderer unter Beweis stellen. Da wird es öfter mal ein bisschen ruppig, vor allem über die Forcella Inferiore.

Entlang der Moiazza zum Rifugio Vazzolèr Beim Rifugio Cesare Tomè am Ⓐ **Passo Duràn** gehen wir mit Nr. 549 am Wiesenhang hoch und stoßen bald auf einen breiten Wirtschaftsweg, der zum ❶ **Rifugio Carestiato** (1834 m) führt. Im Osten baut sich imposant die Tamergruppe auf, doch besonders urgewaltig wirken die nahen Moiazza-Südwände! Unterhalb dieser Mauern queren wir nun durch Blockfelder nach links (Nr. 554), passieren die Mündung des Van dei Cantoi und orientieren uns im Angesicht der filigranen Torri di Camp hinauf zur ❷ **Forcella del Camp** (1933 m). Der Weg schwenkt auf die Westseite der Türme und leitet am Wandsockel entlang schräg abwärts zur Lücke am Col d'Ors. Der erste Blick auf die Civettagruppe – allen voran die mächtig vorspringende Cima della Busazza mit dem Torre Trieste – begeistert. Im linken Kammausläufer ist der Torre Venezia nicht zu verkennen – in zwei Stunden werden wir an seinem Fuß stehen. Doch

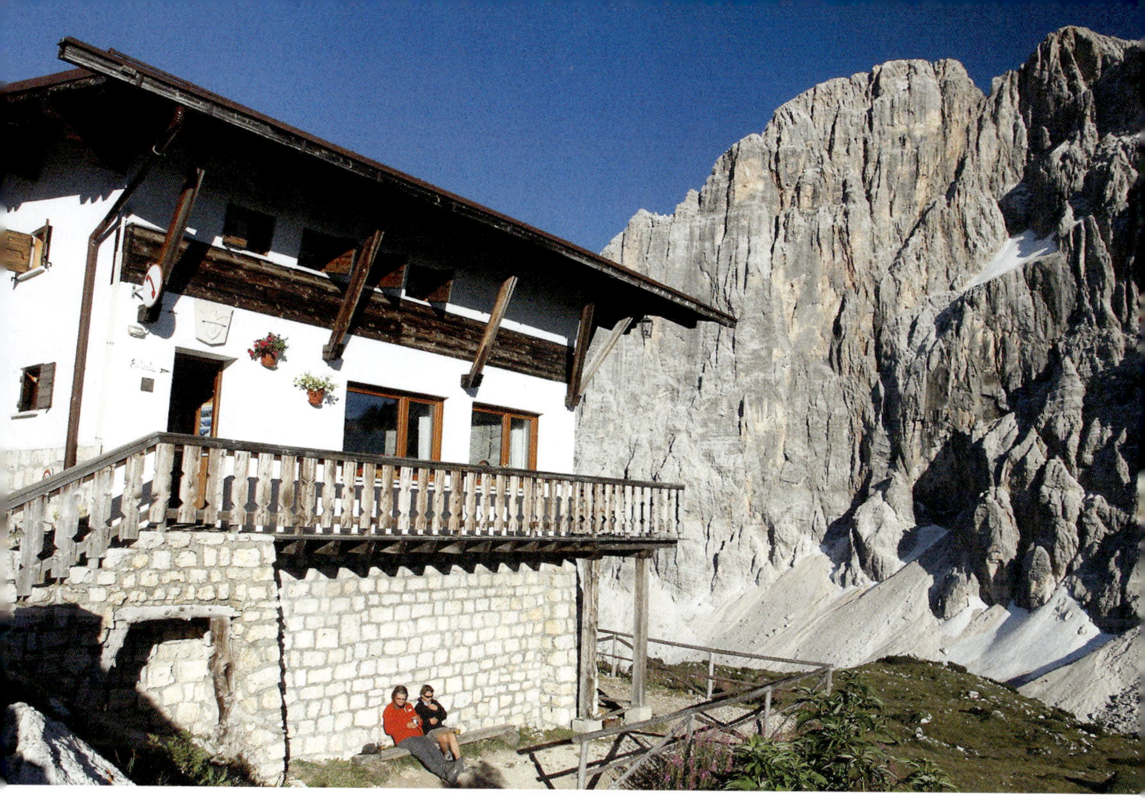

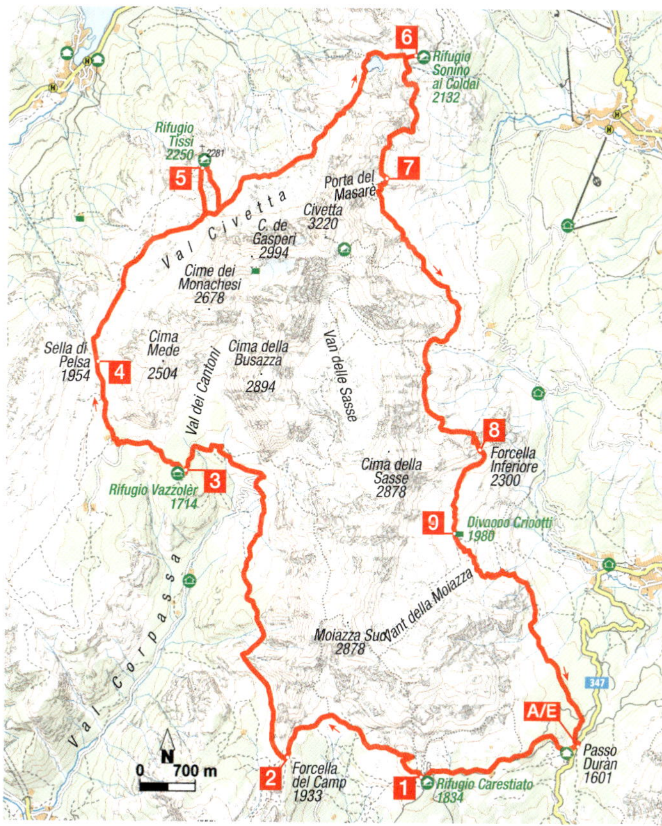

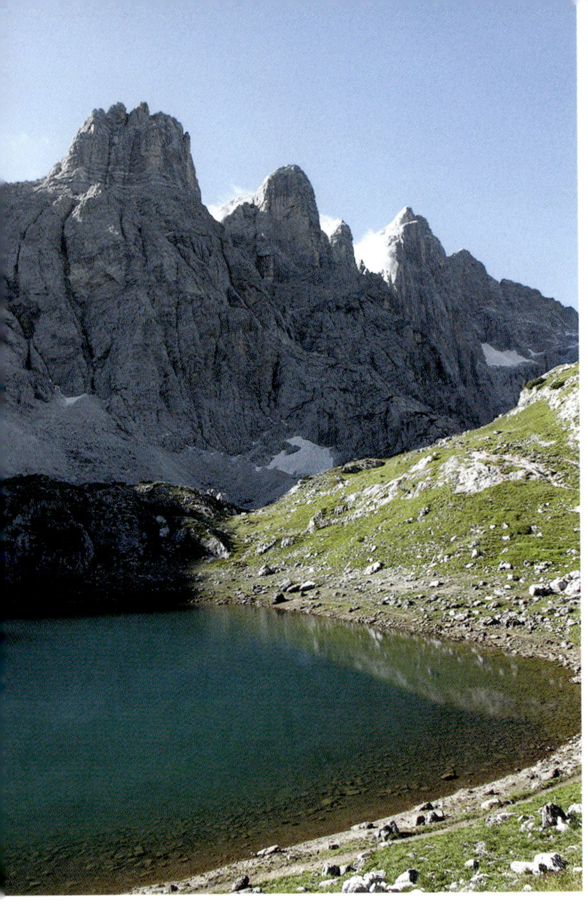

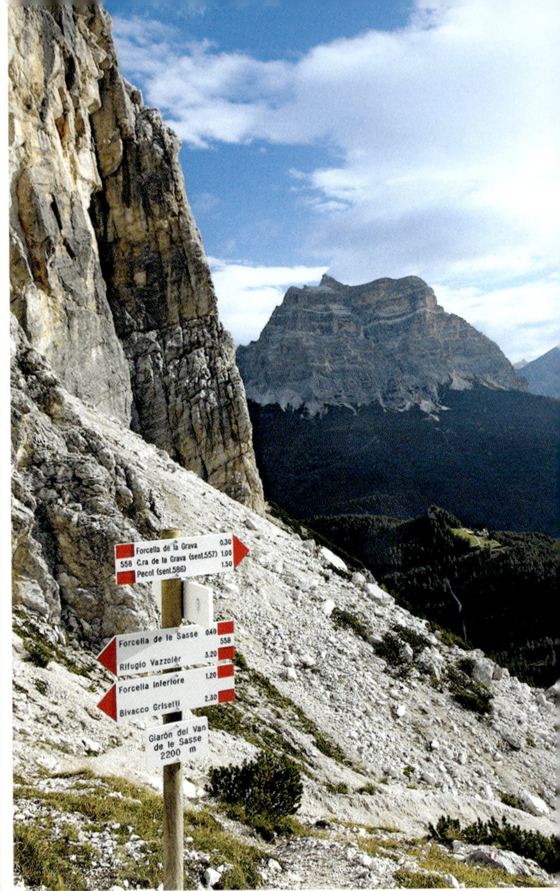

Links oben: Ein Kleinod sondergleichen – der Lago Coldai unter den Türmen des nördlichen Civettamassivs

Rechts oben: Am Sentiero Angelini steht immer wieder der Pelmo im Blickfeld.

zunächst verlieren wir durch Wald einige Höhenmeter und queren dann recht verschlungen die bewachsenen Schutt- und Blockreißen der Giaroi del Palanzin, bis wir bei P. 1430 auf die breite Schottertrasse zum ❸ **Rifugio Vazzolèr** (1714 m) treffen. Nach einigen Kehren und Kurven laufen wir bei der waldumstandenen Hütte ein.

Unter die Wand der Wände Während des Weiterweges Richtung Casera Favretti (Nr. 560) hat sich die Perspektive mittlerweile verschoben. Die Moiazzagruppe erscheint nun aus der Distanz viel übersichtlicher, die Busazza präsentiert ihre Westabstürze, und die Zackenvielfalt über dem Val dei Cantoni bietet ein Spektakel der Formen. Wie unspektakulär hingegen der Pelsakamm gegenüber. In sanftem Anstieg über blockdurchsetzte Wiesen steuern wir die ❹ **Sella di Pelsa** (1954 m) an und wechseln über die seichte Schwelle in den Bereich des Val Civetta. Diese lang gestreckte Hochmulde begleitet den Civetta-Hauptzug und vermittelt außergewöhnliche Einblicke in die Nordwestwand. Doch gemach! Zunächst durchschreiten wir einen Almgrund, lassen den Abzweig der Via Casamatta links liegen und halten auf die Forcella di Col Reàn (2107 m) zu. Kurz vorher links hoch und zum ❺ **Rifugio Tissi** (2250 m), wo der perfekte Logenplatz vor der mehr als 1000 Meter hohen Felsmauer der Civetta eingenommen ist. In dieser Wand klettern nur die Besten! Fünf Minuten oberhalb der Hütte eröffnet die Kanzel der **Cima di Col Reàn** (2281 m) sogar einen Tiefblick ins Tal des Cordevole mit dem Lago di Alleghe und eine weite Schau nach Westen über das halbe Dolomitenreich. Wenn schließlich die

Vorherige Seite: Im Rifugio Tissi beziehen wir Quartier vis-à-vis der gewaltigen Civetta-Nordwestwand.

untergehende Sonne in den Felsfluchten für ein paar Augenblicke ein rotglühendes Feuerwerk entfacht, ist die Bergromantik einfach vollkommen!
Von bezaubernder Schönheit ist der Weiterweg am nächsten Morgen. Denn aus dem Val Civetta, in das wir anfangs wieder absteigen, gestaltet sich der Übergang zum Rifugio Coldai über zwei Sättel sehr abwechslungsreich. Zwischen dem **Col Negro di Coldai** (2203 m) und der **Forcella Coldai** (2191 m) bettet sich der Lago Coldai: eine Landschaftsperle mit dem Spiegelbild der angrenzenden Türme. Beim unkomplizierten Wechsel auf die Ostseite der Gruppe taucht das ❻ **Rifugio Sonino ai Coldai** (2132 m) und ein völlig neues Kulissenbild vor uns auf. Darin dominiert nun eindeutig der Monte Pelmo.

Finale am Sentiero Angelini Wir schlagen Weg Nr. 557 ein und durchmessen eine Reihe kleiner Karbuchten, die von ausgeprägten Geländerippen getrennt werden. So bleibt es auch auf der Ostseite der zuvor schon einmal passierten Torri di Coldai, Alleghe und Valgrande stets spannend. Zwischendurch sind ein paar Stellen gesichert. Hinter der ❼ **Porta del Masarè** zweigt die großartige Via ferrata degli Alleghesi gipfelwärts ab – ein Stück weiter, kurz nachdem der Felssporn der Crepa Bassa umkurvt ist, die Civetta-Normalroute. Die Zoldaner Ostflanke des Massivs kann sich zwar nicht mit der Nordwestwand messen, gebärdet sich aber ebenfalls alles andere als zahm. Beim Schrägabstieg durch die Geröllhalden achten wir auf den Abzweig des Sentiero Angelini, lassen uns also nicht zur Forcella della Grava hinunterleiten, sondern bleiben möglichst hoch am Hang. Im Auf und Ab kommt man zur mächtigen Schotterreiße des Giaron del Van delle Sasse. Hier ein Stück weit gegen die gleichnamige Scharte aufwärts, dann aber wieder nach Süden queren und zur Geländeschulter am **Col del Vant** (ca. 2300 m). Im nächsten Kar verliert man erneut an Höhe und muss sich anschließend über losen Schutt hinaufmühen, bevor ein Band nach links und eine Rinne in die ❽ **Forcella Inferiore** (2300 m) führen. Dies ist wohl der kniffligste Übergang der Tour, denn südseitig wartet plötzlich noch eine echte Hürde. Nach den ersten Schrofenrinnen achten wir unbedingt auf einen scharfen Rechtsknick! Damit zur steilsten Felsrinne, die handfeste Kletterei (I) erfordert, wenn auch nur kurz. Am Sockel lassen wir es rechts haltend über eine grasig-schuttige Böschung auslaufen und steuern in dem welligen, begrünten Kargelände das längst sichtbare ❾ **Bivacco Grisetti** (1980 m) an.
Gern wird man hier am Auslauf des weiten Vant della Moiazza nochmals ausgiebig Rast halten und die Blicke über die Bergwelt des Zoldano schweifen lassen. Der massige Pelmo wurde schon erwähnt, schräg dahinter erscheint unverwechselbar der Antelao, und im Bogen von Ost nach Süd die Gruppen von Bosconero, Spiz di Mezzodi, Pramper und Tàmer. Vielleicht mag jemand an diesem stillen, friedlichen Fleck sogar die Nacht verbringen. Ansonsten wird die Uhr irgendwann zum Aufbruch mahnen, denn bis zum Passo Duràn sind es noch mindestens eineinhalb Stunden auf nicht gerade komfortablen Wegen. Wir steigen durch Latschenfelder ein gutes Stück ab, um an einem mächtigen Kammausläufer der Moiazza vorbeizukommen. Zuletzt führt der Sentiero Angelini (Nr. 578) leicht auf und ab durch Latschengeröll, Waldparzellen und eventuell auch einige feuchte Abschnitte, ehe sich am Ende einer sehr langen zweiten Etappe der Kreis am Ⓔ **Passo Duràn** schließt.

Rund um den Monte Pelmo

Panoramawanderung im Banne eines Giganten

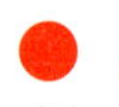    

mittel 12 km 900 m 5.30 Std.

Tourencharakter
Mittelschwere Bergwanderung, die bei der Überschreitung der Forcella Val d'Arcia solide Trittsicherheit in steilen, geröllreichen Passagen verlangt. An der Südflanke einfache, nahezu horizontale Strecken.

Ausgangspunkt
Passo Staulanza (1766 m), Straßenpass zwischen Val Fiorentina (bzw. Caprile im Agordino) und dem Val di Zoldo

Öffentliche Verkehrsmittel
Im Sommer Busverbindung über den Passo Staulanza

Höchster Punkt
Forcella Val d'Arcia (2476 m)

Gehzeiten
Passo Staulanza – Rifugio Venezia 2¼ Std. – Forcella Val d'Arcia 1¾ Std. – Passo Staulanza 1½ Std.; insgesamt 5½ Std.; mit Schleife über das Rifugio Città di Fiume 6½ Std.

Aufstieg/Abstieg
Insgesamt etwa 900 Hm

Beste Jahreszeit
Ende Juni bis Mitte Oktober

Hütten/Einkehr
Rifugio Passo Staulanza (Tel. 0437/78 85 66), Rifugio Venezia (Tel. 0436/96 84), Rifugio Città di Fiume (Tel. 0437/72 02 68)

Karte
Tabacco, 1:25 000, Blatt 025 »Dolomiti di Zoldo, Cadorine e Agordine«

Als mächtiger, isoliert stehender Bergklotz beherrscht der Monte Pelmo sowohl das obere Zoldano als auch Teile des Cadore. Es ist ein wahres Ungetüm von Berg, das da steilwandig aus sanften Wald- und Wiesenwellen über den Talschaften emporragt. Und auch von weit her ist die kolossale Felsmasse des Pelmo unverkennbar und Richtpunkt im Panorama vieler Dolomitenberge.

Via Rifugio Venezia zur Forcella Val d'Arcia Der Pelmo bietet die Möglichkeit einer Umrundung auf engem Zirkel, für jeden durchschnittlich geübten und ausdauernden Bergwanderer eine überaus reizvolle Tagestour mit herrlichen Panoramablicken in die Zoldaner und Ampezzaner Bergwelt sowie gewaltigen Nahimpressionen vom Pelmo selbst. Dessen Wände bauen sich geradezu monumental über unserem Weg auf. Die Tour beginnt leicht um den Südsockel des Massivs herum, gewinnt aber

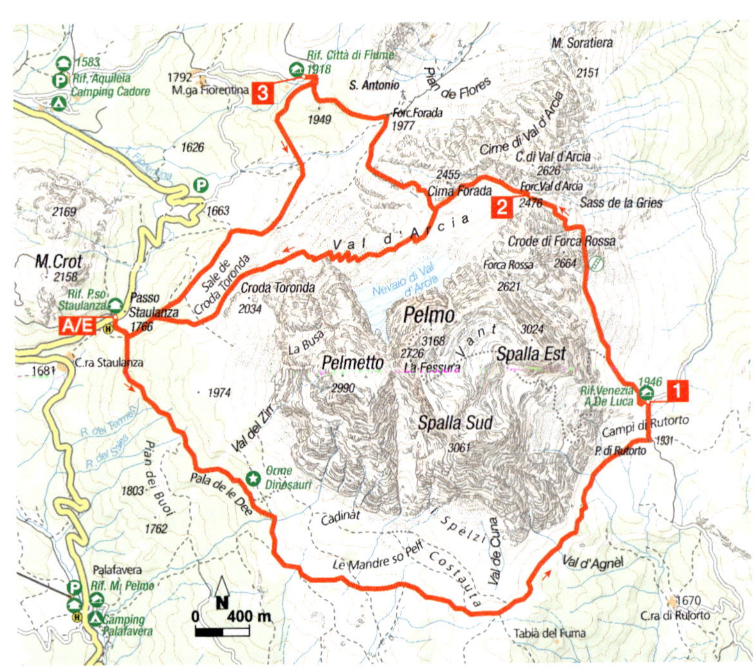

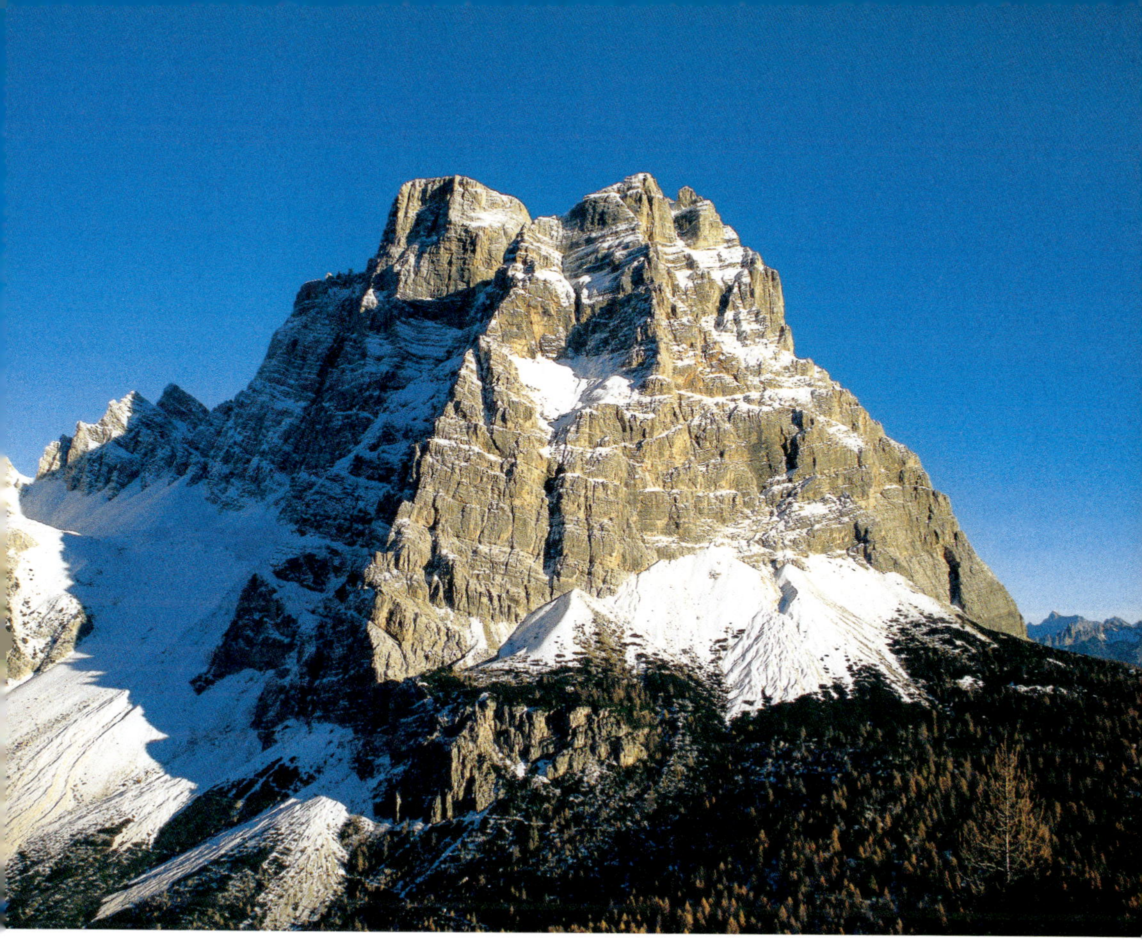

Der Monte Pelmo, hier in der Westansicht, zählt ohne Zweifel zu den formgewaltigsten Bergen in den Dolomiten.

hinauf zur Forcella Val d'Arcia deutlich an alpiner Strenge und läuft nach gleichfalls rauem Abstieg wieder gutmütig an der Forcella Staulanza aus – in des Wortes doppelter Bedeutung eine runde Sache!

Nach kurzem Bergauf vom **Ⓐ Passo Staulanza** umrundet der Höhenweg Nr. 472 die Südseite des Massivs auf relativ gleichbleibendem Niveau von rund 1900 Meter Höhe. Dabei quert man meist durch Latschenfelder oder lichte Lärchenbestände. Zwischendurch zweigt ein Stichweg zu den prähistorischen Dinosaurierabdrücken unterhalb des Pelmetto ab (hin und zurück etwa 30 Minuten zusätzlich). Von der Kuppe des Col de le Crepe Cavaliere wandern wir weiter um die gewaltigen Abstürze des Pelmetto und der Südschulter (Spalla Sud) zu den Wiesenböden bei »I Lac«. Dahinter allmählich auf die Ostseite einschwenkend, wo sich Antelao und Sorapìss ins Bild schieben. Nach Zwischenabstieg zu einem Graben wird der Passo di Rutorto (1931 m) überschritten. Wenige Minuten dahinter befindet sich das **❶ Rifugio Venezia** (1946 m), Ausgangspunkt für den Pelmo-Normalweg über die berüchtigte Cengia di Ball. Diesem folgt man ein Stück in die Geröllhalden hinein, hält sich dann jedoch an die rechts weiterführende Trasse des Sentiero Flaibani (Nr. 480) und peilt im Schräganstieg die Lücke neben P. 2290 an. Aus dem Schärtchen links an den Felsen etwas auf und ab (Drahtseile), schließlich in den steilen, widerborstigen Geröllschlauch, der ziemlich mühsam bis zur **❷ Forcella Val d'Arcia** (2476 m) emporleitet.

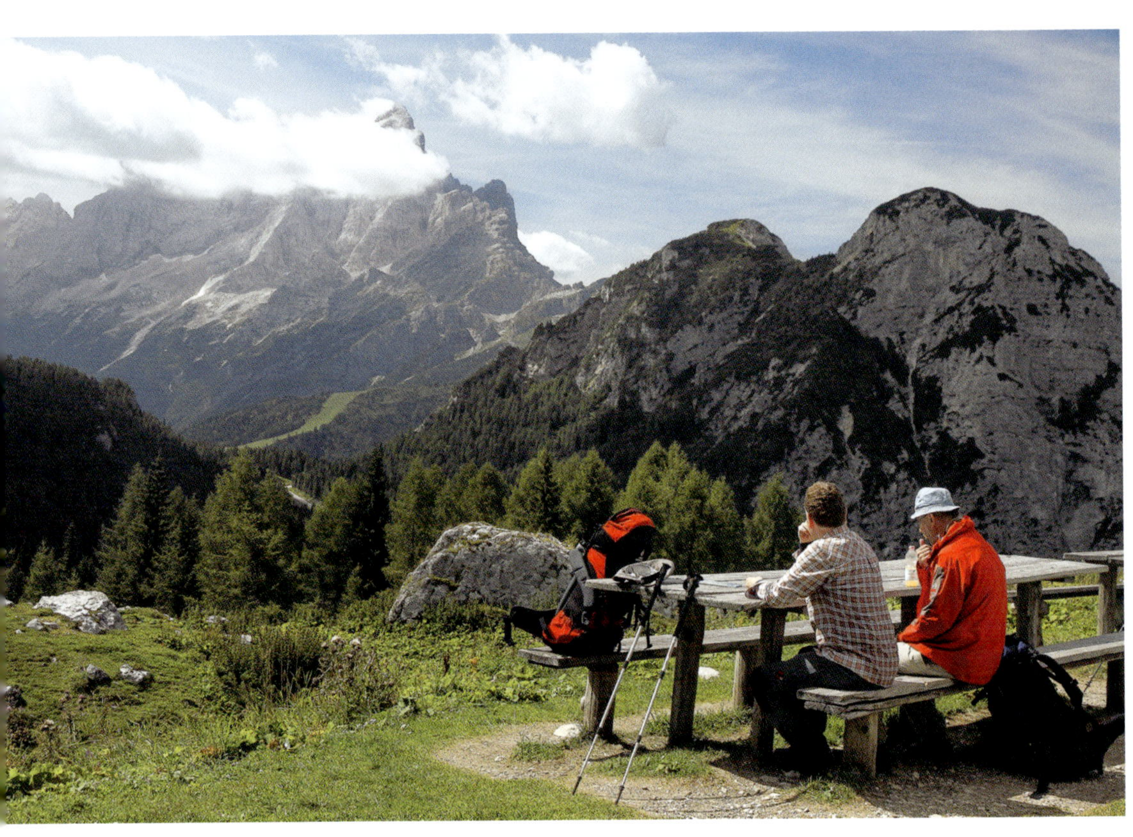

Oben: Bei einer Rast am Rifugio Città di Fiume blickt man auf die Civetta. Unten: Rauer Abstieg jenseits der Forcella Val d'Arcia

Zwei Abstiegsvarianten Der Abstieg auf der Westseite ist ebenfalls steil, wobei wir uns ganz auf die rechte Seite des Geröllkessels begeben. Bei einer Karverflachung kommt man zu einer Gabelung, von der linker Hand direkt durchs Val d'Arcia abgestiegen werden kann. Der Weg führt dicht am Sockel des Pelmetto vorbei und bringt uns damit zurück zum Passo Staulanza.

Rund eine Stunde länger ist die Schleife über das Rifugio Città di Fiume. Dazu rechts über grasbewachsene Hänge in Kehren bergab, bis Felsabbrüche die Route in eine steile Schlucht zwingen. In dieser etwas heiklen Passage ist nochmals volle Konzentration gefordert, ehe am Sockel ein besserer Weg die Führung übernimmt und uns – nach kurzem Gegenanstieg zur **Forcella Foràta** (1977 m) – durch lichten Wald zum ❸ **Rifugio Città di Fiume** (1918 m) bringt. Welch toller Rückblick in die Nordwand! Von der Hütte quert Weg Nr. 472 durch Latschenfelder und frei liegende Schuttreißen in Grundrichtung Südwesten zurück zum Ⓔ **Passo Staulanza**.

Durch die Bosconerogruppe

Von der Forcella Cibiana bis nach Longarone

26

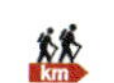

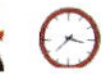

schwer 20 km 1620 m 10.30 Std. (2 Tage)

Tourencharakter
Streckenweise anspruchsvolle Weganlage durch ruppig-südalpine Gefilde, einige gesicherte Passagen, in Abschnitten auch Steilschutt. Ab Bivacco Tovanella leichter, aber bis Longarone noch sehr weit. Trittsicherheit und gute Kondition wichtig, anderthalbtägige Tour.

Ausgangspunkt
Forcella Cibiana (1530 m), Straßenpass zwischen dem Cadore (Val del Bòite) und dem Val di Zoldo

Endpunkt
Longarone (473 m)

Öffentliche Verkehrsmittel
Busverbindungen von Longarone ins Val di Zoldo und Val del Bòite, auf der Passstraße aber nur bis Cibiana di Cadore (nicht über die Forcella Cibiana)

Höchster Punkt
Forcella de la Toanella (2150 m)

Gehzeiten
Forcella Cibiana – Forcella de le Ciavazole 1½ Std. – Rifugio Bosconero 1 Std. – Forcella de la Toanella 2½ Std. – La Porta de la Serra 2 Std. – Bivacco Tovanella ½ Std. – Longarone 3 Std.; insgesamt 10½ Std.

Aufstieg/Abstieg
Bis Rifugio Bosconero 470 Hm Aufstieg, 540 Hm Abstieg;
2. Etappe ca. 1150 Hm Aufstieg, 2130 Hm Abstieg

Beste Jahreszeit
Ende Juni bis Ende September

Hütten/Einkehr
Zwei Gasthäuser an der Forcella Cibiana: Rifugio Remauro (Tel. 0435/742 73) und Baita Dèona (Tel. 0435/54 01 69), Rifugio Casera Bosconero (Tel. 338/371 38 70)

Karte
Tabacco, 1:25 000, Blatt 025 »Dolomiti di Zoldo, Cadorine e Agordine«

Die Durchquerung der Bosconerogruppe bildet den letzten Teil des Dolomiten-Höhenweges Nr. 3 und erschließt damit eines der wohl ursprünglichsten Bergreviere zwischen Eisack und Piave. Schon der Name (»Schwarzer Wald«) mutet irgendwie geheimnisvoll an. So darf es nicht verwundern, dass wir es hier mit einer wildromantischen Unternehmung zu tun bekommen, die einige alpine Erfahrung verlangt.

Auf dem Dolomiten-Höhenweg Nr. 3 Von der Ⓐ **Forcella Cibiana**, wo die ehemalige Militärstraße zum Messner Mountain Museum auf dem Monte Rite ansetzt und das Rifugio Remauro sowie die Baita Dèona Unterkunft bieten, geht es in südlicher Richtung anfangs auf einem Fahrweg an einigen Heuschobern (hier Tabià genannt) vorbei. Dann übernimmt ein Steig unsere Führung und zieht über die Casera Copàda Alta zunächst sachte, später kurzfristig steiler bis in die ❶ **Forcella de le Ciavazole** (1994 m) hinauf. Erstmals erblicken wir die gewaltigen, bis zu 1000 Meter hohen Wände und Kanten von Rocchetta Alta, Sasso di Toanella und Sasso di Bosconero – das Herz der Gruppe. Auf der linken Seite ganz nah erheben sich die Sfornioi mit ihren markant gebogenen Felsschich-

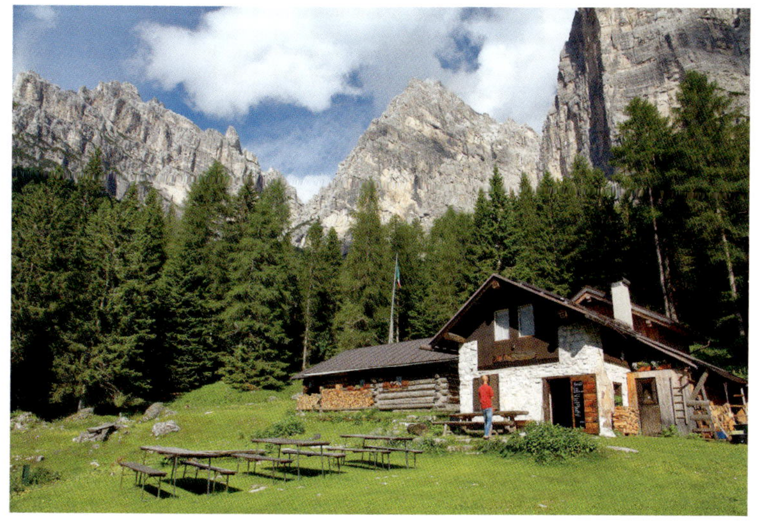

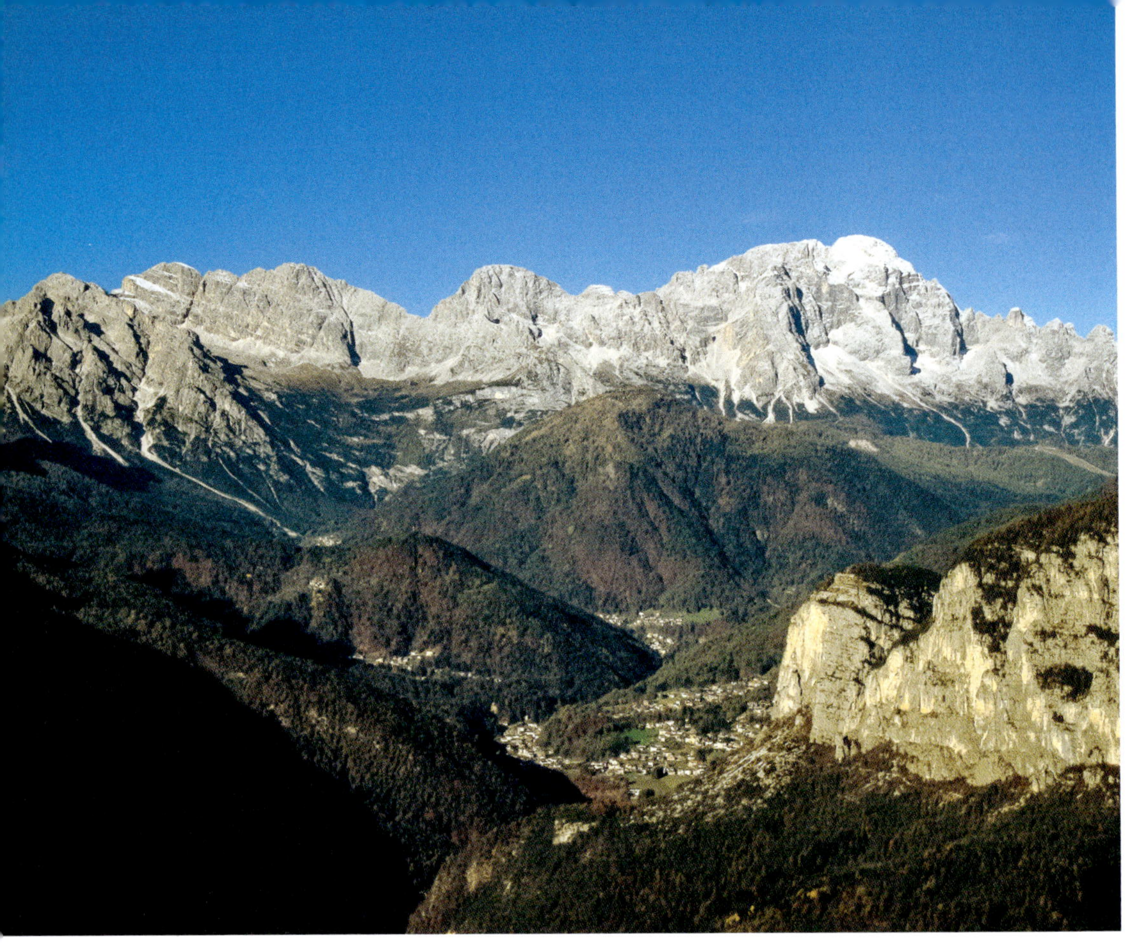

Fantastischer Panoramablick ins waldreiche Val di Zoldo, wo die Civetta-Moiazza-Gruppe den Horizont beherrscht

ten. Nach Abstieg durch eine steile Geröllrinne könnte man mit Markierung Nr. 482 gleich unterhalb der Felsen queren. Doch wird normalerweise eine Übernachtung im unterhalb gelegenen ❷ **Rifugio Casera Bosconero** (1457 m), einer umgebauten Almhütte, vorgesehen. Es ist im übrigen ein beliebtes Basislager für die regionale Klettergilde.

Der Gegenanstieg zum nächsten Übergang kann durchaus als Schinder bezeichnet werden, lässt sich ausgeruht am nächsten Morgen aber wohl noch am besten bewältigen. Man gelangt dabei über die Waldzone hinaus gegen die Wand der Rocchetta Alta und müht sich über die zwischen ihr und dem Sasso di Bosconero eingelagerten Geröllreißen auf Steigspuren bis in die ❸ **Forcella de la Toanella** (2150 m) empor. An der Ostseite des Sasso di Toanella wird ein zwischenzeitlicher Höhenverlust über steile Schrofen wieder ausgeglichen. Nach einem kammnahen Wegstück wechseln wir an der ❹ **Forcella del Viàz de le Ponte** auf die Zoldaner Westseite und werden beim kniffligen Abstieg durch eine Rinne von Sicherungen unterstützt. Am Auslauf in die Latschenzone links um den Felssockel herum und im weiteren Verlauf wieder mehrheitlich schräg ansteigend über mehrere Rinnen hinweg. Die originellste Passage erleben wir an einem Kriechband, das etwas Geschicklichkeit verlangt, aber ebenfalls durch Drahtseile entschärft ist. Stets am Sockel der Felsen verbleibend, nähern wir uns über typische Karschuttreißen mit einem leichten Rechtsbogen der Porta de la Serra. Nach dem Überstieg erreicht man durch teils et-

Vorherige Seite: Im urigen Rifugio Bosconero wird Quartier bezogen.

was unübersichtliche Latschengassen und zuletzt einen Graben nach links kreuzend das **5** **Bivacco Tovanella** (1688 m) auf der Casera Pezzèi. Es macht allerdings keinen allzu einladenden Eindruck. Immerhin sind die wandertechnischen Schwierigkeiten jetzt passé, auch wenn der Talort Longarone noch in weiter Ferne liegt. Wir bleiben dem 482er treu und müssen zur Wiesenschulter an der **Costa del Dóu** (1840 m), dem Südwestrücken der Cima de l'Albero, allmählich nochmals ein paar Höhenmeter gewinnen. Die Belluneser Dolomiten mit Prampèr-, Talvena- und Schiaragruppe zeigen sich wie ein aufgeschlagenes Buch. Dahinter schmiegt sich unser Weg vorzüglich an die Hänge. Diverse Rinneneinschnitte ausgehend gelangen wir auf angenehme Art und Weise tiefer – via Col da Luni (1383 m), Pian da Costa und Col da Lol, wo ein gemauerter Bildstock steht. Im verzweigten Wegenetz oberhalb von Podenzoi achten wir gut auf die Bezeichnung und lassen die außergewöhnliche Tour durch Laubwälder im Dorf der verheerenden Stauseekatastrophe von 1963 ausklingen. In **E** **Longarone** starben damals 2000 Menschen!

Über die Forcella de le Ciavazole treten wir ins Herz der Bosconerogruppe ein.

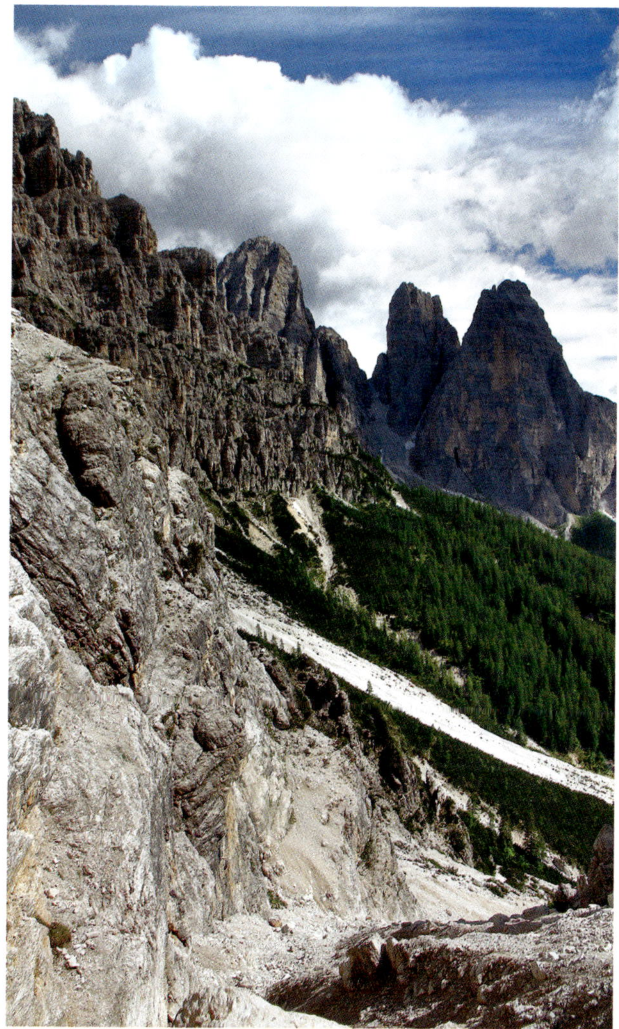

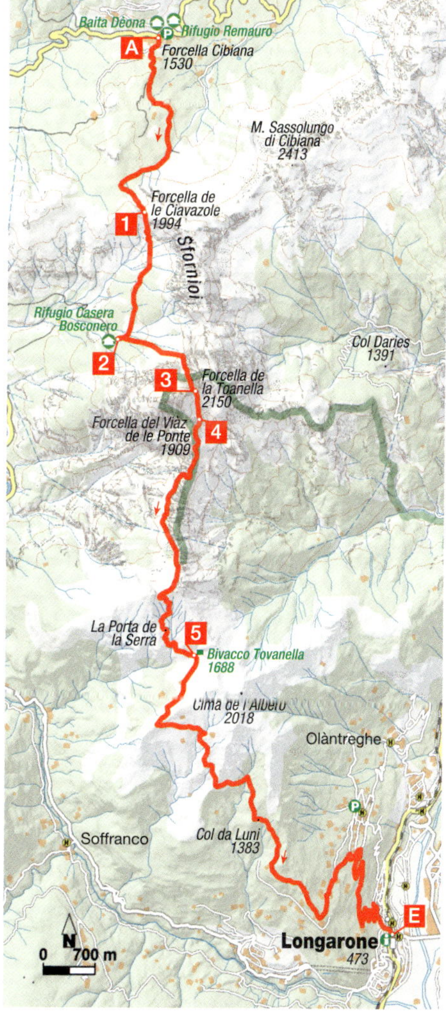

Südtraverse des Antelao

Wenig begangene Höhenwege im Cadore

mittel 18 km 1440 m 8.15 Std.

Tourencharakter
Sehr langwierige Bergwanderung, zumeist auf Waldpfaden, die teils komfortabel, teils recht schmal verlaufen. Im höheren Abschnitt oft geschickt angelegte Bergwege. Trittsicherheit vorteilhaft, obwohl eigentlich keine anspruchsvollen Stellen. Bei Nässe hier und da lästig.

Ausgangspunkt
Borca di Cadore (960 m), im Val del Bòite; Zufahrt über Cortina d'Ampezzo Richtung Belluno. Diverse Parkmöglichkeiten im Verlauf der Bergstraße nach Corte, aufgrund der Rückkehr per Bus jedoch am besten nahe der Hauptverbindung im Tal.

Endpunkt
Valle di Cadore (840 m), ebenfalls im Val del Bòite (Bushaltestelle)

Öffentliche Verkehrsmittel
Linienbusverbindung zwischen Calalzo di Cadore und Cortina d'Ampezzo (über Valle und Borca)

Höchster Punkt
P. 2119 nahe der Forcella Cadin

Gehzeiten
Borca di Cadore – Busa della Ciaudera 1½ Std. – La Glories 1¾ Std. – Forcella Cadin 1½ Std. – Forcella Piria ½ Std. – Rifugio Antelao 1 Std. – Valle di Cadore 2 Std.; insgesamt 8¼ Std.

Aufstieg/Abstieg
Etwa 1440 Hm Aufstieg und 1560 Hm Abstieg

Beste Jahreszeit
Mitte Juni bis Mitte Oktober

Hütten/Einkehr
Rifugio Antelao (Tel. 0435/753 33)

Karte
Tabacco, 1:25 000, Blatt 016 »Dolomiti del Centro Cadore«

Als zweithöchster Berg der Dolomiten kommt dem Antelao eine gewichtige Bedeutung zu. Alles ringsherum ist Wucht und Masse, weithin schroff und ungezähmt. Reine Bergwanderer werden hier eher auf Abstand gehalten. Trotzdem versuchen wir eine Traversierung der Südseite, die vielleicht kein optimaler Panoramaweg unter dem Genussaspekt ist, aber allemal Beachtung verdient. Sie führt von Borca nach Valle di Cadore.

Am »König der Dolomiten« Diese Tour veranlasst den Verfasser, an dieser Stelle einmal einen kleinen Einblick in seine Recherchearbeiten zu gewähren. Von zahlreichen Wanderungen, aber auch zünftigeren Gipfelbesteigungen sind mir die Dolomiten inzwischen wirklich gut bekannt. Und ich mache keinen Hehl daraus, dass mir gerade auch die südlichen Bereiche – in die sich deutschsprachige Bergfreunde ja leider eher seltener begeben – sehr ans Herz gewachsen sind, was in meinen Publikationen auch gern Berücksichtigung findet. Doch unter dem speziellen Thema »Panoramawege« tue ich mich damit ein bisschen schwerer als gewohnt. Denn zum einen ist hier die touristische Infrastruktur spärlicher, das Netz der Wanderwege nicht so engmaschig wie etwa in den

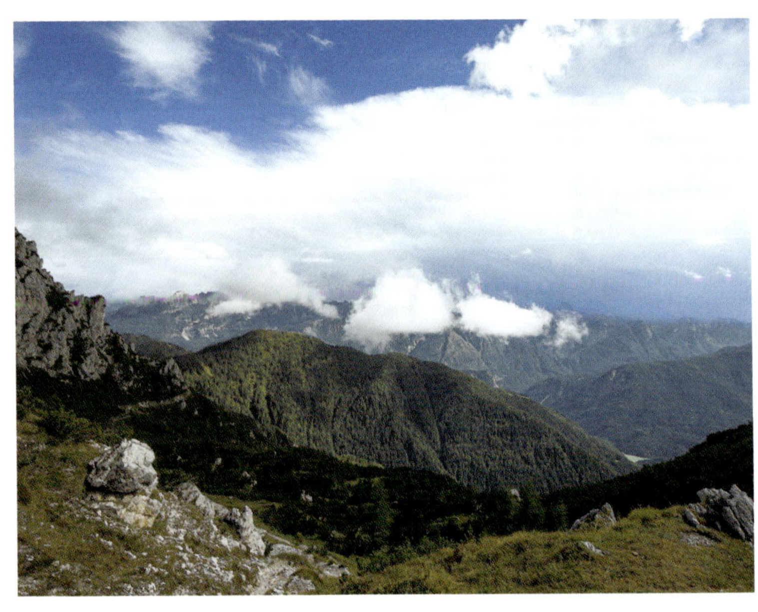

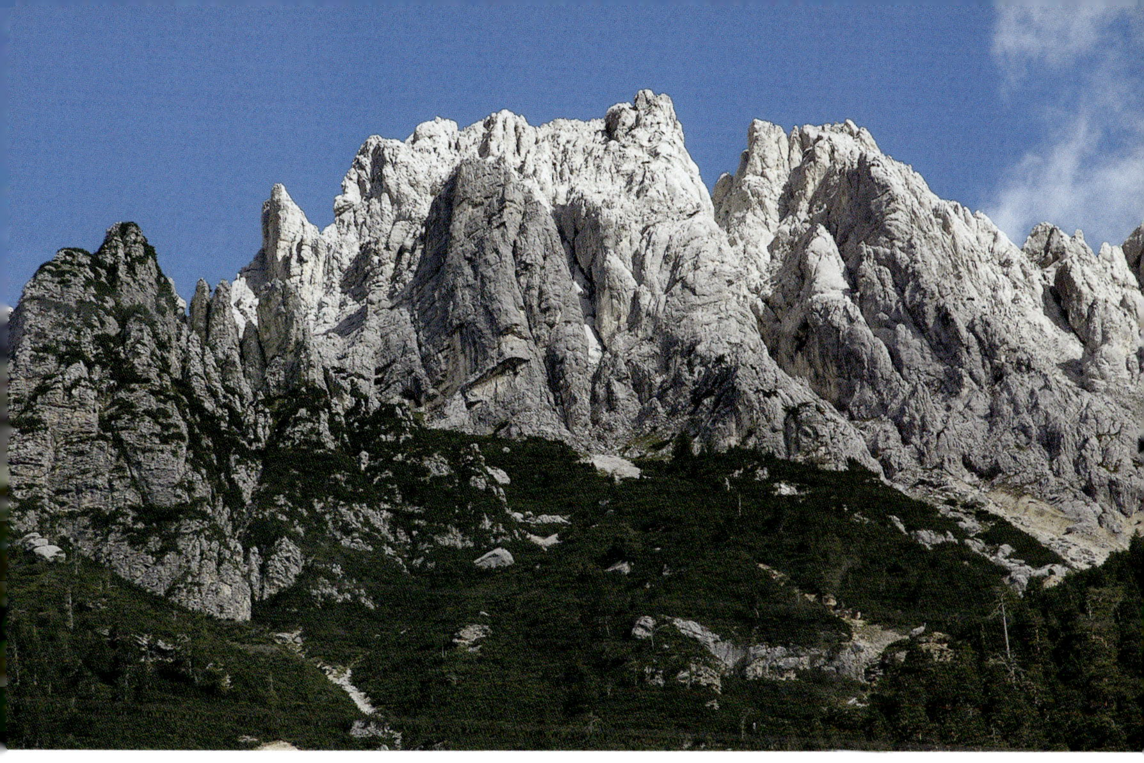

Südtiroler Dolomiten. Und zum anderen geht es dabei oft ziemlich wild her, sodass der typische Genusswanderer – den dieses Buch wohl in erster Linie anspricht – häufig nur eingeschränkte Möglichkeiten für praktikable Tagestouren vorfindet. Immerhin konnte ich an der Südseite des stolzen Antelao eine interessante Streckenwanderung ausfindig machen. Sie verbleibt vorerst zwar längere Zeit am Waldsockel mit nur gelegentlichen Ausblicken, reift aber hinüber zum Rifugio Antelao doch noch zu einem wunderbaren Höhenweg heran. Die persönliche Erkundung brachte instruktive Einblicke in die Bergwelt des Cadore und entbehrte im Übrigen nicht einer gewissen Dramatik. Die Gewitterstimmung verursachte im schutzlosen Gelände zuerst ein etwas mulmiges Gefühl, schließlich aber doch eine große Freude für das Fotografenherz …

Wilde Felslandschaften prägen den Antelao nicht nur auf der Südseite.

Linke Seite: Über den Südlichen Dolomiten zieht gerade ein Gewitter ab.

Zur Forcella Cadin Der Beginn der Tour ist eher wenig erbaulich, wenn wir von Ⓐ **Borca di Cadore** auf einer Asphaltstraße die Kehren durch die in Kiefernwälder eingebettete Feriensiedlung Corte vollziehen. Man orientiert sich hier an der Bezeichnung »Villa 100« – die einzelnen Hüttchen sind entsprechend durchnummeriert. Am oberen Ende geht die Straße in den CAI-Weg Nr. 232 über und führt rechts von einer mächtigen Reiße (Rovina di Cància) bergwärts. Man erkennt, dass von ihr für die Umgebung eine erhebliche Murengefahr ausgeht.

In der ❶ **Busa della Ciaudera** (P. 1473) trifft der kleine Pfad auf den Flankenweg Nr. 230. Diesem folgen wir nach rechts, kreuzen dabei in Abständen einige geröllige Gräben und

Tipp

Wer sich fragt, welchen Kurs denn die Dolomiten-Höhenwege Nr. 4 und 5 in diesem wilden Revier nehmen: Sie treten – vom Rifugio San Marco kommend – an der Forcella Piccola ins Reich des Antelao ein und machen beim **Rifugio Galassi** (2018 m) Station. Anspruchsvoll ist die Überschreitung der **Forcella del Ghiacciaio** (2584 m), bevor man fast bis zum Pian de l'Antelao absteigt und nahe der Forcella Piria auf unseren Weg stößt.

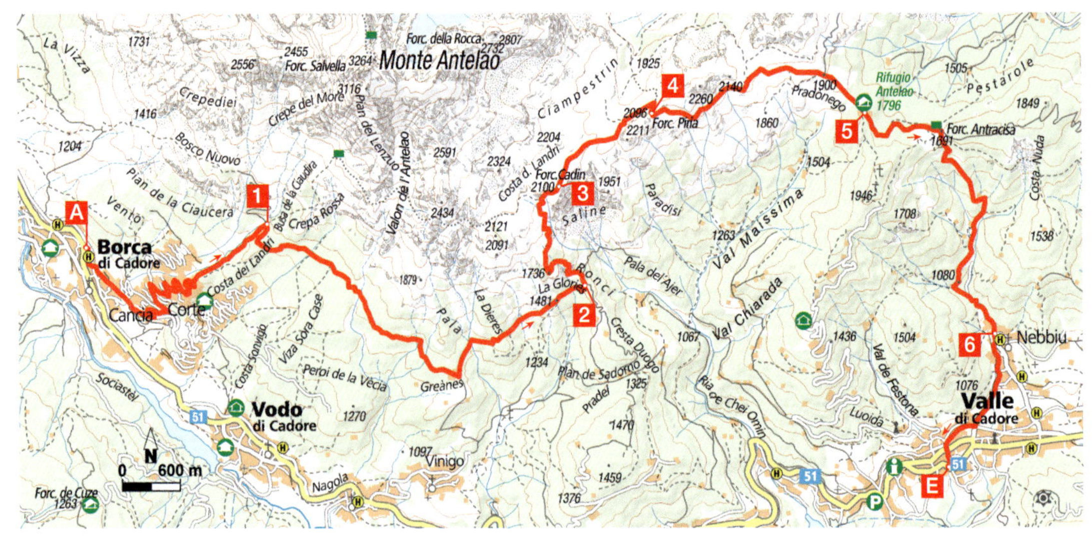

achten vor allem bei der Rovina Rudàn gut auf die Fortsetzung. Bis Greànes geht es meist bequem entweder horizontal oder leicht fallend dahin. Nach einem Linksabzweig wird der Verlauf Richtung ❷ **La Glories** dann verschlungener mit etwas mehr Auf und Ab, bevor mit der Einmündung von Weg Nr. 236 die Hauptsteigung zur Forcella Cadin beginnt. Bald einmal laviert der Pfad geschickt zwischen Felsen empor, danach schraubt er sich eher durch Latschen- und lichte Waldhänge. Bei einem Felsüberhang erkennen wir die links wegziehende, jedoch nicht bezeichnete Spur des Sentiero Bortolo de Lorenzo (ein wirklich wilder Weg!), während wir an dieser Stelle rechts abdrehen und die ❸ **Forcella Cadin** (2100 m) gewinnen.

Panorama- oder Weidegenuss? Das ist hier die Frage! Und von den Ansprüchen abhängig, die der jeweilige Betrachter stellt …

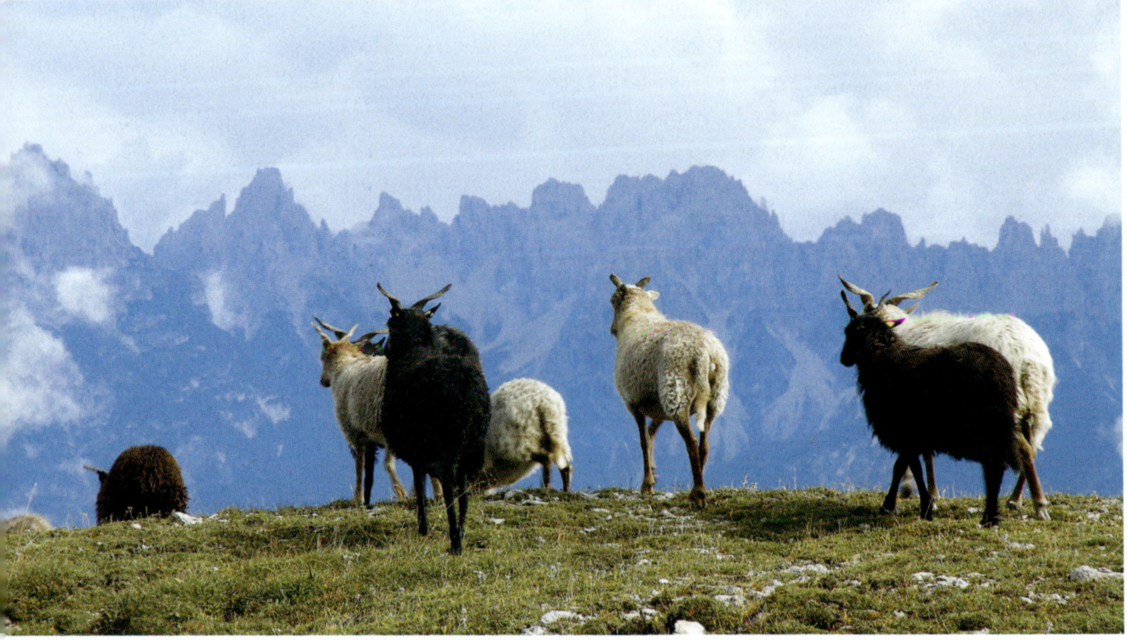

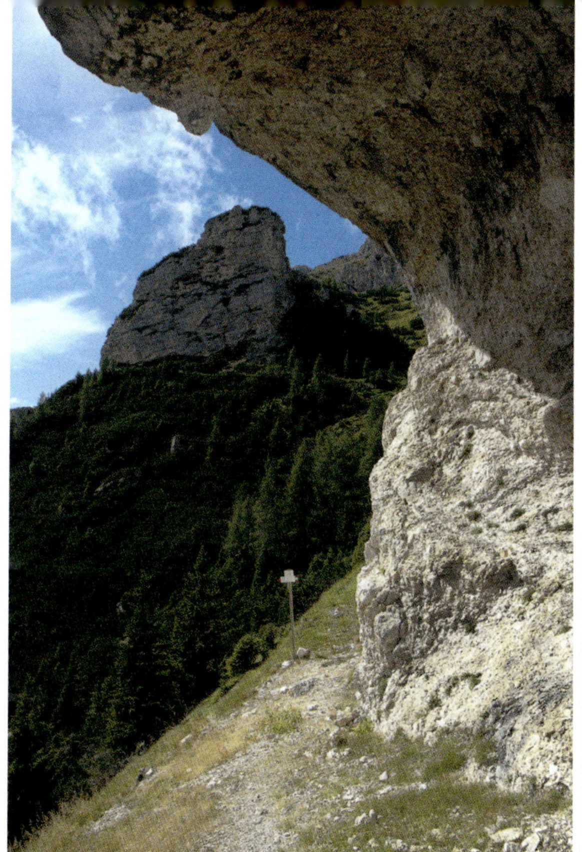

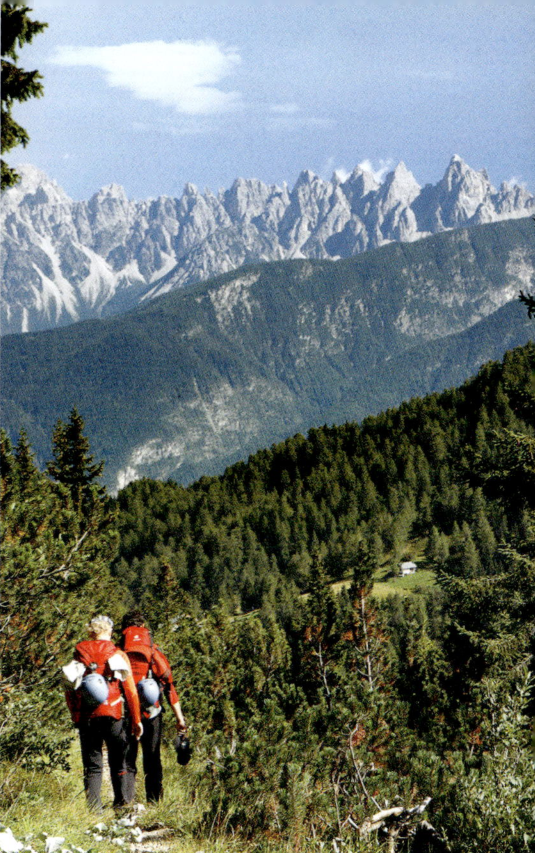

Oben links: Landschaftsbild knapp unterhalb der Forcella Cadin

Oben rechts: Auf dem Höhenweg zum Rifugio Antelao faszinieren uns am Horizont die Dolomiti d'Oltre Piave, wie die Südlichen Karnier auch genannt werden.

Auf den Dolomiten-Höhenwegen Nr. 4 und 5 Längst hat sich die Aussicht über die südlichen Randgruppen der Dolomiten geweitet: die Schiara, der Bosconero und jenseits des Piave schon die Monfalconi. Erstaunlicherweise erreichen wir jetzt recht weitläufige, wellige Plateauflächen, auf denen Schafe weiden – überragt von den Ostabstürzen des Antelao. Überhaupt ein großartiger Szenenwechsel! Man quert links unterhalb des Grates, fädelt in den vom Rifugio Galassi herüberlaufenden Dolomiten-Höhenweg ein (lokale Nr. 250) und überschreitet gleich darauf die ❹ **Forcella Piria** (2096 m). Im wohl schönsten Abschnitt schneidet unser Weg die Südseite der Crode de San Piero und verliert bei herrlichen Ausblicken bis in die Südlichen Karnischen Alpen ganz allmählich an Höhe. Wir tauchen wieder in lichten Wald ein und erreichen aus einer kleinen Einsattelung das pittoreske ❺ **Rifugio Antelao** (1796 m).

Hier ist nach sechs bis sieben Wanderstunden gutes Rasten in perfekter Südalpenidylle. Weitwanderer auf den Dolomiten-Höhenwegen Nr. 4 und 5 (die übrigens in Innichen bzw. Sexten beginnen) beziehen im Rifugio Antelao ihr letztes Quartier vor dem Schlussabstieg nach Pieve di Cadore. Wir schlagen indes nach einem kurzen Abschnitt auf einer Schotterstraße bei der **Forcella Antracisa** (1693 m) die Abkürzung Richtung Nebbiù ein. Mit Nr. 254 geht es rechts hinunter und teils hohlwegartig in den Waldgraben des Ru Manilongo. Unten rechts vom Bach und hinaus ins Dorf ❻ **Nebbiù** (956 m), wo man sich am besten schräg rechts hält, um in Ⓐ **Valle di Cadore** den Bus Richtung Cortina zu erwischen. Anstrengend war's allemal, aber das gehört bei Touren in den südlichen Dolomiten ja meistens dazu und erhöht den Erlebniswert nicht unerheblich.

Strada Sanmarchi und Sentiero Minazio

Im Bannkreis von Marmarole und Sorapìss

schwer 17 km 2150 m 14.30 Std. (2 Tage)

Tourencharakter
Sehr fordernde, stellenweise klettersteigartig ausgebaute Höhensteige in abgelegenen Gefilden. In allen Belangen anspruchsvoll, nur für erfahrene Berggänger bei guten Verhältnissen! Sehr lang, mindestens eine Übernachtung in einer Biwakschachtel.

Ausgangspunkt
Ponte degli Alberi (1134 m), im Val d'Ansiei. Zufahrt von Cortina über den Passo Tre Croci, von Toblach über Misurina oder von Auronzo her.

Öffentliche Verkehrsmittel
Busverbindung zwischen Cortina und Auronzo

Höchster Punkt
Nahe der Forcella Croda Rotta (2569 m)

Gehzeiten
Ponte degli Alberi – Bivacco Musatti 3 Std. – Forcella del Mescol 1 Std. – Forcella Croda Rotta 1¾ Std. – Bivacco Voltolina 2½ Std. – Val di San Vito 1½ Std. – Bivacco Comici 3 Std. – Ponte degli Alberi 1¾ Std.; insgesamt 14½ Std. (2 Tage)

Aufstieg/Abstieg
Bis Bivacco Musatti 980 Hm Aufstieg, Strada Sanmarchi bis Bivacco Voltolina ca. 800 Hm Auf- und Abstieg, weiter bis Bivacco Comici ca. 370 Hm Aufstieg, 450 Hm Abstieg, Schlussabstieg 870 Hm; insgesamt rund 2150 Hm

Beste Jahreszeit
Anfang Juli bis Ende September

Hütten/Einkehr
Keine bewirtschafteten Hütten!

Karte
Tabacco, 1:25 000, Blatt 016 »Dolomiti del Centro Cadore«

Die wohl anspruchsvollste Tour dieses Bandes spielt sich in den Nordkaren der Marmarole sowie an der Ostflanke des Sorapìss ab. Es handelt sich um eine Kombination der grandiosen Strada Sanmarchi mit dem Sentiero Minazio, die gute Bergsteiger binnen zwei Tagen absolvieren können. Hier ist man garantiert weit abseits des »Mainstreams« unterwegs und erlebt die Dolomiten in einer seltenen Intensität.

Abenteuerpfade über dem Val d'Ansiei Allerdings ist die Unternehmung ausgesprochen ernsthaft und alles andere als ein gemütlicher Panoramabummel. Der Lockruf, in eine solch urtümliche Landschaft einzutauchen, verhallt in den Marmarole meist ungehört. Fast scheint sich hier eine psychologische Barriere aufzubauen, denn die Berge über dem Val d'Ansiei verstecken sich keineswegs. Nur ein paar Biwakschachteln stehen als spartanische Basislager zur Verfügung, was den starken Gegensatz etwa

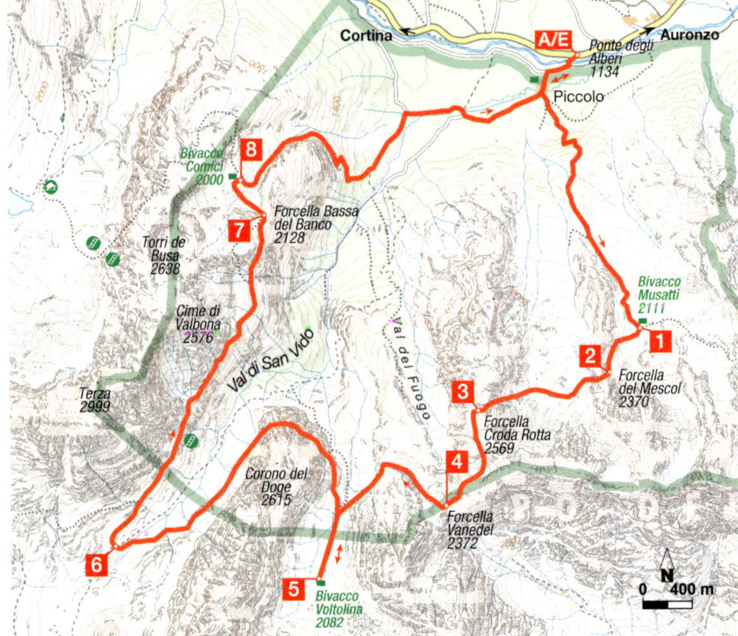

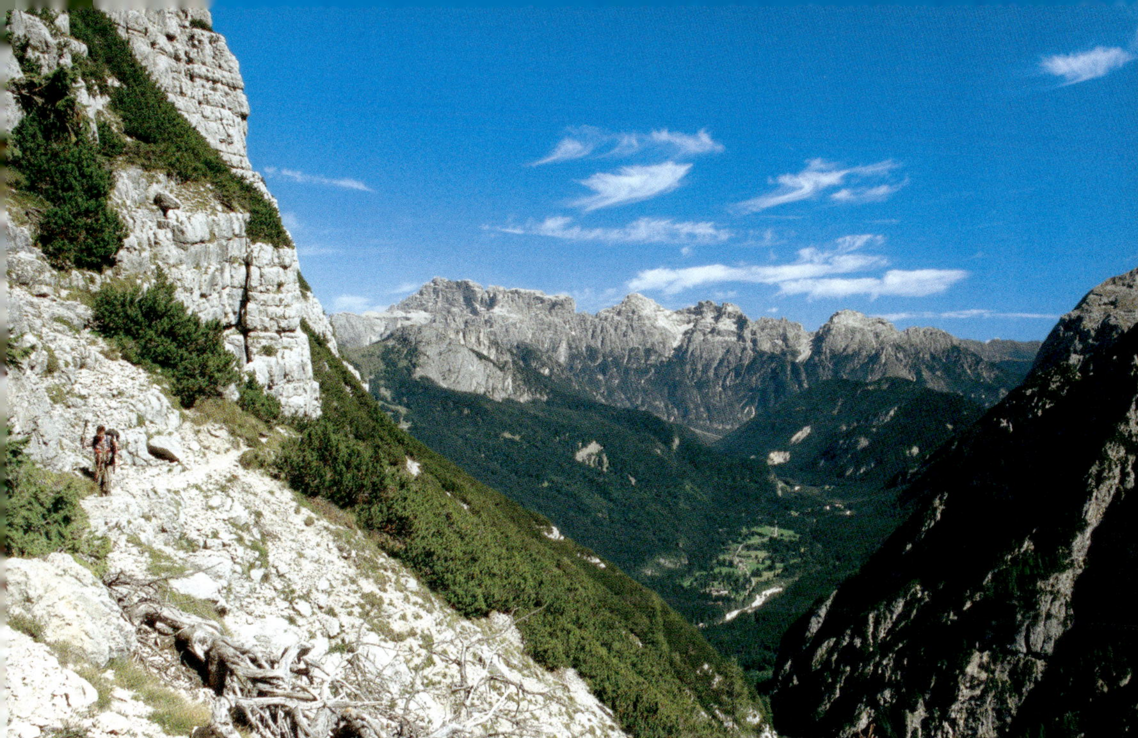

Der Sentiero Minazio bietet vorzügliche Ausblicke über das Val d'Ansiei auf die Südseite der Sextener Dolomiten.

zu den zentralen Sextener Dolomiten unterstreichen mag. Sind dort an jedem halbwegs schönen Sommertag Karawanen unterwegs, gibt es in den Marmarole vielleicht nur ein Aufeinandertreffen mit den Steinböcken. Wenn wir auf der Strada Sanmarchi von einem öden Kar zum nächsten wechseln, haben wir die Sextener (von der Rückseite) häufig im Blick und wähnen uns doch wie auf einem anderen Planeten. Der Sentiero Carlo Minazio wird im Rahmen des Sorapìss-Ringes relativ gesehen etwas häufiger begangen, gliedert sich aber vom Grundcharakter her vorzüglich ein.

Da bei dieser Tour die Planung und Vorbereitung besonders wichtig sind, an dieser Stelle noch ein paar praktische Hinweise: Als zweitägiges Programm ist das Unternehmen schon reichlich ambitioniert. Übernachtet wird dann im Bivacco Voltolina, wobei die erste Etappe aufgrund des beschwerlichen Zustiegs besonders happig ausfällt. Wer diese entzerren möchte, kann es sich zwischendrin auch im Bivacco Musatti häuslich einrichten. Besondere Bedeutung kommt dem Wasserhaushalt zu, denn spätestens ab Mitte des Sommers, wenn die letzten Schneefelder abgeschmolzen sind, ist es in diesen Bergen knochentrocken. Und der Durst wird vermutlich groß sein! Man gehe diese Tour also nur gut ausgerüstet, körperlich trainiert und bei stabilen, weitgehend nebelfreien Wetterbedingungen an. Auch wenn sowohl entlang der Strada Sanmarchi als auch am Sentiero Minazio das Gehgelände überwiegt, erscheinen diese Routen zuweilen in der Klettersteigliteratur. Technisch sind Schwierigkeiten bis zum Grad B zu meistern, wobei hinsichtlich des Gesamtanspruchs jedoch das raue Gepräge ins Kalkül zu ziehen ist. Und was soll nun eigentlich der Sinn dieser Strapazen sein? Ich kann es aus eigener Erfahrung nur folgendermaßen auf den Punkt bringen: Es ist der Reiz, eine abenteuerliche »Terra incognita« der Dolomiten hautnah und ohne Filter zu erleben …

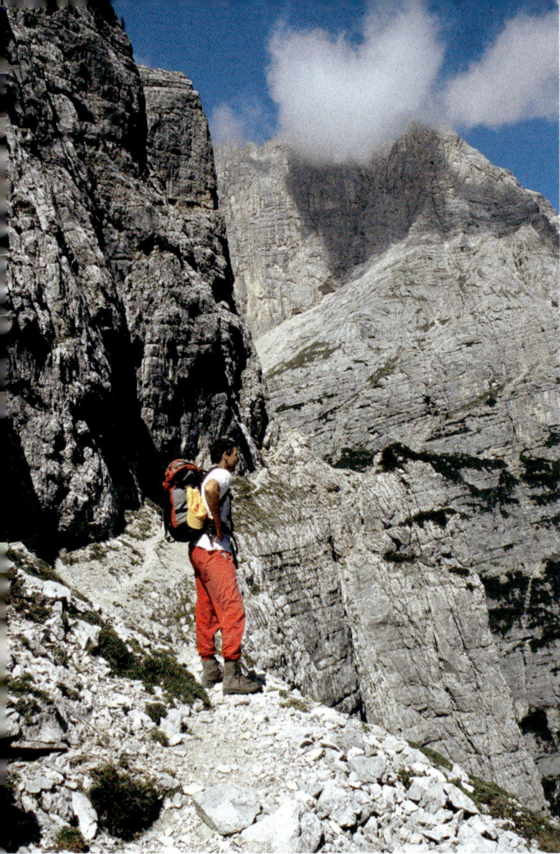

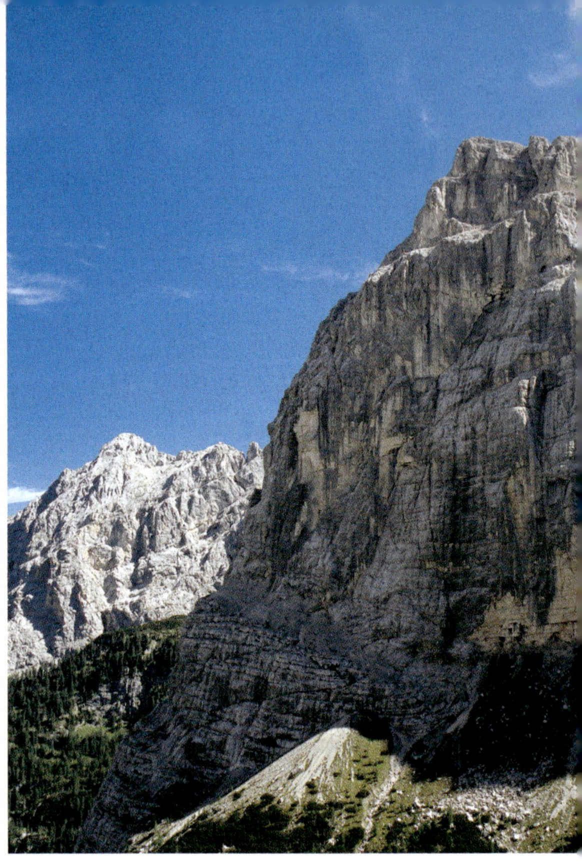

Oben links: Beeindruckende Felsszenerie auf der Cengia del Doge

Oben rechts: Den massigen Corno del Doge umkurvt die Strada Sanmarchi zu Beginn des zweiten Tages.

Durch die wilden Marmarole Nach Überschreiten des Ⓐ **Ponte degli Alberi** zweigen wir in Kürze mit Nr. 279 links ab und nehmen das Bergauf ins Kar Meduce di Fuori in Angriff. Durch Wald in die Latschenzone und anhaltend steil an die Wände zur Rechten heran. Nach einer gesicherten Stufe kommen wir an einer Quelle vorbei und erreichen oberhalb der Karschwelle das ❶ **Bivacco Musatti** (2111 m). Nun an einem bewachsenen Hang weiter und rechts haltend im gesicherten Steilschrofenanstieg – recht knackig in einer kurzen Rinne – bis unter die Wände des Mescol. Hier führt eine Grasterrasse schräg links weiter, zuletzt in eine luftige, gesicherte Schichtbandrampe überleitend. Damit bringen wir hinauf zur ❷ **Forcella del Mescol** (ca. 2370 m) eine der heikelsten Passagen der Tour hinter uns.
Jenseits wird auf passabler, nicht so extrem steiler Spur in die Blockmulde Meduce di Dentro abgestiegen. Man durchquert das Kar und begibt sich am Gegenhang wieder aufwärts. Hier steht bald eine Kaminrinne bevor, die mittels zehn kurzer Leitern überwunden wird (Steinschlaggefahr aus dem Schuttfeld, das man anschließend betritt). Nun auf der linken Seite des zerklüfteten Croda-Rotta-Kammes weiter hoch. Man wechselt durch die Scharte der ❸ **Forcella Croda Rotta** (2569 m), steigt nachfolgend aber noch ein paar Meter bis zu einer Rippe an. Erst dahinter geht es nach kurzer Bänderquerung am Schutthang bergab. Unterbrochen noch durch einen kleinen Gegenanstieg links an den Wänden der Cresta Vanedel, wird zuletzt mit einem gesicherten Steilstück in die enge ❹ **Forcella Vanedel** (2372 m) abgeklettert. Aus dieser unmittelbar über eine ebenfalls gesicherte Stufe heraus, anschließend jedoch bergab, und zwar im gestuften Fels links der nordwärts hinunterschießenden Rinne.

Später queren wir durch den Schutt am oberen Rand einer begrünten Mulde und passieren auf luftigem Gesims den Nordsporn der Croda de Marchi, um ins Val di Mezzo einzuschwenken. Dort empfängt uns etwas oberhalb das 5 **Bivacco Voltolina** (2082 m).

Rund ums Val di San Vito Am nächsten Morgen steigt man wieder kurz zum Höhenweg ab, der sich über das Band der Cengia del Doge fortsetzt. Es umläuft sehr anregend und vorübergehend schmal den massigen Corno del Doge auf seiner Nordseite und leitet in eine breitere Schuttterrasse über, auf der wir allmählich in den Grund des 6 **Val di San Vito** (2047 m) absteigen. Mit Glück findet man hier Wasser. Außerdem kreuzt der normale Wanderweg Nr. 226 und der Sentiero Minazio zweigt nordwärts in die Flanke der Tre Sorelle am Sorapìssmassiv ab, wo er am latschengesäumten Felssockel längere Zeit quert. Man bewegt sich meist am oberen Rand des Krummholzes, das hoffentlich ganz gut freigeschlagen ist. Hin und wieder geht es über abschüssige, teils gesicherte Bänder dahin. Laufend leicht auf- und absteigend nähern wir uns dem Übergang an der 7 **Forcella Bassa del Banco** (2128 m) und lassen die Blicke zwischendurch mal ausgiebig schweifen. Im Osten staffeln sich die Kare und Gratrippen der Marmarole, die in ihrer Gesamtheit eine außerordentliche Wirkung entfalten. Kaum zu glauben, dass wir vor Kurzem noch mittendrin gesteckt haben. Nordwärts faszinieren die Cadini di Misurina, neben denen man den Zwölferkofel und andere Sextener Gipfel erst einmal identifizieren muss.
Kurz vor Erreichen des 8 **Bivacco Comici** (2000 m) zweigt rechter Hand der Sentiero Brovedani (Nr. 227) talwärts ab. Auch dieser verlangt im Verlauf um eine Felsnase herum die gewohnte Trittsicherheit, ehe er im Wald des unteren Val di San Vito ausläuft. Von dort sind es noch zwei Kilometer zurück zum E **Ponte degli Alberi**.

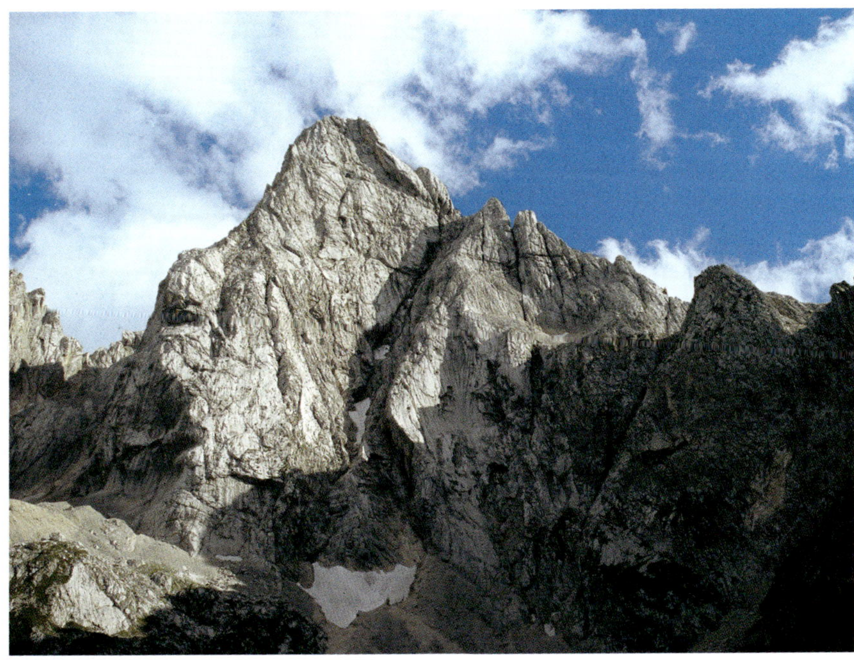

Der Campanile San Marco im Karschluss des Meduce di Fuori

Große Giau-Runde

Zwischen Croda da Lago und Nuvolau

   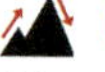 

mittel 16 km 700 m 7.00 Std.

Tourencharakter
Überwiegend recht gute, nur selten steile Bergwanderwege, für die elementare Trittsicherheit ausreichend ist. Aufgrund der Gesamtstrecke relativ hohe konditionelle Anforderungen.

Ausgangspunkt
Ponte de Rucurto (1708 m), an der Straße von Cortina d'Ampezzo zum Passo Giau

Öffentliche Verkehrsmittel
Kein Busverkehr über den Passo Giau. Man kann von der Falzaregostraße (Haltestelle beim Rifugio Bàin de Dònes) den Sessellift zum Rifugio Scoiattoli (2255 m) nutzen und dort starten.

Höchster Punkt
Forcella Giau (2360 m)

Gehzeiten
Ponte de Rucurto – Rifugio Croda da Lago 2 Std. – Forcella Ambrizzola ¾ Std. – Forcella Giau 1 Std. – Passo Giau 1 Std. – Rifugio Cinque Torri 1½ Std. – Ponte de Rucurto ¾ Std.; insgesamt 7 Std.

Aufstieg/Abstieg
In Summe etwa 700 Hm

Beste Jahreszeit
Mitte Juni bis Mitte Oktober

Hütten/Einkehr
Rifugio Croda da Lago (Tel. 0436/86 20 85), Hotel Restaurant Passo Giau (Tel. 346/68 67 45), Rifugio Cinque Torri (Tel. 0436/29 02)

Karte
Tabacco, 1:25 000, Blatt 03 »Cortina d'Ampezzo e Dolomiti Ampezzane«

Selbst die »kleineren« Berge der Ampezzaner Dolomiten, wie Nuvolau und Averau, Croda da Lago und Becco di Mezzodi, zeigen meist ein unverwechselbares Profil. Und aus der Nähe betrachtet gewinnen sie plötzlich auch enorm an Ausstrahlung. Grund genug, in diesem Revier einmal ausgiebig auf Streifzug zu gehen. Eine weite Rundtour über den Passo Giau vermittelt ganz unterschiedliche Perspektiven.

In den Hausbergen Cortinas Die Conca d'Ampezzo ist geografisch quasi in vier deutliche Quadranten eingeteilt, mit der »Dolomiten-Metropole« Cortina im Mittelpunkt. Den Südosten beherrschen die Dreitausender Sorapìss und Antelao, den Nordosten der Cristallo mit dem vorgelagerten Pomagagnon. Im Nordwesten ragen die Tofane auf, während im Südwesten die Struktur aufgelockerter und nicht ganz so gewaltig anmutet. Diesen Raum nehmen vor allem Croda da Lago sowie Nuvolau und Averau ein. Der Dolomiten-Höhenweg Nr. 1 durchquert dieses Gebiet mit zwei Varianten, die wir hier pfiffig zu einer geschlossenen Tagesrunde zusammenfügen. Sie besitzt zwei Berührungspunkte mit der Straße zum Passo Giau, weshalb ein Start beim Ⓐ **Ponte de Rucurto** vorteilhaft erscheint.

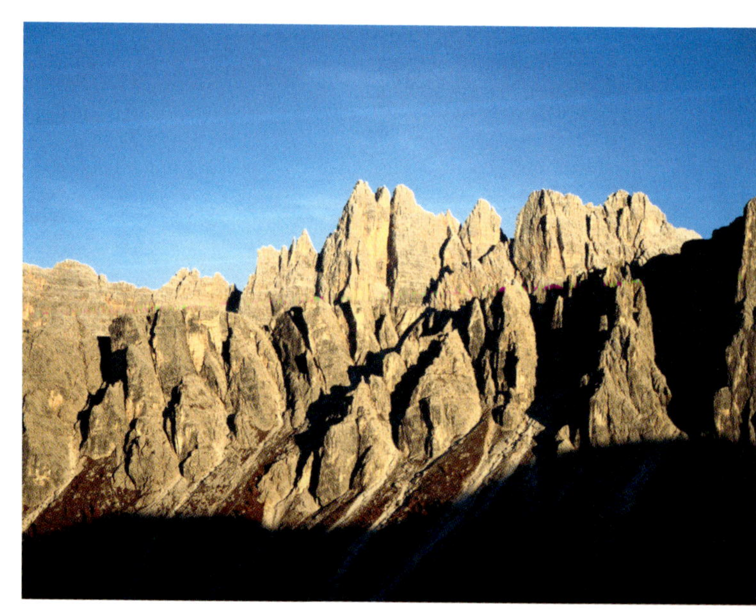

Am Massiv der Croda da Lago modelliert die tief stehende Sonne sämtliche Strukturen heraus.

Um die Croda da Lago Gleich unterhalb der Straße werden zwei Bäche im Val Costeana überschritten, bevor es am bewaldeten Nordhang auf wurzeligem Steig allmählich leicht aufwärts geht. In der Nähe des Casón de Formin gabelt sich der Weg. Jenen ins Val de Formin (Nr. 435) lassen wir rechts abziehen, stattdessen weiter mit Nr. 434 nun kräftiger steigend zum Nordausläufer der Croda da Lago. Um diesen herum schwenken wir südwärts ins Val Negra ein und wandern durch lichten Lärchenwald ganz sachte abwärts zum Ostufer des Lago de Federa bzw. zum ❶ **Rifugio Croda da Lago** (2046 m), für das auch die Anrede Rifugio Palmieri geläufig ist (der ursprüngliche Name »Reichenberger Hütte« ist indes in Vergessenheit geraten). Jedenfalls könnte die Lage traumhafter nicht sein! Der Federasee ist ein echtes Juwel zu Füßen des gezackten Croda-da-Lago-Kammes. Auch die schlanke Turmgestalt des Becco di Mezzodì – für die Cortineser seit jeher Uhrzeiger der Mittagsstunde – spiegelt sich darin. Und weist überdies für uns die Richtung des Weiterweges. Auf einem komfortablen Weg steuern wir in mäßiger Steigung den Einschnitt der ❷ **Forcella Ambrizzola** (2277 m) rechts daneben an. Ein neues Bild fesselt unsere Blicke. Es wird beherrscht vom Monte Pelmo, einem mächtigen Solitär der Dolomiten, der von jeder Seite unverwechselbar erscheint. Fast bedauert man es, nicht weiter in seine Richtung zu marschieren (das wäre die Fortsetzung auf dem »Einser« zum Rifugio Città di Fiume). Aber auch unser Rundkurs hat noch jede Menge in petto.

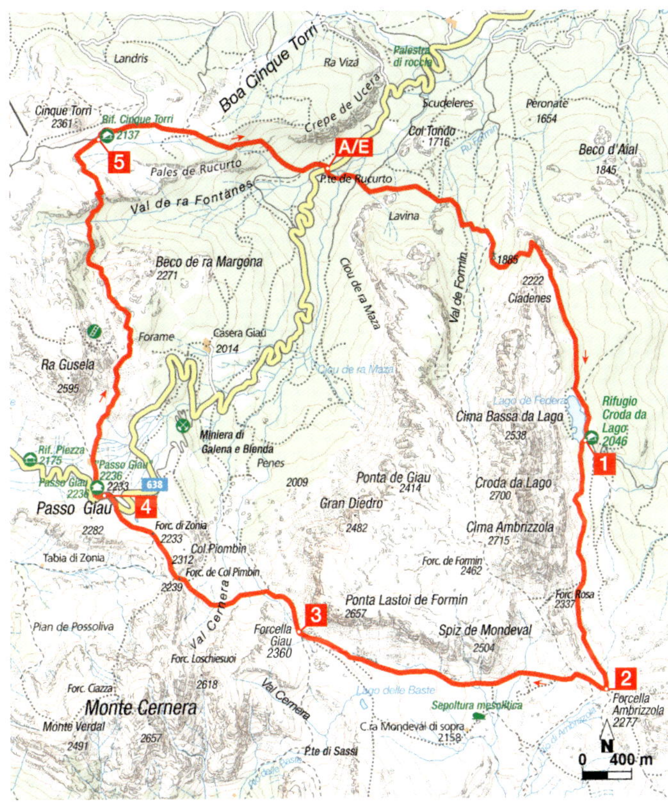

Über den Passo Giau zu den Cinque Torri Wir gehen auf dem Weg Nr. 436 scharf rechts weiter, also gen Westen. Der Weg verliert einige Höhenmeter, durchquert eine Bergsturzmulde und steigt in sanftem, blumengesprenkeltem Wiesengelände allmählich wieder an. Der Monte Formin mit seiner prallen Südwand sowie der Monte Mondevàl mit der pultartigen Nordabdachung vermitteln uns die typische Geländestruktur, wie sie sich an diversen Bergen der Umgebung vergleichbar wiederholt – eine Folge des Gesteinsaufbaus und der Verwitterungsmechanismen. Bei der ❸ **Forcella Giau** (2360 m) erreichen wir

Gipfeltour

Für einen Gipfelabstecher kommt am ehesten der **Nuvolau** (2575 m) in Betracht: Über eine gesicherte Steilstufe (Via ferrata Ra Gusela) geht es auf das ostseitige Karrenfeld und über den Schlussgrat zur Gipfelhütte mit tollem 360-Grad-Blick. Der anschließende Abstieg nach Norden ist leichter. Zusätzlicher Aufwand ca. 1 Std.

Rechte Seite: Im Lago di Federa spiegelt sich der Becco di Mezzodi.

den höchsten Punkt der Rundtour und erblicken im Norden die Tofane, während diametral das Civettamassiv Parade steht. Durch zwei kleinere Sättel gegliedert, ist die folgende Stunde hinüber zur Passstraße nun sehr abwechslungsreich. Wir steigen ein Stück weit relativ steil ab, gehen die Mulde des Val Cernera am Hangansatz aus, überschreiten nacheinander die Forcella de Col Piombin sowie die Forcella di Zónia und laufen kurz darauf beim Gasthaus am ❹ **Passo Giau** (2236 m) ein.

Kurzfristig erwischt uns hier der Rummel mit Ausflugsverkehr, Bikern und Motorradfreaks, doch ist das laute Intermezzo bald vergessen. Schon hat uns das Felshorn der Gusela – ein Nachbargipfel des bekannteren Nuvolau – als Wächter in seinen Bann gezogen. Bei der Verzweigung hält man sich rechts an die Markierung Nr. 443 und setzt damit zu einer Traverse des kleinen Nuvolaustocks an. Sie führt leicht auf und ab durch märchenhaftes Blockgelände, dann ein Stück abwärts in den Einschnitt des Val de Ra Fontanes und über eine Steilstufe gegen die Cinque Torri hinan. »Dolomitenarchitektur en miniature« erleben wir an diesen fünf Felsklötzchen, die in die Landschaft geworfen scheinen, als hätte ein Riese seine Spielsachen den Kletterern überlassen. Die Cinque Torri wirken in der monumentalen Conca d'Ampezzo beinahe verloren, sind als Klettergarten der »Scoiattoli«, einer Cortineser Klettergilde, jedoch legendär. Im Umkreis stehen das Rifugio Scoiattoli und das ❺ **Rifugio Cinque Torri** (2137 m) – für uns die letzte Durchgangsstation, bevor wir den Abstieg zurück zum Ⓔ **Ponte de Rucurto** antreten. Wunderbar erscheint jetzt das Westprofil der Croda da Lago im Abendlicht.

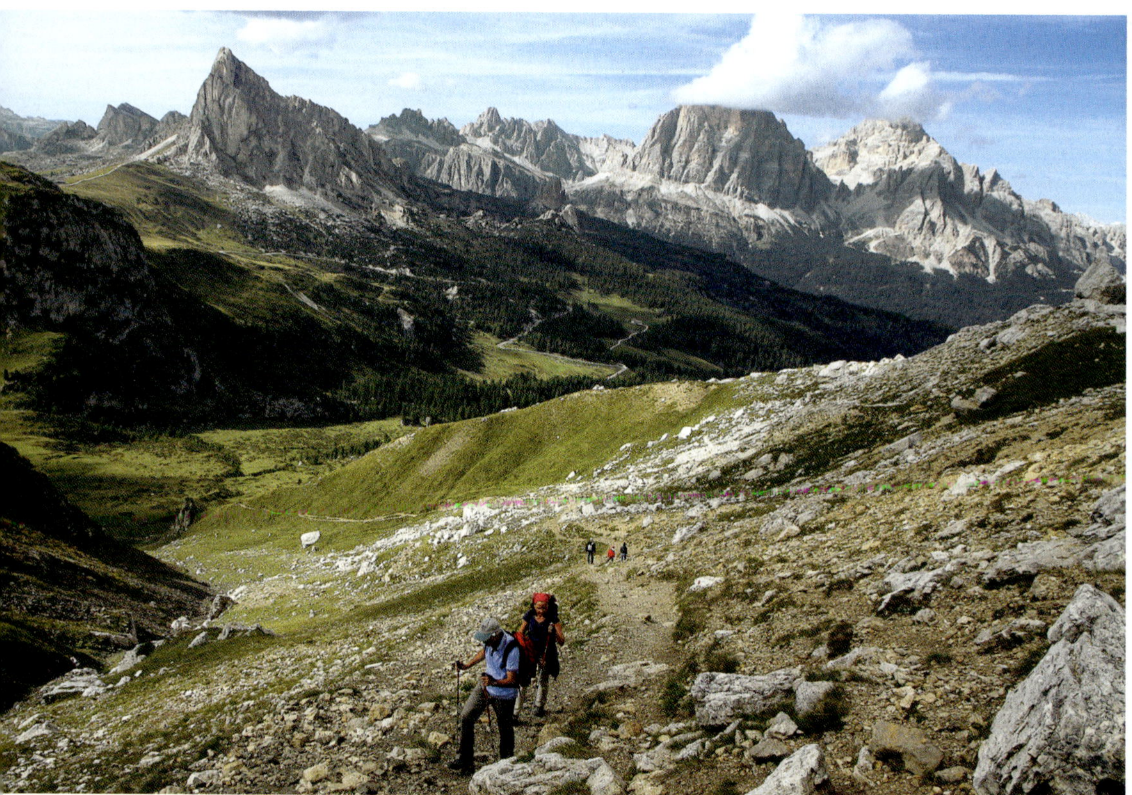

Wanderer an der Forcella Giau; im Hintergrund Gusela, Fanisspitzen sowie Tofana di Rozes und Tofana di Mezzo

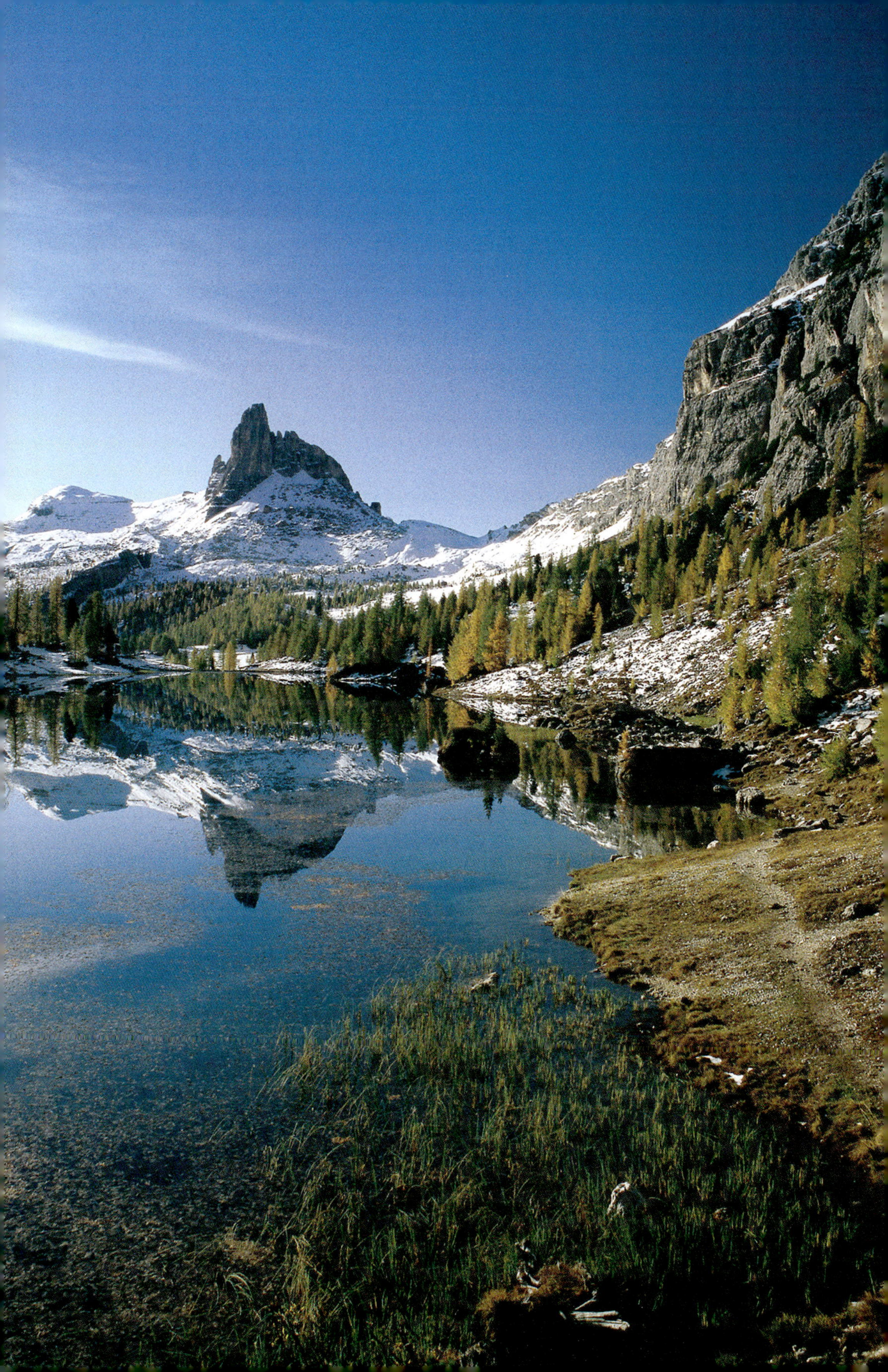

30

Tofana-Höhenwanderung

Von Ra Vales zum Passo Falzàrego

mittel | 10 km | 500 m | 4.30 Std.

Tourencharakter
Am Sentiero Olivieri Klettersteigcharakter (mäßig schwierig) und auch am Sentiero Astaldi gesicherte Bändertraversen, daher Trittsicherheit und Schwindelfreiheit erforderlich. Weniger Geübten empfiehlt sich eine Klettersteigsicherung. Anschließend jedoch normale Bergwege ohne Hindernisse.

Ausgangspunkt
Station Ra Vales (2470 m) der Seilbahn auf die Tofana di Mezzo; in Betrieb von Juli bis September (9 bis 17.30 Uhr). Die Talstation befindet sich im nördlichen Ortsteil Maion von Cortina d'Ampezzo.

Endpunkt
Passo Falzàrego (2105 m)

Öffentliche Verkehrsmittel
Im Sommer Busverkehr zwischen Cortina und Passo Falzàrego

Höchster Punkt
Etwa 2600 m beim Einstieg in den Sentiero Olivieri

Gehzeiten
Ra Vales – Rifugio Pomedes 1¼ Std. – Forcella Col dei Bòs 2 Std. – Forcella Travenànzes ½ Std. – Passo Falzàrego ¾ Std.; insgesamt 4½ Std.

Aufstieg/Abstieg
Etwa 500 Hm Aufstieg, 870 Hm Abstieg

Beste Jahreszeit
Anfang Juli bis Ende September

Hütten/Einkehr
Rifugio Ra Valles, Rifugio Pomedes (Tel. 0436/86 20 61), Restaurants am Passo Falzàrego

Karte
Tabacco, 1:25 000, Blatt 03 »Cortina d'Ampezzo e Dolomiti Ampezzane«

Direkt über dem Talbecken von Cortina formiert sich mit reichlicher touristischer Infrastruktur das Dreigestirn der Tofane. Bergfreunde aller Couleur finden hier ein Betätigungsfeld. Mit Fokus auf die »Panoramawege« gibt speziell die Südflanke einiges her. Im Prinzip kann man bis zum Falzaregopass hinüberwandern.

Die Tofana di Rozes zum Greifen nah Dabei ist der südliche Horizont fast die ganze Zeit offen, während direkt über unseren Köpfen vor allem ein Berg alle anderen überstrahlt. Gemeint ist natürlich die Tofana di Rozes mit ihren gigantischen Pfeilern in der fast 1000 Meter hohen Südwand. Jeder, der schon mal über die Falzaregopassstraße gefahren ist, dürfte dieses Schaustück verinnerlicht haben. Nicht erst einmal habe ich es – nach Rückkehr von irgendeiner Tour – im letzten Abendlicht tiefrot glühen sehen. Man findet dolomitenweit nur wenige Wände ähnlichen Kalibers, die sich auch dem nicht bergsteigenden Besucher so nah und unmittelbar zur Schau stellen. Häufig bestiegen wird die Tofana di Rozes natürlich auch – von alpinen »Normalos« entweder über das Rifugio Giussani und die schuttreich abgestufte Nordseite oder eine Nummer

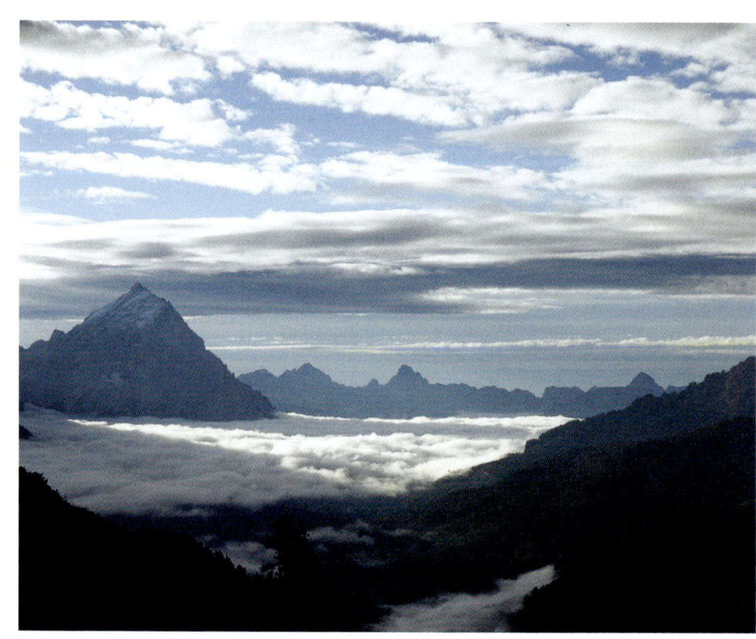

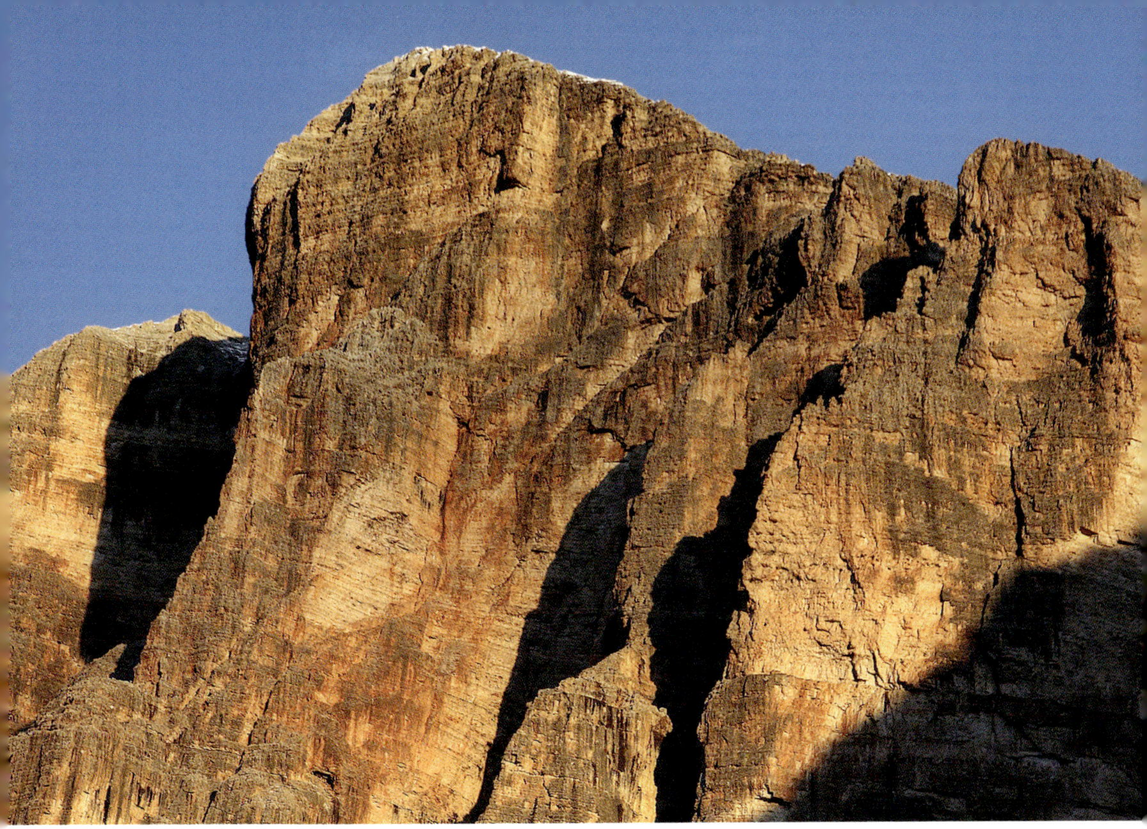

Die bis zu 800 Meter hohen Südabstürze der Tofana di Rozes über dem Falzaregopass

spannender über die geschickt durch den Westabsturz lavierende Via ferrata Lipella. Noch wesentlich mehr Besuch erhält freilich ihre Schwester, die Tofana di Mezzo: Mithilfe der »Freccia nel cielo« geben sich auch Halbschuhtouristen dort oben ein Stelldichein.

Linke Seite: Blick ins nebelerfüllte Val del Bòite mit dem pyramidalen Antelao links

Kraxeln am Sentiero Olivieri Diesen »Himmelspfeil«, der von Cortina aus in drei Sektionen bis knapp unter den höchsten Punkt hinaufschießt, wollen auch wir als Auf-

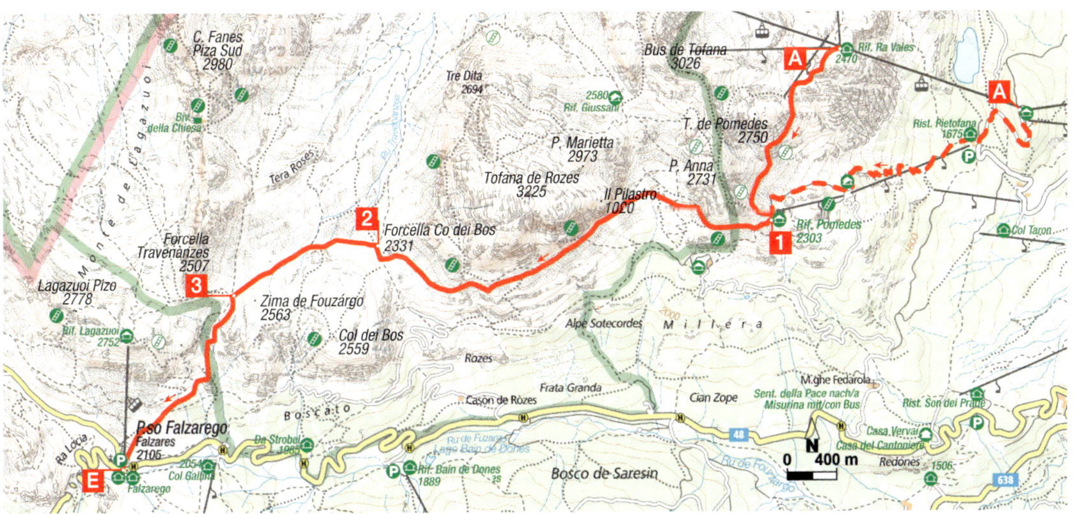

stiegshilfe nutzen. Allerdings nur bis zur Station **A Ra Vales**, denn in der Nähe finden wir den Einstieg in den gesicherten Sentiero Giuseppe Olivieri, womit die Tour einen spektakulären Auftakt erhält. Nach kurzem Aufstieg über Geröllflächen überwinden wir das leicht flaue Gefühl, welches sich im Bannkreis der schroffen Pomedestürme einschleichen kann, fassen Mut und überwinden die erste kleine Stufe mit Drahtseilen. Durch eine Nische geht es zu einem Schartl und anschließend in der jähen Südostseite über weitere Stufen inklusive zwei Leitern steil bergab bis auf das am Wandfuß verlaufende Band. Über Geröllkegel läuft der Sentiero Olivieri zum **1 Rifugio Pomedes** (2303 m) aus. Das Gasthaus befindet sich in bester Panoramalage unweit eines Sessellifts. Wer sich also den klettersteigartigen Beginn nicht zutraut, kann auf eine Alternative ausweichen: ab Cortina zunächst mit der Seilbahn bis zur ersten Station am Col Drusciè (1779 m), von dort ein Stück abwärts zum Ristorante Pietofana und dann entweder per Sessellift oder zu Fuß über Weg Nr. 405 bis zum Rifugio Pomedes hinauf (etwa 2 Std. Zustieg ohne Lift).

Geolektion am Sentiero Astaldi Kaum haben wir Luft geholt, setzt schon der nächste atemberaubende Abschnitt an. Nun wartet die Traverse der Punta Anna über eine Folge von Schichtbändern, die echten Anschauungsunterricht in Sachen Geologie liefern. Markant der Wechsel zwischen dem hellen Dolomiten und den rötlichen Raibler Schichten! Dieses weichere Material hat die Auswitterung der Bänder begünstigt und damit einen herrlichen Laufsteg geschaffen. Allerdings ist das Gelände

Die bunten Gesteinsschichten am Sentiero Astaldi sind eine regelrechte »geologische Offenbarung«; hinten grüßt die Marmolada.

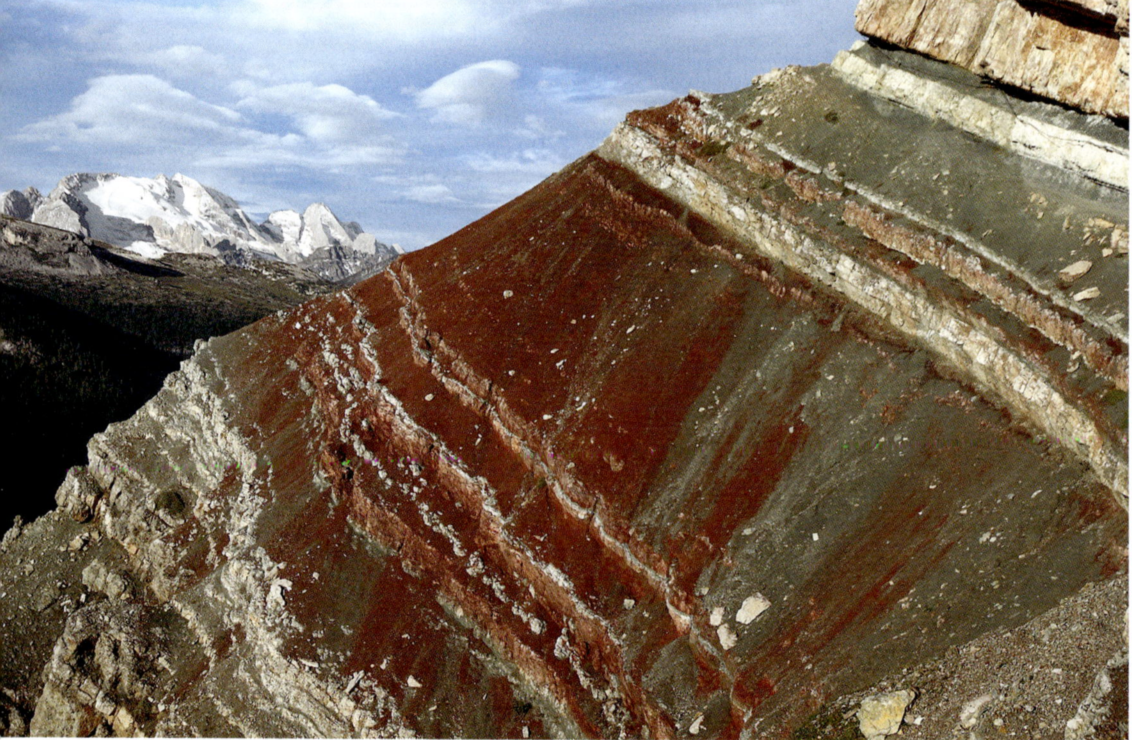

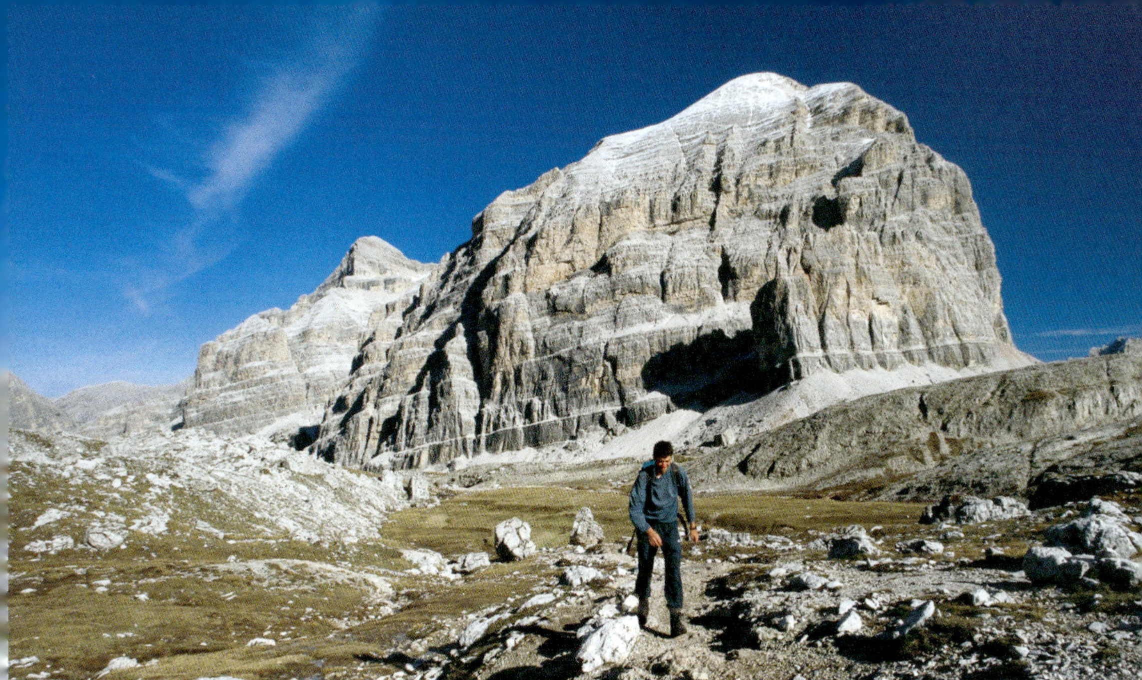

Beim Gegenanstieg zur Forcella Travenanzes bleibt die überwältigende Tofana di Rozes allmählich zurück.

ziemlich morsch und abschüssig, sodass man nicht »Hans-guck-in-die-Luft« spielen sollte. Konzentriert folgen wir dem Drahtseillauf um mehrere fotogene Kanten und bewundern die Masse der Tofana di Rozes sowie die Fernschau bis zu Marmolada, Civetta, Pelmo und Antelao, wo immer sich ein sicherer Standpunkt findet. Nach einigem leichten Auf und Ab läuft der farbenfrohe Sentiero Astaldi – nach unserem Gefühl viel zu schnell – ins Tofanakar aus.

Dort orientieren wir uns zum gegenüberliegenden Wandsockel und queren auf Weg Nr. 404 den gesamten pfeilerbewehrten Südabsturz der Tofana di Rozes: einfach monumental! Das Auge klammert sich an vertikale Felsstrukturen und findet gleichzeitig immer wieder Beruhigung, indem es in die Ferne schweift. Den Abzweig zur Via ferrata Lipella, die mit einem düsteren Stollenloch beginnt, lassen wir liegen und passieren auch den vorgelagerten Castelletto, um bei der ❷ **Forcella Col dei Bòs** (2331 m) einen vorübergehenden Szenenwechsel einzuleiten.

Über die Forcella Travenànzes Nun schwenken wir auf die Rückseite des buckeligen Col dei Bòs – dessen Frontwand (zur Falzaregostraße hin) seit Kurzem ebenfalls von einem Klettersteig durchzogen ist – und gelangen damit in den Bereich des Val Travenànzes. Eine mächtige, urtümliche Talfurche formiert sich in diesem Kessel zwischen Tofana di Rozes und Fanisspitzen, um weit gegen Norden hinauszuziehen. Über Schutt und spärlich bewachsene Karrenfelder kommen wir leicht ansteigend gegen die ❸ **Forcella Travenànzes** (2507 m) voran und wechseln über den Sattel wieder auf die Südseite, wo ein guter Weg Richtung Ⓐ **Passo Falzàrego** hinabführt. Dabei begleitet uns rechter Hand die Felsmasse des Lagazuoi, der vor 100 Jahren zu den bedeutendsten Kriegsschauplätzen gehörte. Manches Relikt aus dieser Zeit haben wir ohnehin schon entdecken können, denn die Front verlief damals genau durch die Gruppe der Tofane und das Gebiet um den Falzaregopass. Dort angekommen liegt eine außergewöhnlich spannende Traverse hinter uns.

Teriòl Ladin

Rund um den Col di Lana

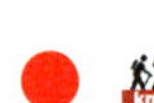 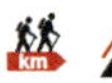  

mittel 11 km 800 m 4.45 Std.

Tourencharakter
Überwiegend kleinere Bergwege in grasigem Gelände, phasenweise auch nur spärlich ausgetreten. Bei elementarer Trittsicherheit keine besonderen Schwierigkeiten, also insgesamt leicht bis mittelschwer.

Ausgangspunkt
Parkplatz »Col di Lana«, kurz vor dem Bergweiler Palla (1676 m); Zufahrt von Pieve di Livinallongo in der Talschaft Buchenstein (ladinisch Fodóm, italienisch Livinallongo)

Öffentliche Verkehrsmittel
Busverkehr nur bis Pieve di Livinallongo

Höchster Punkt
Maximal 2250 m werden erreicht.

Gehzeiten
Palla – Cenglèi 1¾ Std. – Passo Sief ¾ Std. – Coste de Valiate ½ Std. – Ciadiniéi ¾ Std. – Palla 1 Std.; insgesamt 4¾ Std.

Aufstieg/Abstieg
Fast 800 Hm

Beste Jahreszeit
Anfang Juni bis Ende Oktober

Hütten/Einkehr
Keine am Weg

Karte
Tabacco, 1:25 000, Blatt 07 »Alta Badia – Arabba – Marmolada«

Rechte Seite: Während der Hangtraverse auf der Südwestseite des Col di Lana setzt sich die Civetta perfekt in Szene.

Der Col di Lana ist ein berühmter Aussichtsberg im Herzen der Dolomiten – traurig-berühmt muss man wegen seiner Historie im Ersten Weltkrieg leider auch sagen. Es gibt hier die Möglichkeit einer aussichtsreichen Umrundung, die als »Teriòl Ladin« mit historisch-naturalistischem Hintergrund ausgewiesen wurde.

Trauriger Höhepunkt des Gebirgskrieges Man schrieb den 17. April 1916, als der von den österreichischen Truppen besetzt gehaltene Col di Lana zum Schauplatz beispielloser Kampfeshandlungen wurde. Ein italienisches Sprengkommando jagte damals nach langen Vorbereitungen gleich den ganzen Gipfel in die Luft. Neben der Bedeutung als Gedenkstätte (oben befindet sich eine hölzerne Kapelle) wird der Col di Lana heute vor allem auch in Erwartung eines überwältigenden Panoramas bestiegen. Praktisch alles, was in den zentralen Dolomiten Rang und Namen hat, gibt sich dem Auge preis. Dieses Panorama können wir quasi nach und nach auch am Teriòl Ladin erfassen, denn unser Weg führt ja auf sämtliche Seiten des Berges, die auf lange Kammrücken gestützt zumeist grasig

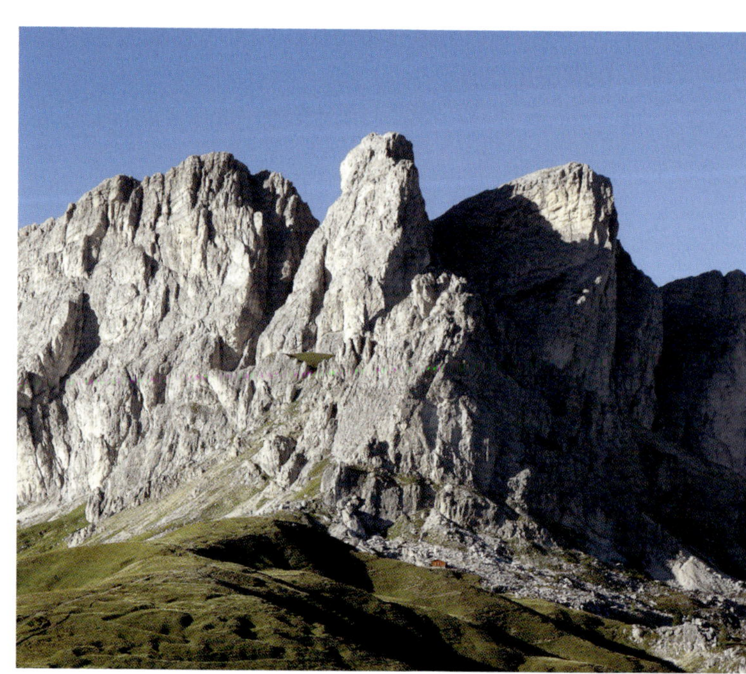

Rechts: Am Passo Sief zeigt sich die Südflucht des Setsas in voller Größe.

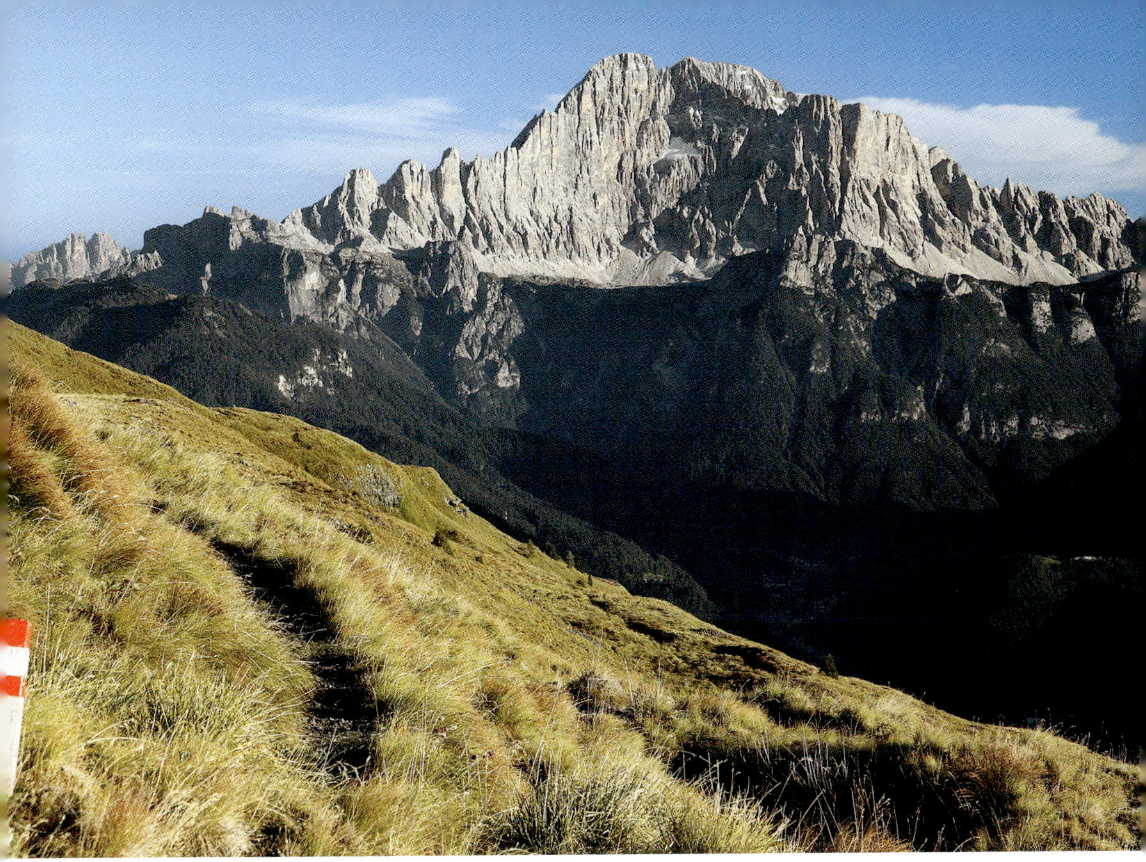

abdachen. Wir folgen hier jener Gehrichtung, wie sie am Ⓐ **Parkplatz** vorgeschlagen wird, ohne damit eine bestimmte Vorliebe auszudrücken.

Rundkurs via Cenglèi und Passo Sief Zuerst bleiben wir auf der Straße Richtung Palla und Agai/Daghè. Oberhalb des Weilers auf einem Forstweg bis zum baldigen Abzweig des eigentlichen Teriòl Ladin. Der Weg zieht im Bergwald aufwärts und gabelt sich dann, wobei wir rechts haltend zu einer nur geringfügig ansteigenden Traverse ansetzen. Sie führt in den allmählich offeneren Kessel von Le Pale, wo man den Rechtsbogen Richtung Ciamplò vollzieht. Die Pfadspur im Gras ist hier nur dürftig. Kurz vor der

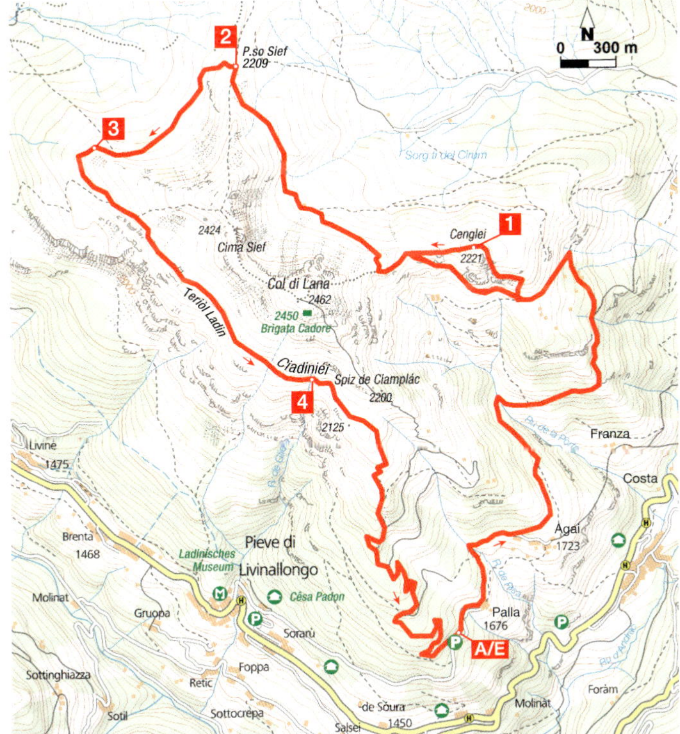

Wiesenverflachung wird uns scharf links eine Abkürzung angeboten (Nr. 21B), doch geht man schöner und nur wenig länger über die Kuppe von ❶ **Cenglèi** (2221 m). Denn dort bietet sich erstmals eine großartige Aussicht über den halben Gesichtskreis, vor allem Richtung Ampezzaner Dolomiten.

Im Sattel unterhalb des Col di Lana vereinigen sich die Varianten wieder und leiten mit zwischenzeitlich geringem Höhenverlust durch die ausgedehnte Nordostbucht hinüber zum ❷ **Passo Sief** (2209 m). Hier läuft der lange Nordrücken aus, als Verbindung zum Setsas, der übrigens trotz seines unbekannten Namens ein prächtiges Dolomitenprofil (Südwand) zur Schau stellt. Dahinter stehen die Fanesberge. Beim Weiterweg, der nun in ähnlicher Weise quer durch die Westflanke des Col di Lana verläuft, kommen Sella und Marmolada als Blickfänge ins Spiel. An den ❸ **Coste de Valiate** wird ein ausgeprägter Hangrücken umkurvt, bevor unser Weg eine ganze Weile die Grasflanke Richtung ❹ **Ciadiniéi** schneidet. In diesem Bereich einige Rinnenstrukturen ausgehend und am Abzweig der Gipfelroute (Nr. 21B) vorbei. Ein Stück weiter trifft man auf die breite Militärstraße, kann aber fast bis zum Ⓔ **Parkplatz** hinunter noch weite Teile der Schleifen abkürzen.

Von Cenglèi blicken wir auf den Setsas (links) und den Cunturinesstock schräg dahinter.

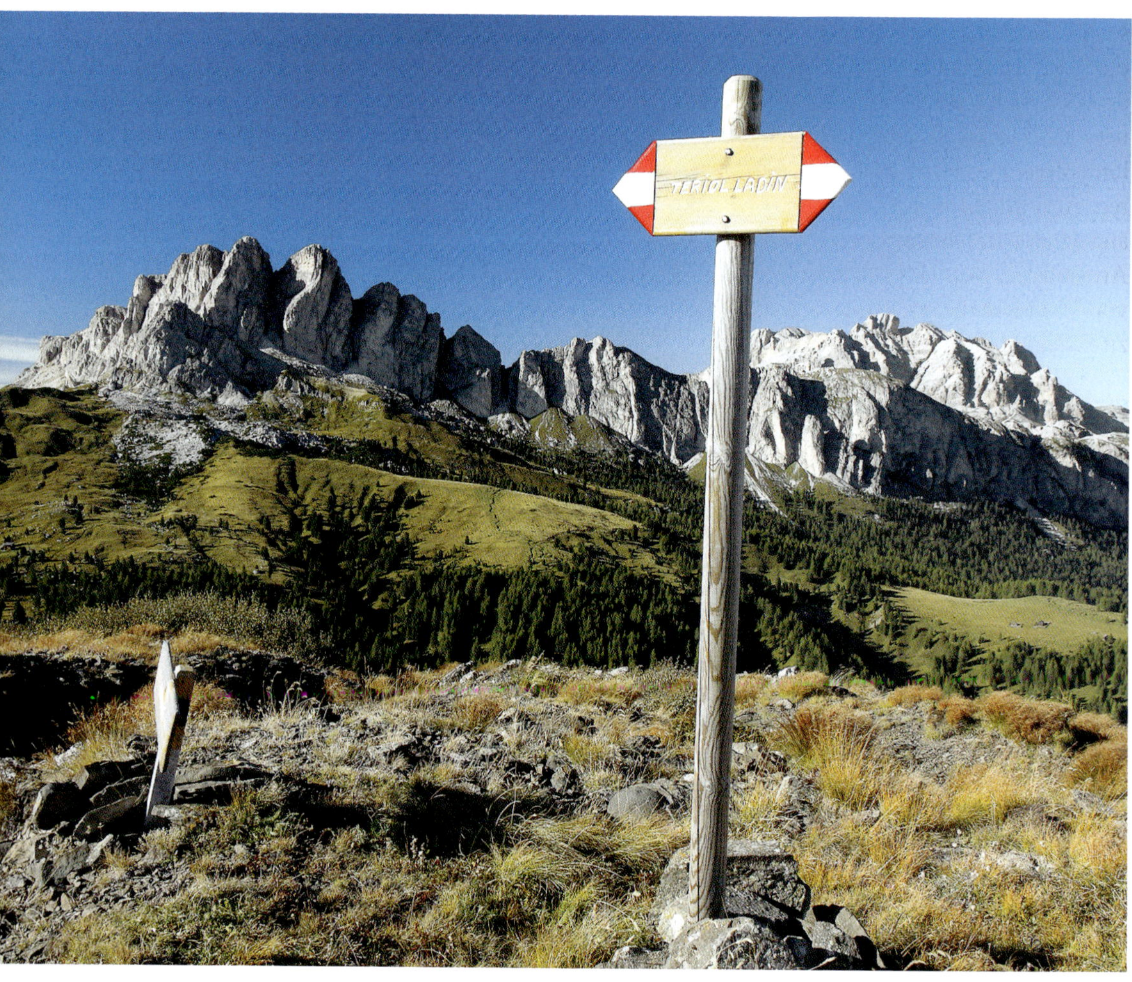

Abteier Höhenweg

Auf Kreuzwegen von Wengen nach St. Kassian

Auf dem Abteier Höhenweg wandern wir durch uralten ladinischen Kulturraum. Darüber hinaus dürfen wir uns auf eine liebliche Landschaft unterhalb der lotrechten Kreuzkofelwände freuen. Von geradezu märchenhafter Schönheit sind die Lärchenwiesen von Armentara, vor allem zur Blüte im Frühsommer sowie im »goldenen« Herbst.

Eine ladinische Kulturlandschaft Mit beeindruckenden Wänden brechen Neuner und Zehner, das eigentliche Kreuzkofelmassiv sowie südlich anschließend Lavarella und Cunturines auf den bewaldeten Vorbau über dem Gadertal ab. Diese Kulissen zählen zu den besonders fotogenen in den Dolomiten, wobei wir keinesfalls übersehen wollen, dass sich gegenüber mit dem isolierten Peitlerkofel, dem Plateaustock der Puez und zuhinterst mit der festungsgleichen Sella noch mehr Schaustücke gruppieren. Aber auch am Weg selbst finden wir Kleinode am laufenden Band: angefangen mit den pittoresken Häusergruppen im Wengental über die Armentarawiesen, die sich gegen Ende des Frühjahrs in ein gelbes Meer von Trollblumen verwandeln, bis nach Heiligkreuz, der alten Wallfahrt zu Füßen der Kreuzkofelwände.

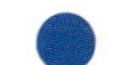
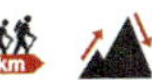

leicht 15 km 880 m 5.00 Std.

Tourencharakter
Anfangs Höfestraßen, dann normale Wanderwege mit gemäßigten Auf- und Abstiegen. Nur bei Nässe eventuell einige unangenehme Passagen. Konditionell durchschnittliche Tagestour.

Ausgangspunkt
Wengen (1348 m), in einem Seitental des Gadertals; die Zufahrt erfolgt von Pederoa.

Endpunkt
St. Kassian (1536 m), im Hochabtei (Alta Badia)

Öffentliche Verkehrsmittel
Busverbindung von Bruneck ins Gadertal, über Stern nach St. Kassian. Auch Wengen ist mit einer Stichlinie angebunden.

Höchster Punkt
Heiligkreuz (2045 m)

Gehzeiten
Wengen – Spëscia 1¼ Std. – Heiligkreuz 1¾ Std. – St. Kassian 2 Std.; insgesamt 5 Std.

Aufstieg/Abstieg
880 Hm Aufstieg, 690 Hm Abstieg

Beste Jahreszeit
Ende Mai bis Ende Oktober

Hütten/Einkehr
Gasthof Ciurnadù, Heiligkreuz-Hospiz (Tel. 0471/83 96 32)

Karte
Tabacco, 1:25 000, Blatt 07 »Alta Badia – Arabba – Marmolada«

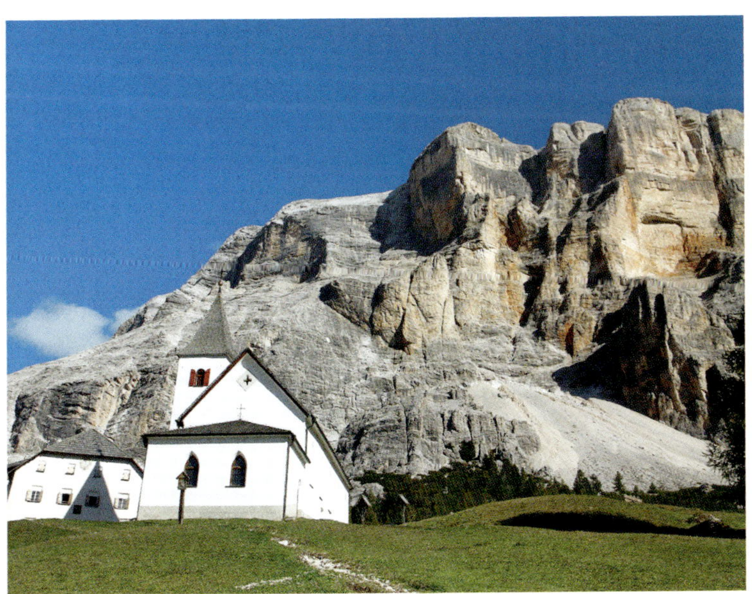

Die Wallfahrtskirche Heiligkreuz ist das zentrale Ziel am Abteier Höhenweg.

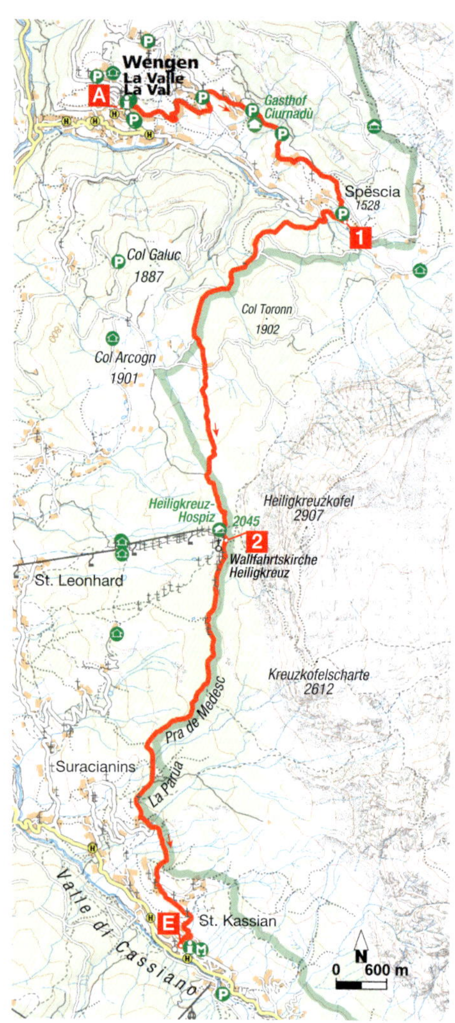

Der schönste Weg nach Heiligkreuz In Ⓐ **Wengen** schlagen wir zunächst einen kleinen Umweg ein, indem wir die Höfestraße am Hang benutzen und von einigen der Streuweiler schon mal das Nordwestbollwerk von Neuner und Zehner in Augenschein nehmen. Dies dauert zwar etwas länger als der Zugang durch den Taleinschnitt des Rü de Ciampló, bietet aber einen deutlichen Mehrwert. Beim Parkplatz ❶ **Spëscia** (1528 m) nehmen wir dann den Weg Nr. 15 Richtung Heiligkreuz auf. Das erste Stück auf einer Forststraße mag etwas eintönig sein, doch sobald wir in die Armentarawiesen eintauchen, umgibt uns eine perfekte Idylle. Sachte, aber stetig an Höhe gewinnend, steuert der Weg die Wallfahrtskirche ❷ **Heiligkreuz** (2045 m) an. In der heutigen Form stammt sie aus dem Jahre 1778, urkundlich erwähnt wurde Heiligkreuz allerdings schon 300 Jahre früher. Und vermutlich reichen Kultstätten bis in vorchristliche Zeit zurück. Egal, ob man nun als frommer Pilger oder eher als weltlicher Wanderer hier vorbeikommt, der Magie des Ortes unter den dräuenden Felsmassen kann sich kaum jemand entziehen. Und wer sich in der Herberge einquartiert, kann die rot-gelben Westabstürze des Kreuzkofels sogar einmal im abendlichen »Alpenglühen« bewundern. Parallel zu diesen Wänden kommen wir durch Bergsturzfelder und lichte Zirbenbestände weiter südwärts voran. Nach einer fast horizontalen Strecke wendet man sich bei einer Gabelung mit Nr. 15 leicht abwärts und gelangt über La Parüa (Kreuzung mit Route Nr. 12) zu den ersten Weilern über dem St. Kassianer Tal. Hier finden wir uns auf einem reizvoll gestalteten Naturerlebnisweg wieder. Es werden einige Bachgräben gequert, ehe sich unser Weg nach Larjëi und schließlich auf einem Sträßchen bis ins stattliche Ⓔ **St. Kassian** absenkt.

Rechte Seite: Unser Weg führt am Fuß der Kreuzkofelwände durch eine urwüchsige Landschaft.

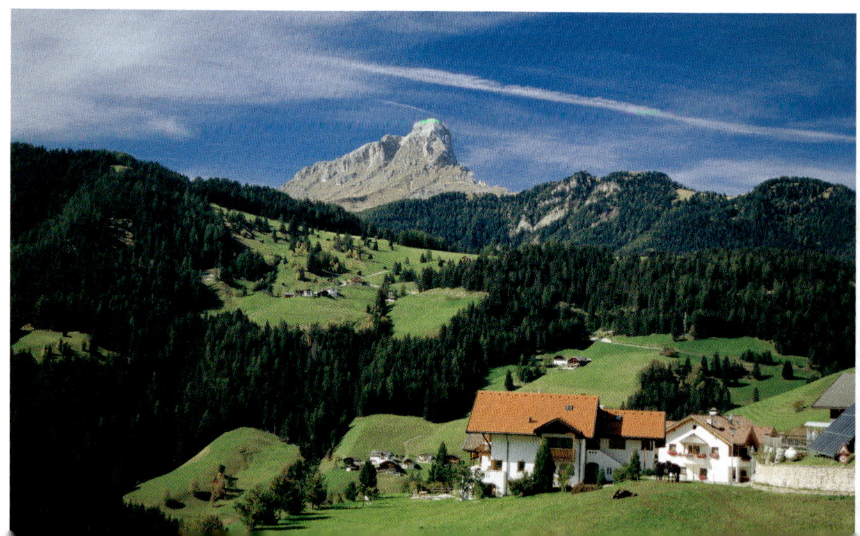

Streuweiler im Hochtal von Wengen; im Hintergrund der Peitlerkofel

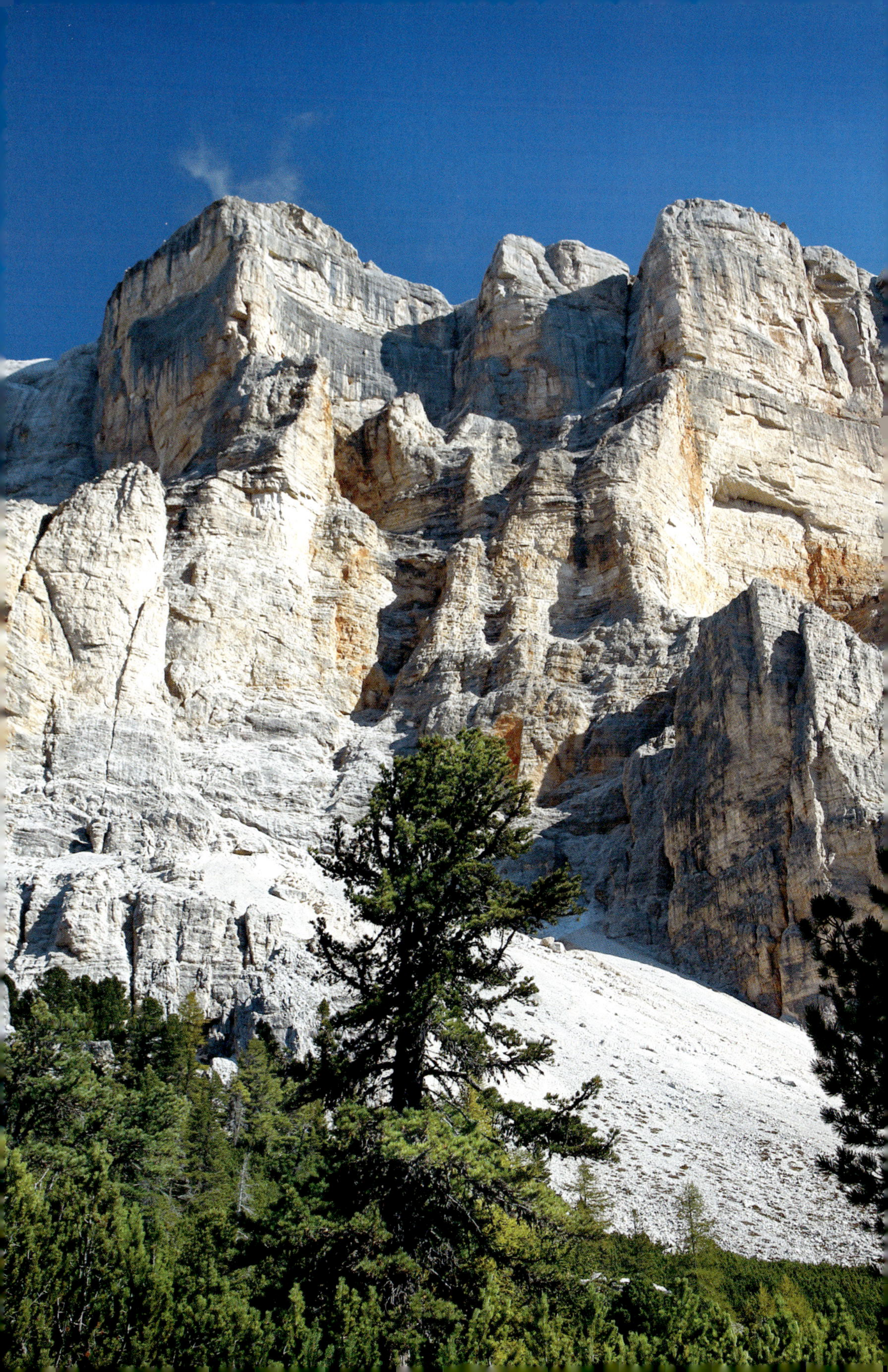

Über die Pragser Hochalm

Auf der Südseite der Olanger Köpfe

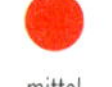    

mittel 14 km 1000 m 6.15 Std.

Tourencharakter
Meist gutmütige, im oberen Bereich nicht sehr stark ausgetretene Bergwege im Mattengelände. Elementare Trittsicherheit und Ausdauer für eine volle Tagestour angezeigt.

Ausgangspunkt
Pragser Wildsee (1494 m), gebührenpflichtige Großparkplätze am Ende der Straße ins Pragser Tal, die zwischen Welsberg und Niederdorf im Pustertal abzweigt

Öffentliche Verkehrsmittel
Busverbindung von Niederdorf bis zum Pragser Wildsee

Höchster Punkt
P. 2326 auf den Hängen der Hochalm

Gehzeiten
Pragser Wildsee – Pragser Furkel 2 Std. – Flatschkofelscharte 1¼ Std. – Hochalmhütten ¾ Std. – Grünwaldalm 1½ Std. – Pragser Wildsee ¾ Std.; insgesamt 6¼ Std.

Aufstieg/Abstieg
In Summe knapp 1000 Hm

Beste Jahreszeit
Anfang Juni bis Ende Oktober

Hütten/Einkehr
Pragser Wildsee, Hochalmhütte (Fojedöra-Alm), Grünwaldalm

Karte
Tabacco, 1:25 000, Blatt 031 »Pragser Dolomiten – Enneberg«

Abseits des Touristenrummels am Pragser Wildsee herrscht auf den Hochweiden der umliegenden Berge oft eine paradiesische Ruhe. Dieses »Hinterland« mit seinen versteckten Winkeln ist auf jeden Fall eine Entdeckung wert. Im Rahmen einer »Panoramatour« sei hier die Wanderung über die Hochalm empfohlen.

Vom Pragser Wildsee Erblickt man aus dem Pustertal die vorderste Kette der Pragser Dolomiten – die sogenannten Olanger Köpfe –, so würde man nicht vermuten, dass sich hinter dieser felsigen Barriere eine ganz andere Szenerie verbirgt. Aber selbst im Grünwaldtal ahnt man nichts von den locker geschwungenen Graspleisen, die sich ein Stockwerk höher an der Südflanke von Hochalpenkopf und Maurerkopf entfalten und seit langer Zeit als Hochweiden genutzt werden. Bemerkenswert, wie diese sanftmütige Schräge plötzlich in Abbrüche übergeht und damit wie eine grüne Insel im schroffen Hochgebirge wirkt. Vom (allzu) berühmten Pragser Wildsee aus brechen nicht übermäßig viele Wanderer in diese Richtung auf. Eher marschieren sie durchs Grünwaldtal bis zu den idyllischen Hochalmhütten, was zwar lohnend ist, aber das Pferdeparadies oberhalb nicht berührt. Auch die Aussicht bleibt dort noch eingeschränkt.
Beim Hotel am Ⓐ **Pragser Wildsee** schlagen wir Weg Nr. 20/61 ein und entfernen uns auf Forststraßen vom Ufer. Nach Umgehung des Riedlho-

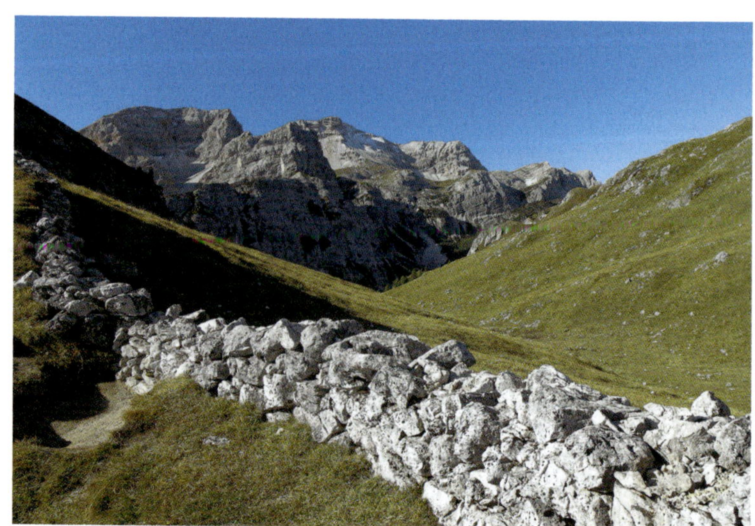

Bei der Pragser Furkel kreuzt unser Weg eine weit geschwungene Viehmauer, während der Blick auf die Gipfel über dem Grünwaldtal fällt.

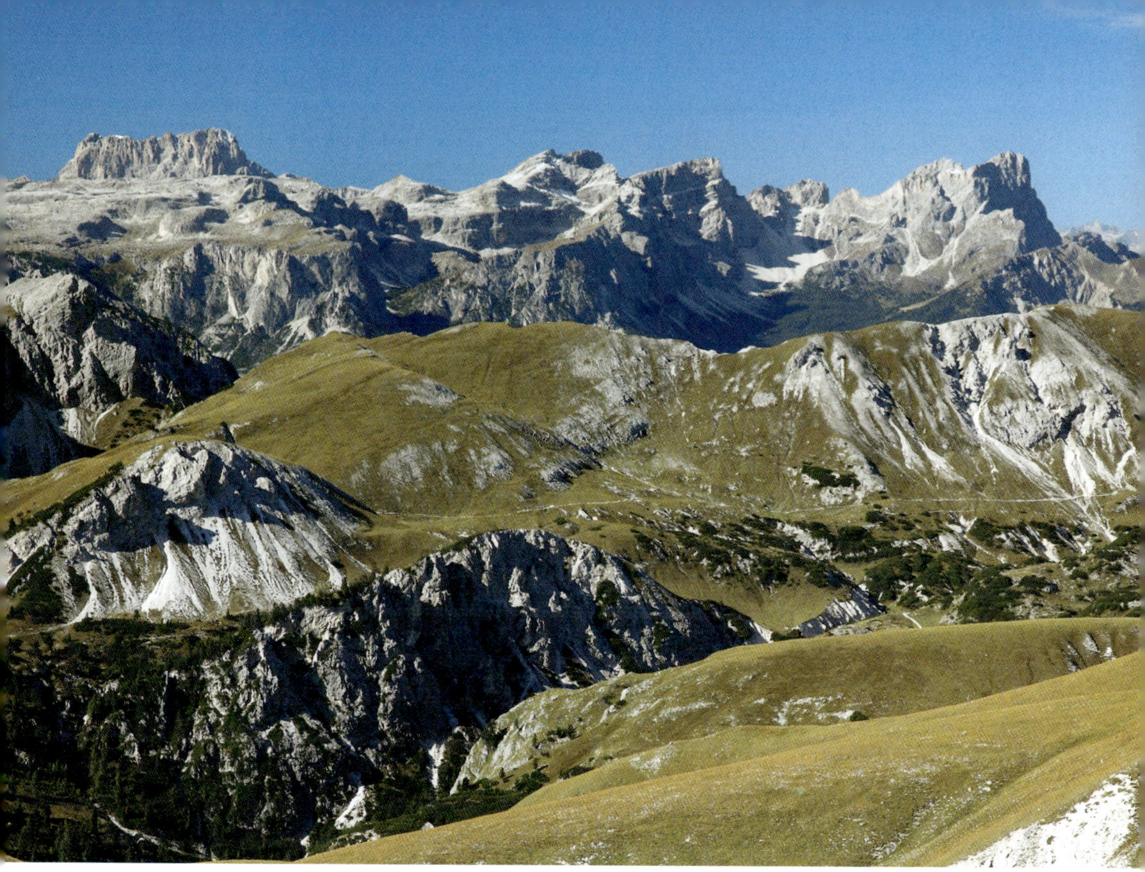

fes beginnt die Route im Bergwald deutlicher anzusteigen. Mit Abkürzungen kommen wir auf ca. 1800 Metern zu einer Gabelung und halten uns mit Nr. 61 links. Im Aufstieg zur **Kaserhütte** (1937 m) bleibt die Waldgrenze allmählich zurück, und die Landschaft vermittelt gebietstypische Reize. Die Markierung lotst uns nach links und gleich wieder rechts in eine von Schrofen und Latschen gesäumte Rinne, die hinauf bis zur ❶ **Pragser Furkel** (2225 m) erstiegen wird.

Fernschau von der Hochalm gen Westen: Am Horizont stehen von links nach rechts Langkofel, Puezgruppe und Geislerspitzen.

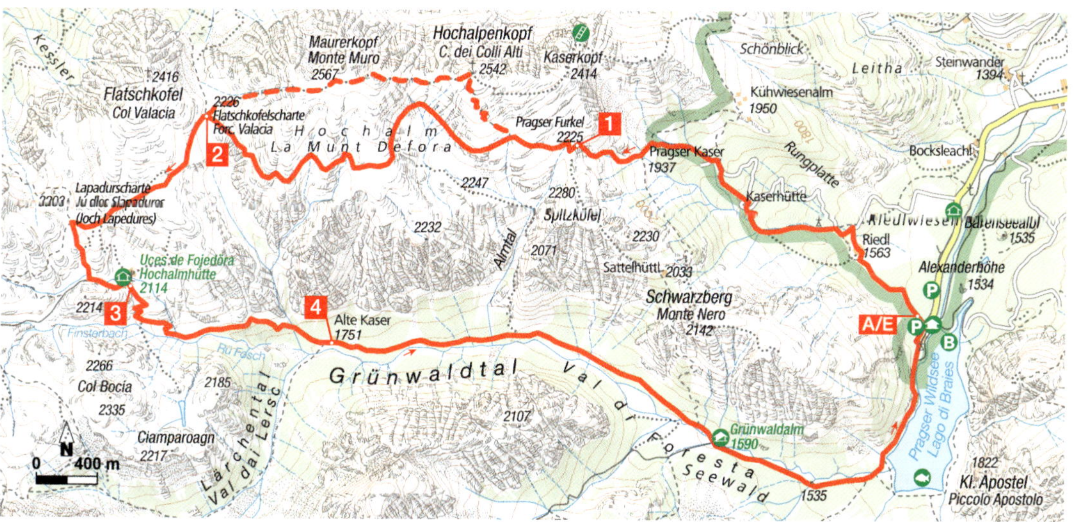

Durch das Almparadies Eine lange Viehmauer, in penibler Kleinarbeit von Hirten aufgeschichtet, durschneidet das Gelände: die Begrenzung der Hochalm, die sich nun über drei Kilometer gegen Westen ausbreitet. Doch erst einmal gilt es, das Panorama zu würdigen: über die Pragser Waldhügel hinaus ins Hochpustertal, dann zu den Sextener Dolomiten, vor die sich die Pyramide des Herrstein schiebt, und natürlich hinein ins Herz der Pragser Dolomiten, wo die zerschlissenen Steilflanken von Seekofel, Senneser Karspitze und Seitenbachspitze ins Grünwaldtal abgleiten. Die nahezu horizontale Traverse der Hochalm ist ein Traum und keinesfalls eintönig. Wir müssen nämlich die Strukturen einiger Gräben und Einbuchtungen ausgehen, was bis zur Flatschkofelscharte eine reichliche Stunde in Anspruch nimmt – länger noch, falls man immer wieder am Panorama oder an den kleinen bunten Farbtupfern in der Grasnarbe hängenbleibt. Wen im übrigen die Gipfel oberhalb mit der großen Pustertalschau reizen, der findet ein paar Hinweise im Kasten. Aus der breiten Senke der ❷ **Flatschkofelscharte** (2223 m) überschreiten wir, in Weg Nr. 6 einbiegend, die flache Schwelle des Flatschkofel-Südrückens und drehen in der Nähe des Lapaduresjochs links ab – sofern man nicht noch einen Abstecher zum wunderbaren Hochalmsee unternehmen möchte. Aber für die meisten lockt jetzt wohl die verdiente Rast in der bewirtschafteten ❸ **Hochalmhütte** (2114 m), die auch unter dem Namen Fojedöra-Alm firmiert.

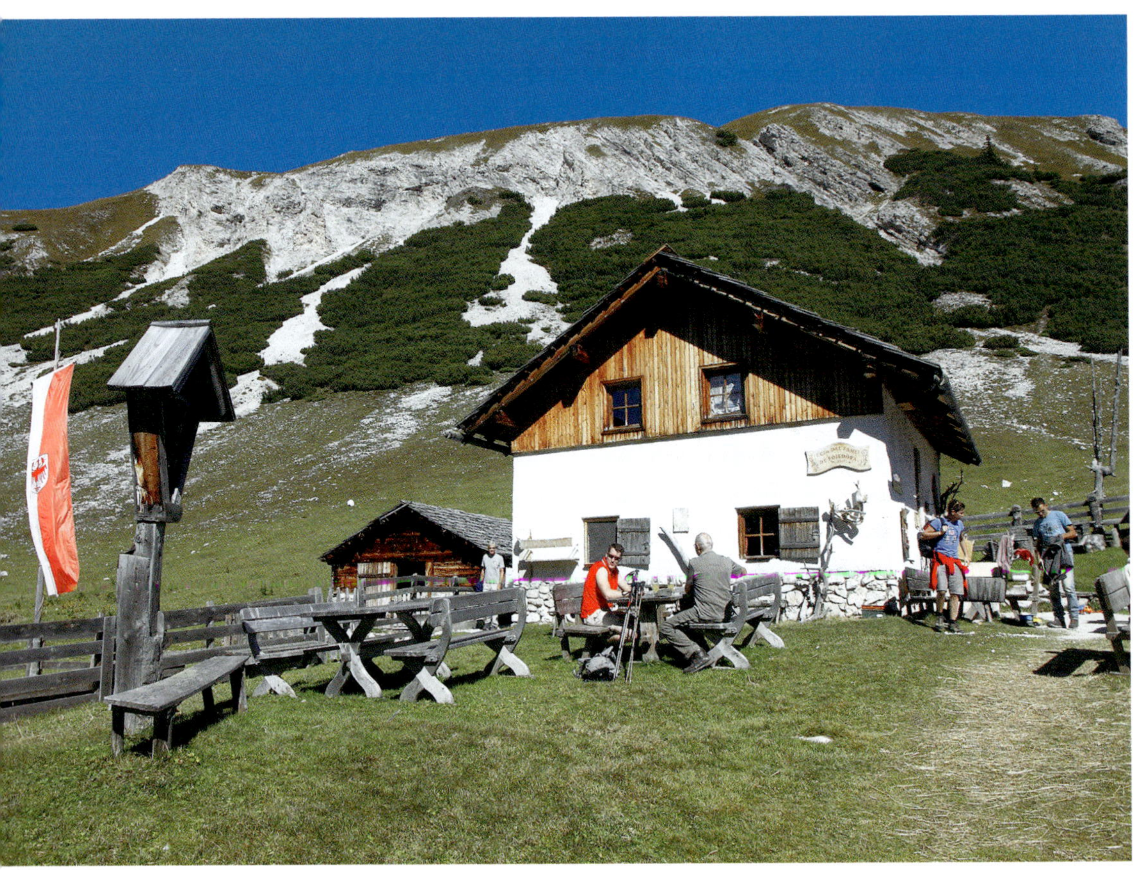

Zur sonnigen Einkehr lädt die Fojedöra-Alm, die auch Hochalmhütte genannt wird.

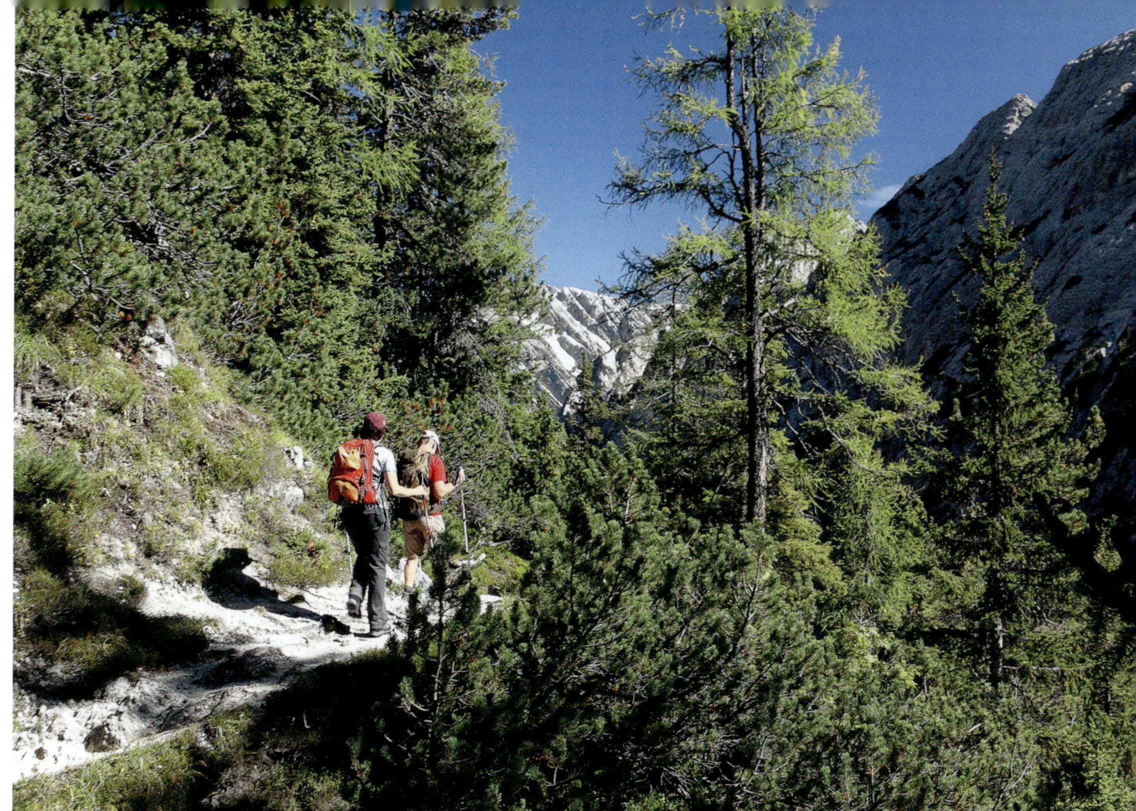

Den Rückweg treten wir durchs urtümliche Grünwaldtal an.

Rückweg durchs Grünwaldtal Mit ihren stumpfen Grasrücken, den Sandreißen und Tobeln sowie Felsabbrüchen zerklüfteter Art zeigt die Umgebung die typischen Merkmale der Pragser Dolomiten. Es ist ein im Detail sehr vielfältiges Relief, das vielleicht nicht mit dolomitischen Monumentalkulissen protzt, aber doch ein ganz individuelles Flair verströmt. Ich mag diese herbschöne Ausstrahlung, die ich erst im vergangenen Herbst auf ausgiebigen Streifzügen wieder verinnerlichen durfte.

Im Schatten der Seekofel-Nordwand Dazu passt auch der Schlussabstieg durchs lang gezogene, urwüchsige Grünwaldtal. Mit Nr. 19 geht es im Einschnitt des Rü Fosch tiefer. Vom Boden bei der ❹ Alten Kaser (1751 m) dann flach hinaus zur Grünwaldalm (1590 m), wo ebenfalls eingekehrt werden kann. Schuttzungen greifen herab, die Seekofel-Nordwand setzt ein mächtiges Ausrufezeichen. Sie ist ja berühmt als Schaustück im Hintergrund des Ⓔ Pragser Wildsees, wo wir uns nach einem erlebnisreichen Bergtag wieder ins touristische Getümmel stürzen. Vielleicht dämmert bereits der Abend, und auch dieser Ort erhält seinen mystischen Zauber zurück …

Gipfeltour

Ein wenig aufpeppen lässt sich die Tour mit der Überschreitung von **Hochalpenkopf** (2542 m) und **Maurerkopf** (2567 m). Dazu zweigt man bald hinter der Pragser Furkel bergwärts ab und folgt einer Pflöckemarkierung über die Grasflanke zu einem sattelartigen Absatz, wo der nahe Gipfel des Hochalpenkopfes auftaucht. Weit ausgebreitet liegt das grüne Pustertal unter uns, am Horizont die weiß gespickte Skyline des Alpenhauptkamms – bei klarem Wetter eine große Schau! Der Übergang zum Maurerkopf (mit dem Kreuz am Westgipfel) erfolgt durch den Trennsattel und dann ein Stück weit in die Südflanke ausbiegend. Eine kleine Pfadspur leitet von dort auch weiter zur Flatschkofelscharte. Für die Gipfelvariante rechnet man netto 1 Std. mehr.

Rund ums Altpragser Tal

Über Plätzwiese und Rossalm

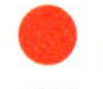 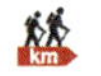  

mittel 30 km 2170 m 13 Std. (2 Tage)

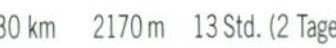

Tourencharakter
Überwiegend normale, wenig schwierige Bergwanderwege, zwischendurch allerdings einige Passagen in abschüssigem Geschröf oder Schuttreißen, deshalb Trittsicherheit wichtig. Die Zweitagetour mit Etappen von 6 bis 7 Std. Dauer erfordert gute Kondition.

Ausgangspunkt
Beim ehemaligen Bad Altprags (1376 m); Zufahrt aus dem Pustertal Richtung Prags und bei der Gabelung in den linken Talast, dort noch etwa 2 km

Endpunkt
Schmieden (1222 m), im vorderen Pragser Tal

Öffentliche Verkehrsmittel
Busverbindung von Niederdorf ins Pragser Tal

Höchster Punkt
Gamsscharte (2443 m)

Gehzeiten
Bad Altprags – Sarlsattel 2½ Std. – Sarlriedl ¾ Std. – Kirchler Scharte 1 Std. – Dürrensteinhütte 2 Std. – Gasthaus Plätzwiese ½ Std. – Rossalm 2¾ Std. – Gamsscharte 1½ Std. – Schmieden 2 Std.; insgesamt 13 Std. (2 Tage)

Aufstieg/Abstieg
1. Etappe ca. 1300 Hm Aufstieg, 630 Hm Abstieg; 2. Etappe 870 Hm Aufstieg, 1690 Hm Abstieg

Beste Jahreszeit
Ende Juni bis Mitte Oktober

Hütten/Einkehr
Putzalm, Dürrensteinhütte (Tel. 0474/97 25 05), Berggasthof Plätzwiese (Tel. 0474/74 86 50), Hotel Hohe Gaisl (Tel. 0474/74 86 06), Rossalm

Karte
Tabacco, 1:25 000, Blatt 031 »Pragser Dolomiten – Enneberg«

Im Grunde eignen sich die Pragser Dolomiten nicht für eine oberflächliche Stippvisite bei den »Hotspots« am Wildsee oder auf der Plätzwiese. Wie viele Facetten dieses Gebiet offenbart, erfährt man erst, wenn man es auf längeren Höhenwegen durchstreift. Die hier vorgestellte Tour ist eine komplette Umrahmung des Altpragser Tals – zwei voll ausgefüllte Tage oberhalb der 2000-Meter-Linie!

Stimmungsvolle Pragser Dolomiten Sarlkofel, Dürrenstein, Seekofel sowie die alles überragende Hohe Gaisl – die namhaften Schaustücke der Pragser Dolomiten gehören natürlich auch dazu. Doch ich möchte behaupten, dass der besondere Reiz dieser Gegend eher von den unspektakulären Randerscheinungen ausgeht, von der eigentümlichen Atmosphäre der abgelegenen Hochmulden etwa, wo man die Stille förmlich aufsaugen kann. Die Hochweiden der Plätzwiese sind sommers wie winters als Idyll bekannt und viel besucht. Hier finden wir auch die Infrastruktur, um zwischendurch Quartier zu beziehen. Davor und danach schwelgen wir in der Weitläufigkeit einer einsamen Gebirgslandschaft, bewegen uns über diverse Schärtchen und Sättel, die immer wieder neue Perspektiven aufwerfen. Mitunter wähnt man sich wie in einer Winnetou-Filmkulisse, wenn Fantasien mit der realen Natur verschwimmen. Die Pragser Dolo-

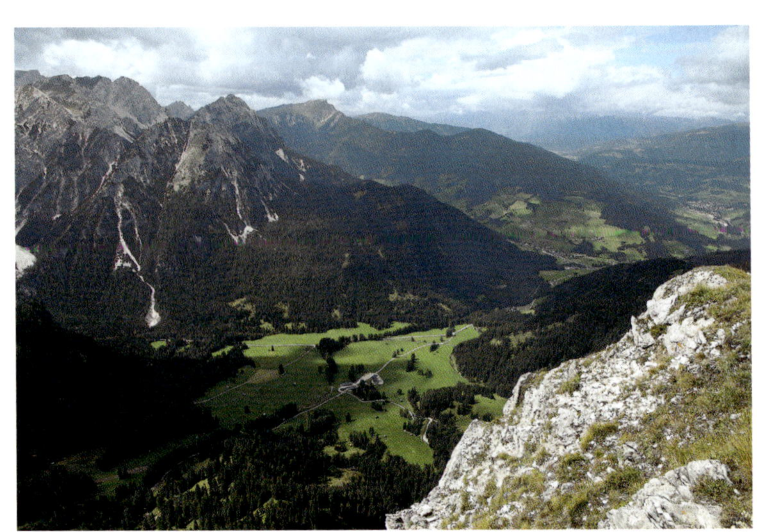

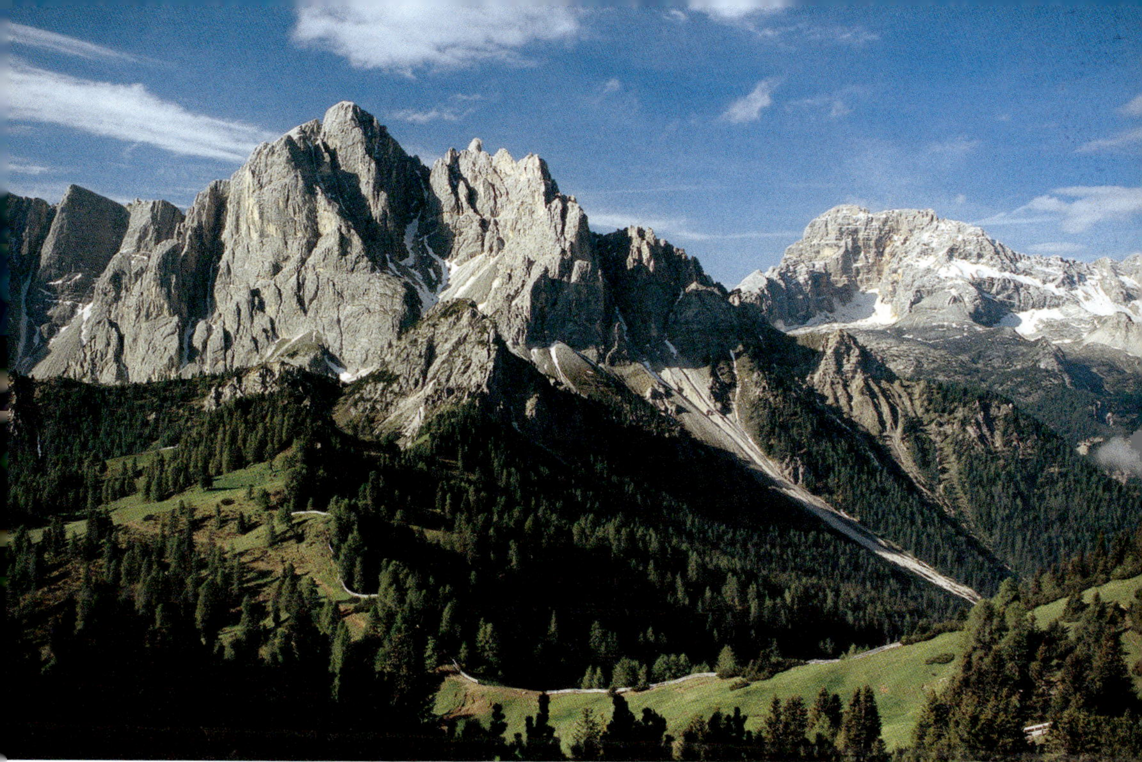

miten sind ganz sicher nicht so dominant wie die Sextener oder Ampezzaner. Ihre Reize erschließen sich letztlich subtiler, falls wir bereit sind, für eine gewisse Zeit darin einzutauchen.

Am Sarlsattel öffnet sich der Blick auf Dürrenstein (links) und Hohe Gaisl.

Zur Plätzwiese unterm Dürrenstein Das heruntergekommene Ⓐ **Bad Altprags**, ehedem blühendes Kurdomizil betuchter Gäste, ist leider kein Hingucker am Beginn unserer Tour – eher schon der senkrechte Westabbruch des Lungkofels sowie die türmegespickte Front des Dürrensteins im Hintergrund. Wir zweigen beim Sporthotel links auf eine Forststraße ab und folgen der Markierung Nr. 15 zum **Buchsenriedl** (1803 m), der den Allwartstein vom Massiv des Sarlkofels abschnürt. Jenseits des Waldsattels geht es kurz hinab zur ❶ **Putzalm** (1743 m), wo man sich rechts aufwärts Richtung Suisriedl orientiert. Eine Abkürzung führt zu einem Graben und zur Verbindung mit dem Zugang von Toblach. Das Gelände steilt schrofig auf, doch kommt man zwischen dichteren Latschen ohne besondere Hürden bis zum ❷ **Sarlsattel** (2229 m) voran. Hier zieht links eine Spur zum Sarlkofel weg – Prädikat »sehr lohnend«.

Wir sind inzwischen ja auf dem großen Dolomiten-Höhenweg Nr. 3 unterwegs, und zwar bis zum Ende der heutigen ersten Etappe. Leicht abwärts geht es am Abzweig zum Lungkofel vorbei – von der Rückseite nur mehr ein unspektakulärer Gupf, wie man erkennt – und weiter nahe der Kammlinie in Grundrichtung Süd auf den mächtigen Dürrenstein zu. Linker Hand hat

Linke Seite: Die vorderen Pragser Berge und die Mündung ins Pustertal vom Lungkofel gesehen

Gipfeltouren

Obschon die beiden Etappen ziemlich lang sind, mag manch einer unter Umständen auf Gipfelabstecher nicht verzichten. Einige verlangen nicht sonderlich viel Mehraufwand, zum Beispiel **Sarlkofel** (2378 m) und **Lungkofel** (2282 m) am ersten Tag sowie **Großer Jaufen** (2480 m), **Großer Rosskopf** (2559 m) und eventuell der **Herrstein** (2447 m) am zweiten Tag. Stattlichster Wandergipfel in der Nähe ist der **Dürrenstein** (2839 m), der jedoch von der Plätzwiese aus einen Extratag beansprucht.

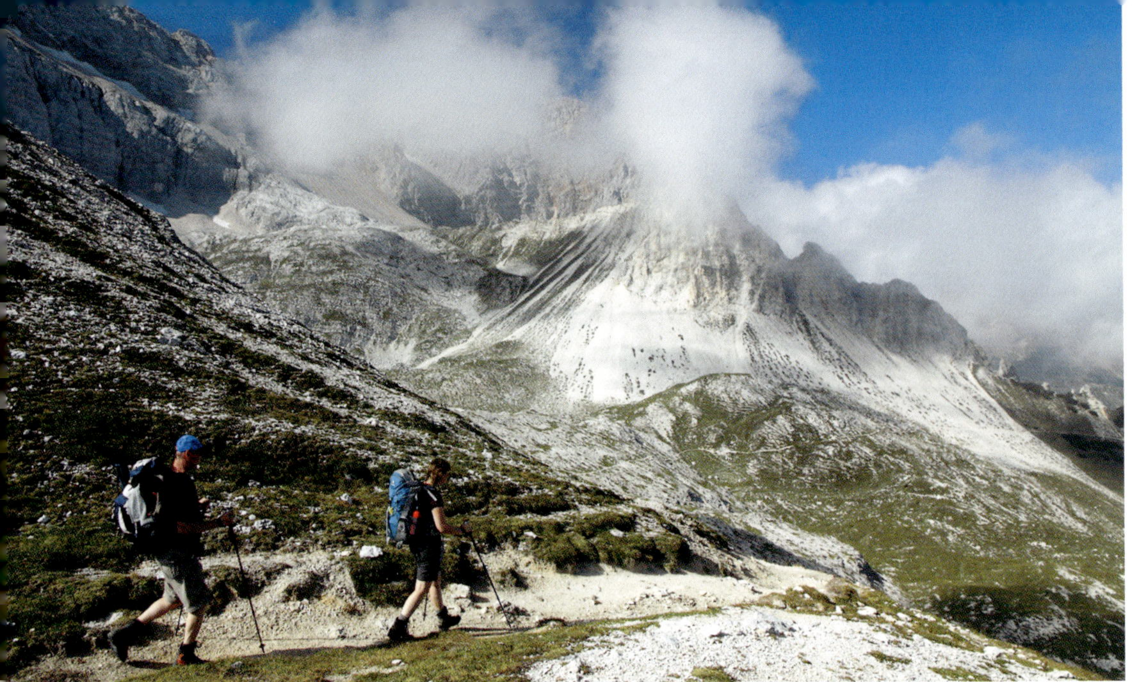

Der Höhenweg über die Gaiselleite zählt zu den schönsten in den Pragser Dolomiten.

man die Westseite der Sextener Dolomiten über dem Höhlensteintal im Visier. Nachdem der ❸ **Sarlriedl** (2099 m) tangiert wurde, weicht man mit geringem Zwischenabstieg dem Sarlkopf aus und gelangt durch eine seichte Rinne in den **Flodigesattel** (2163 m), direkt vor der Ausmündung der grimmigen Nordschlucht am Dürrenstein. Rechts haltend zu einem weiteren Sattel (P. 2171) und damit auf eine Traverse abschüssiger Schutt- und Schrofenflanken. Der Blick gleitet von hier abwärts bis nach Bad Altprags. Wir peilen bereits die vorspringende Kanzel des Kirchler Schroppen an und gewinnen mit einigen Kehren daneben die ❹ **Kirchler Scharte** (2280 m) als Überstieg: ein toller Rastplatz, der uns praktisch die ganze Talumrahmung offenbart.

Jenseits lassen sich 200 Meter Höhenverlust nicht vermeiden. Nach den Kehren leitet eine gesicherte Rampe um einen Felssporn herum. Wir kreuzen eine Rinne und geraten im Schräganstieg auf die große Schotterreiße der Kirchler Lahn. Zum Glück ist die Pfadspur auch hier recht passabel – trotzdem Vorsicht. Die Fortsetzung führt dann in leichtem Auf und Ab durch sehr urwüchsiges Gelände. Nochmals ist eine Reiße zu queren, ehe unser Weg allmählich sanftmütiger über Wiesenstreifen Richtung Plätzwiese ausläuft. Beim Kreuzungspunkt müssen wir uns entscheiden: Mit einem Rechtsknick abwärts würden wir die beiden komfortablen Hotelbetriebe auf der Plätzwiese erreichen. Wer günstiger übernachten möchte, kann noch eine halbe Stunde südwärts bis zur ❺ **Dürrensteinhütte** (2040 m) weitermarschieren. Diese steht neben einem alten Sperrfort vis-à-vis des Cristallomassivs. Blickfang ist natürlich seit geraumer Zeit auch die Hohe Gaisl.

Über die Gaiselleite zur Rossalm Den Anbruch des zweiten Tages auf der bezaubernden Plätzwiese zu erleben, noch bevor dort der übliche Touristenrummel einsetzt, kann emotional schon mal Flügel verleihen. Nun, Flügel werden wir heute zwar nicht unbedingt brauchen, aber doch eine grundsolide Kondition, denn die

Strecke zieht sich. Und dabei wird es urwüchsig weitergehen. Unser Höhenweg (lokale Nr. 3) zweigt direkt beim ❻ **Gasthof Plätzwiese** (1991 m) ab. Durch licht bewaldetes, kupiertes Gelände kommen wir nahe der Stollaalm vorbei und gewinnen danach sukzessive an Höhe. Über den Gumpalboden bleibt die Waldgrenze allmählich zurück, womit sich freiere Ausblicke ergeben, besonders schön jetzt auf den Dürrenstein gegenüber. Zur anderen Seite versperrt der mächtige Gaislstock jegliche Fernsicht, was angesichts solch imposanter Felsmassen freilich kein Manko ist. Wir werden uns reichliche zwei Stunden lang an seinen Ausläufern bewegen. Durch eine seichte Rinne erreichen wir einen Absatz vor dem nordöstlich eingelagerten Gletscherkar und ziehen dann fast höhengleich im Bogen um den Vorsprung der Schlechtgaisl. Am Ende der anschließenden Kartraverse erkennt man bereits die nächste markante Rippe. An diesem Eck setzt eine mit Ketten entschärfte Bändertraverse ein, oberhalb morscher Abhänge das kniffligste Stück dieser Etappe. Es dauert aber nicht lange und wir wandern bereits wieder in harmlosem Terrain. Leicht absteigend kommt man zu einem breiten Wirtschaftsweg und in wenigen Schritten zur Einkehr bei der ❼ **Rossalmhütte** (2164 m).

Die oben erwähnte Winnetou-Landschaft ist wohl nirgends so gegenwärtig wie beim Weiterweg auf die welligen Hochböden der Rossalm. Dazu tragen nicht nur die weidenden Pferde selbst bei, sondern auch solch eine Morphologie, wie wir sie beispielsweise am Kühglattenpinggl beobachten können. Vom Gaislstock nehmen wir jetzt immer weiter Abstand, orientieren uns auf einer Geländeschwelle rechts (Weg Nr. 28) und beschreiten die grasig-steinigen Böden in Grundrichtung Nord. Unter der Kammlinie zwischen Jaufen und Gamezalpenkopf geht es ins Große Rosstal hinein, eine abgeschiedene Wanne, die Richtung ❽ **Gamsscharte** (2443 m) aufschließt. Abermals ein neues Panorama! Im Norden sticht der Herrstein hervor. Die Geröllhalden der Weißlahn lassen Schlimmes befürchten, und tatsächlich braucht man im Bergab über den losen Schotter gediegene Standfestigkeit. Die Markierung weist nach einigem Zickzack links zum **Weißlahnsattel** (2194 m) hinüber, doch kann der Trittsichere gleich geradeaus abkürzen. Das Gelände wird freilich erst wieder bequemer, nachdem auch der untere, zwischen Daumkofel und Herrstein eingelagerte Trichter in Serpentinen hinter uns liegt. Der Schluss vollzieht sich durchs Schadebachtal hinaus zur Pragser Straße, wo rechter Hand das Dorf Ⓔ **Schmieden** erreicht wird.

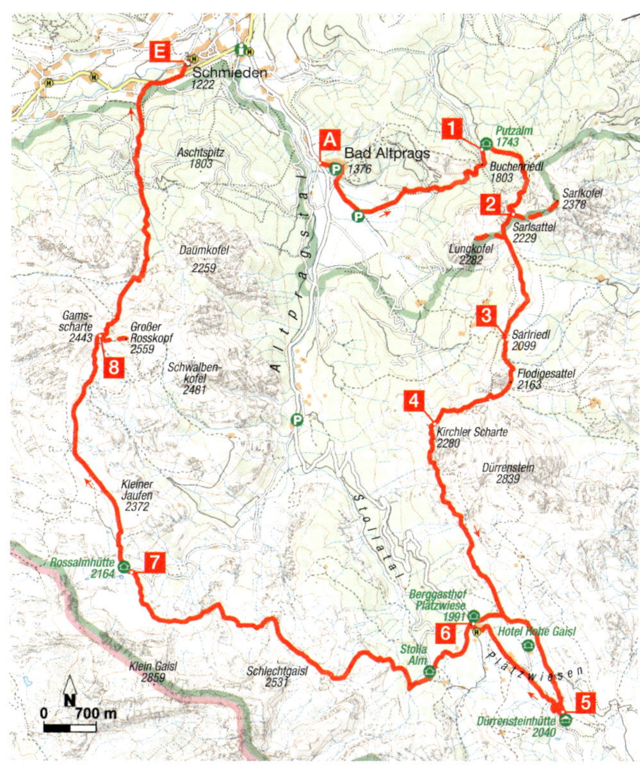

35

Sentiero Ivano Dibona

Ehemaliger Frontsteig am Cristallo

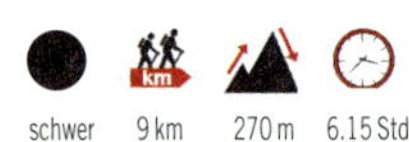

Tourencharakter
Sehr lange, alpine Höhenroute mit etlichen Klettersteigelementen (Grad A bis B). Einige heikle Passagen verlangen Bergerfahrung, absolute Trittsicherheit und Schwindelfreiheit obligatorisch. Umgekehrte Richtung wesentlich anstrengender, im Bergab gute Kondition erforderlich.

Ausgangspunkt
Forcella Stauniès (2918 m), erreichbar mit der Seilbahn von Rio Gere an der Straße von Cortina zum Passo Tre Croci. Betriebszeiten Mitte/Ende Juni bis Mitte/Ende September (8.30 bis 16.30 Uhr)

Endpunkt
Ospitale (1490 m), an der SS 51 zwischen Cortina und Toblach

Öffentliche Verkehrsmittel
Ab Cortina d'Ampezzo Buslinien Richtung Toblach und zum Passo Tre Croci

Höchster Punkt
Cristallino d'Ampezzo (3008 m)

Gehzeiten
Forcella Stauniès – Cristallino d'Ampezzo ½ Std. – Forcella Padeòn 1¼ Std. – Forcella Bassa 1¾ Std. – Col dei Stombe 1¼ Std. – Ospitale 1½ Std.; insgesamt 6¼ Std.

Aufstieg/Abstieg
270 Hm Aufstieg, 1700 Hm Abstieg

Beste Jahreszeit
Anfang Juli bis Ende September

Hütten/Einkehr
Rifugio Lorenzi (Tel. 0436/ 86 61 96), Rifugio Ospitale

Karte
Tabacco, 1:25 000, Blatt 03 »Cortina d'Ampezzo e Dolomiti Ampezzane«

Ein anregendes Auf und Ab über mehrere Scharten, luftige Bänderquerungen, dazu das Dauerpanorama über die Ampezzaner Dolomiten und zeitweilig auch nach Norden bis zum Alpenhauptkamm. Diese Kurzcharakterisierung stempelt den Sentiero Ivano Dibona zu einem echten Dolomiten-Highlight. Hier kommen Landschaftsgenießer mit einem Faible für hochalpine Unternehmungen voll auf ihre Kosten.

Auf den Spuren der Dolomitenfront Der Sentiero Dibona, um 1970 aus ehemaligen Kriegssteigen am Westausläufer des Cristallostocks restauriert (was nicht zu übersehen ist!), präsentiert sich beileibe nicht als Spaziergang. Die Kategorisierung »Klettersteig« wäre jedoch fast zu viel der Ehre, auch wenn gerade im höchsten Abschnitt der Route einige exponierte, eisengespickte Passagen den sonst nur an typische Wanderwege gewöhnten Aspiranten ordentlich auf die Probe stellen. Schnee- und gewitterfreie Bedingungen müssen unbedingt vorausgesetzt werden, sonst kann es sehr ungemütlich werden. Passen sowohl die äußeren Umstände als auch die

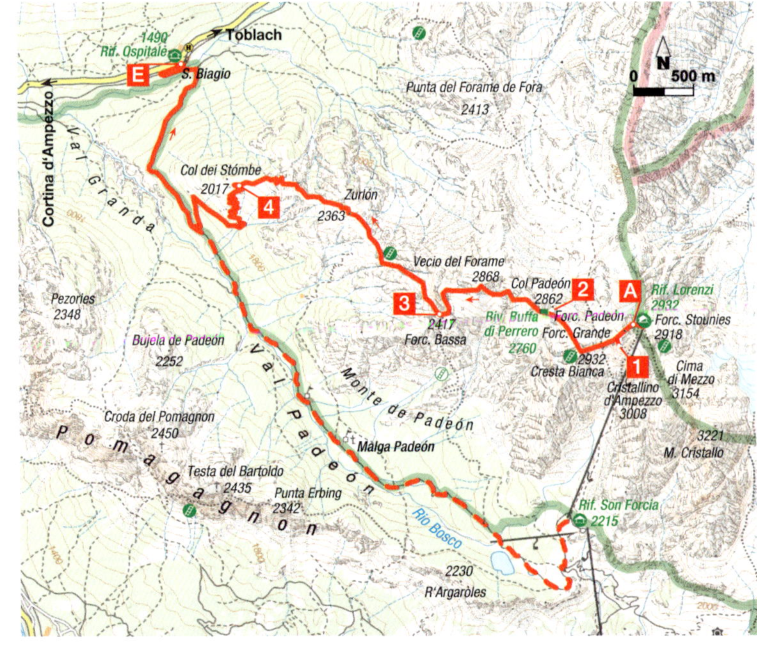

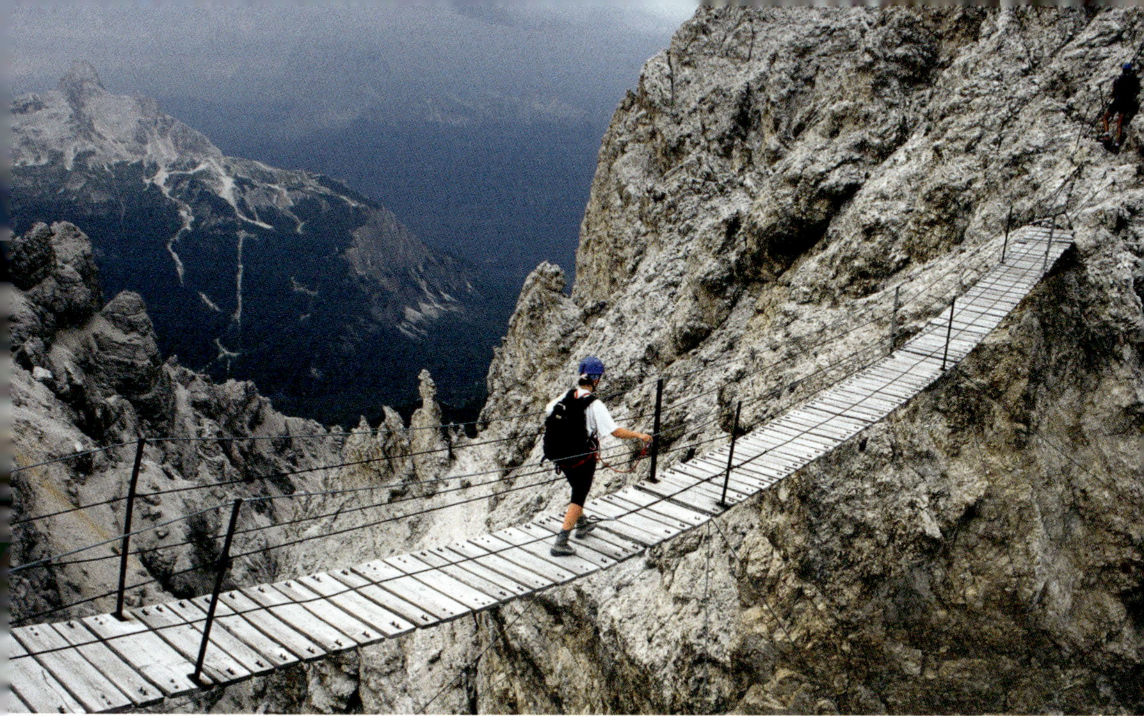

Die Hängebrücke »Ponte Cristallo« ist der erste Clou am Sentiero Dibona.

persönliche Leistungsfähigkeit, vereinigen sich Tourenverlauf und Aussicht zu einer friedlichen Sternstunde. Solcherlei erlebten die Soldaten im Ersten Weltkrieg wohl kaum. Entlang des heutigen Sentiero Dibona unterhielten die italienischen Alpini ihre Frontstellungen, während sich die österreichischen Kaiserjäger gegenüber am Forame und an der Schönleitenschneid verschanzten. Keiner der Kontrahenten konnte eine Überlegenheit ausspielen, allein der Tod war allgegenwärtig.

»Einbahnstraße« von der Forcella Staunies Ich persönlich habe zwar auch schon mal ganz ambitioniert die Gegenrichtung ausprobiert, aber normalerweise wird der Sentiero Dibona im überwiegenden Abstieg von der hoch gelegenen A Forcella Staunies her begangen. Diese erreichen wir in zwei Sektionen mit Sessel- und Stehgondellift. Wer oben im Rifugio Lorenzi (2932 m) übernachtet, kann in der Früh gleich ohne Stau und Zeitverlust starten und womöglich die allerschönsten Stimmungen einfangen; dies nur als Tipp. Der Sentiero ferrato Dibona beginnt ziemlich spektakulär mit einigen Stiegen, einem kurzen Tunnel und Drahtseilpassagen zum prickelnden »Ponte Cristallo«, jener schwankenden Hängebrücke über einem tiefen Spalt. Danach über Leitern auf die Grathöhe und zum Abzweig Richtung 1 Cristallino d'Ampezzo (3008 m), den Gipfelsammler nicht versäumen werden. Ein kurzer, ebenfalls klettersteigartig ausgebauter Stich leitet bereits zum Kulminationspunkt der Tour. Anschließend geht es über steilen, gut gestuften Fels fast durchgängig gesichert zum Kreuzungspunkt in der Forcella Grande (2874 m) hinab. Die Cresta Bianca wird von der Südseite her passiert, ehe schräge Bänder in die 2 Forcella Padeòn (2760 m) und zu einer Kriegsbaracke als Notunterschlupf hinableiten. Hier befand sich im

Variante

Wem die Organisation mit öffentlichen Verkehrsmitteln zu umständlich erscheint, der kann im **Val Padeòn** die entgegengesetzte Richtung einschlagen und mit einem anhänglichen Gegenanstieg zur Mittelstation Son Forca (2215 m) gelangen. Dafür braucht man gut 1 Std. länger.

Krieg ein Kommandostand. Wir bleiben jetzt auf der Südseite und queren – nach kurzem Gegenanstieg zu einer Schulter – mit Drahtseil die bröseligen Steilflanken des Vecio del Forame entlang markant ausgewitterter, luftiger Schichtbänder: einfach fantastisch! In splittrigem Geröll führt die atemberaubende Traverse über den Abgründen schräg abwärts und um mehrere Ecken herum in die **Forcella Alta** (2687 m). Nicht ganz so viel Spaß macht ein sandiger Steilabstieg im Bereich einer langen, haltlosen Rinne. Danach schwenkt der Sentiero Dibona nach rechts, um erneut auf Bändern um eine Kante herum zum nächsten Einschnitt an der ❸ **Forcella Bassa** (2417 m) voranzukommen. Von einem »Fluchtweg« talwärts wird entschieden abgeraten.

Luftiger Pfad zum Col dei Stombe Ein höchst abwechslungsreicher Verlauf mit häufigen Nahszenenwechseln bleibt uns auch in der zerschlissenen Südwestflanke des Zurlonkammes erhalten. Immer wieder geht es leicht auf und ab, durch mehrere Nischen und zwischendrin nochmals die Grathöhe tangierend, von Zeit zu Zeit auch an alten Kriegsruinen vorbei. Die Kavernen, Laufgräben und verfallenen Baracken erzählen eine traurige Geschichte von Gemetzeln und Überlebenskämpfen inmitten einer oft unerbittlichen Natur. Mitunter müssen wir sogar aufpassen, unseren Weg nicht mit einer wilden Pfadspur aus dem Krieg zu verwechseln. Schließlich erreicht man über die **Forcella Zurlon** (2363 m) mit letzten Sicherungen einen weiteren sandigen Hang, der gegen den ❹ **Col dei Stombe** (2168 m) abdacht.

Gute Gelegenheit, ein letztes Mal ausgiebig das Panorama zu würdigen: Gegenüber baut sich der Pomagagnon auf, dahinter die drei Gipfel der Tofane. Gen Norden gibt sich die Hohe Gaisl zu erkennen, flankiert von den weitläufigen Gebieten der Sennes und Fanes. Am westlichsten Ausläufer des langen Gratzuges liegt das ruppige Terrain hinter uns. Wir vertrauen uns dem guten Kehrenweg hinunter ins Val Padeòn an, wo man auf eine breite Trasse stößt. Mit ihr geht es hinaus nach Ⓔ **Ospitale**, zuletzt aus dem Bachgraben in kurzem Gegenanstieg zum Gasthaus an der Straße.

Markante Felsschichtungen machen die Sedimentation in einem Flachmeer begreiflich; in der Ferne stehen die Tofane Parade.

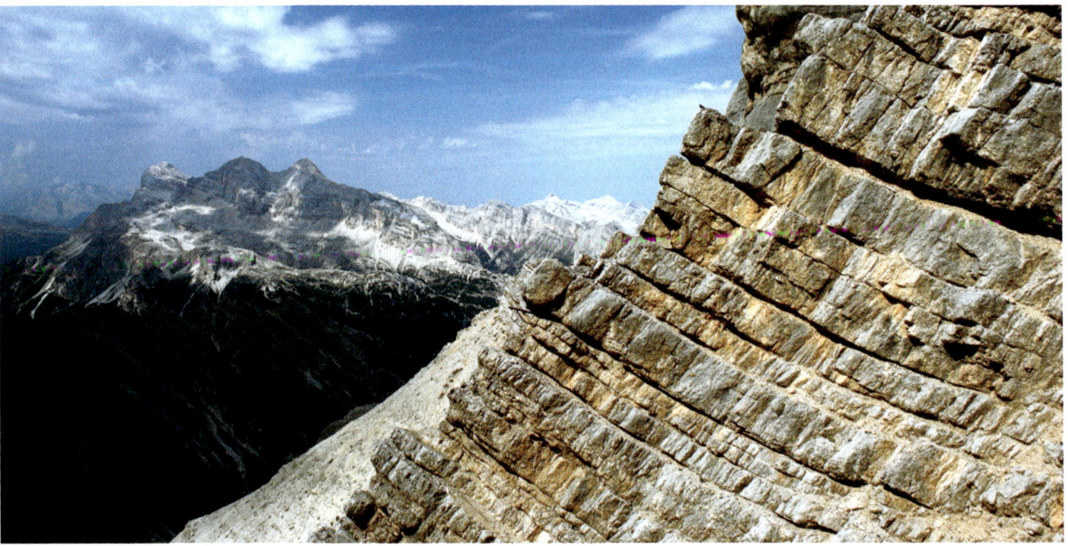

Sentiero Bonacossa

Auf dem schönsten Weg durch die Cadinigruppe

Die Gruppe der Cadini di Misurina steht gleichsam im Hinterland der übermächtigen Drei Zinnen, die das touristische Interesse einfach auf sich ziehen. Doch die Cadini sind mehr als nur eine gefällige Hintergrundkulisse. Wer in ihre verschachtelte Topografie eintaucht – am besten auf dem Sentiero Bonacossa und dem Sentiero Durissini – wird womöglich jenen Dolomitenzauber erleben, der allzu berühmten Flecken leider oft schon abhanden gekommen ist.

Der kleine Bruder des Bocchetteweges Als »Anhängsel« der Sextener Dolomiten erstrecken sich die Cadini di Misurina in dem Raum unmittelbar südlich der Drei Zinnen bis hin zum Val d'Ansiei, vis-à-vis von Sorapìss und Marmarole. Die relativ geringe Flächenausdehnung dieser Gruppe ist allerdings nicht gleichbedeutend mit einer, im Wortsinn, guten Überschaubarkeit. Im Gegenteil: Der Aufbau ist so kompliziert und verschachtelt, dass man ordentlich zu tun hätte, wollte man jeden versteckten Winkel aufspüren. Charakteristisch sind zum einen die zahlreichen kühnen Türme und Nadeln, die hier einen wahren »Felsenwald« formieren, andererseits die dazwischenliegenden Schuttkare, welche der Gruppe auch den Namen verliehen haben (Cadin bedeutet Kar). Dass die

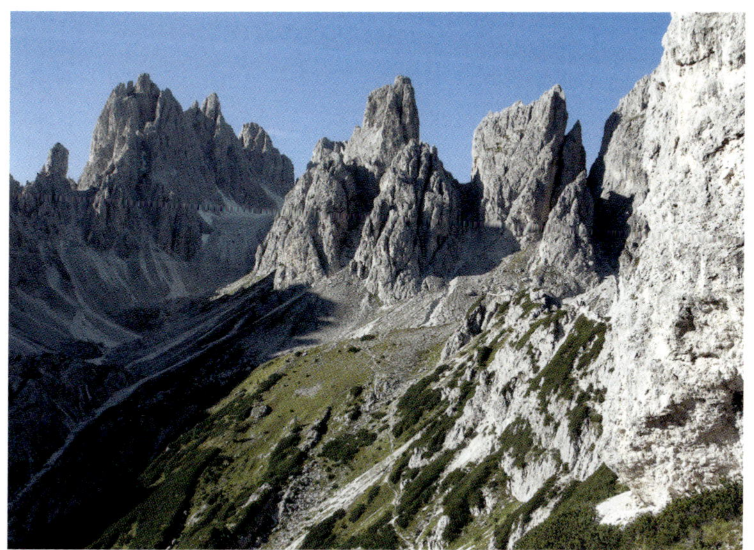

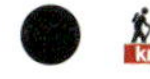   

schwer 7 km 750 m 5.00 Std.

Tourencharakter
Hochalpine Steiganlage mit wiederholten gesicherten Passagen (Grad A bis B). Ständig auf und ab, teils steil und etwas ausgesetzt. Solide Bergerfahrung mit Trittsicherheit und Schwindelfreiheit notwendig, Ausdauer für eine normale Tagestour.

Ausgangspunkt
Rifugio Auronzo (2320 m), Großparkplätze am Ende der Drei-Zinnen-Straße von Misurina

Endpunkt
Bergstation des Sessellifts von Misurina zum Rifugio Col de Varda (2115 m); bis 16.45 Uhr (Hauptsaison 17.45 Uhr) in Betrieb

Öffentliche Verkehrsmittel
Busverbindungen von Toblach und Cortina nach Misurina, auch die Drei-Zinnen-Straße wird in der Hauptsaison bedient

Höchster Punkt
Forcella del Diavolo (2480 m)

Gehzeiten
Rifugio Auronzo – Rifugio Fonda Savio 2½ Std. – Rifugio Col de Varda 2½ Std.; insgesamt 5 Std.

Aufstieg/Abstieg
In Summe 750 Hm Aufstieg, 950 Hm Abstieg

Beste Jahreszeit
Ende Juni bis Ende September

Hütten/Einkehr
Rifugio Auronzo (Tel. 0435/390 02), Rifugio Fonda Savio (Tel. 0435/390 36), Rifugio Col de Varda (Tel. 0435/390 41)

Karte
Tabacco, 1:25 000, Blatt 017 »Dolomiti di Auronzo e del Comelico« oder 010 »Sextener Dolomiten« oder 03 »Cortina d'Ampezzo e Dolomiti Ampezzane«

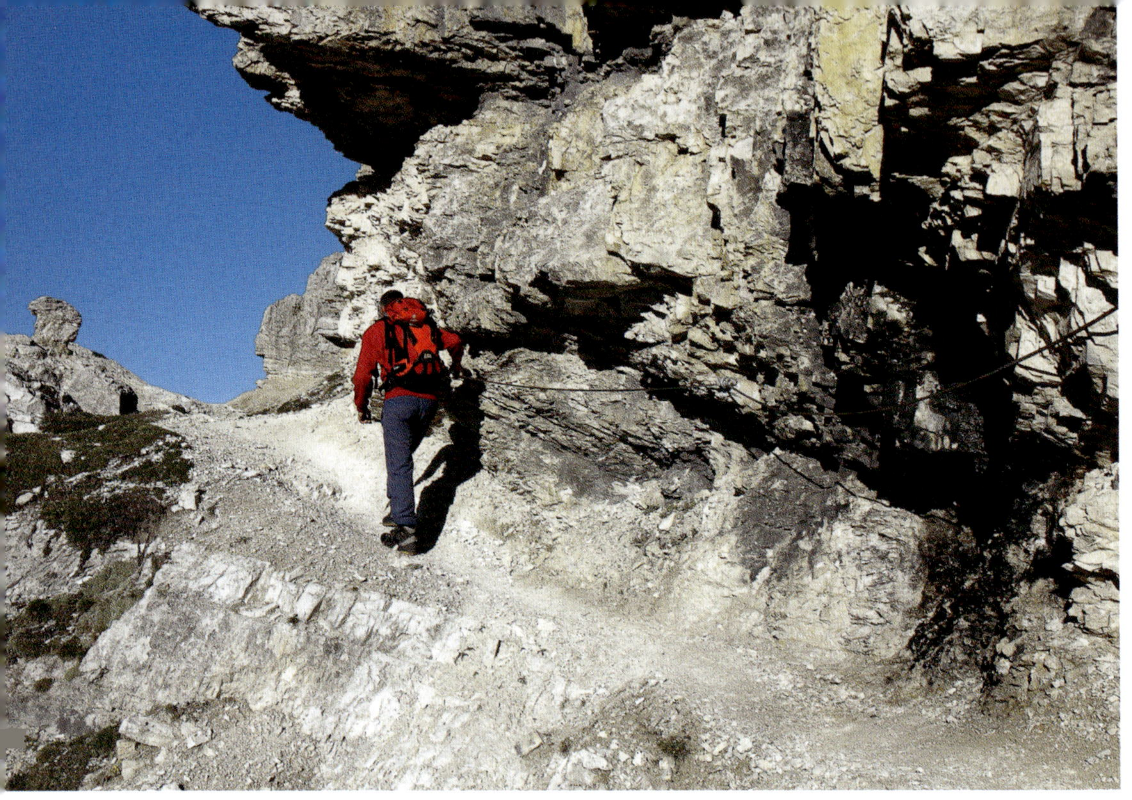

Der Sentiero Bonacossa besticht durch einen sehr abwechslungsreichen Verlauf.

Kletterer in diesem Revier ein feines Angebot vorfinden, mag nicht überraschen. Die 1962 erbaute Fonda-Savio-Hütte hat sich als zentraler Stützpunkt längst etabliert. Doch was ist mit dem Wanderer? Beim Blick auf die Karte lässt sich auf Anhieb eine Idealroute für eine erste Erkundung ausmachen: Es ist der Sentiero Alberto Bonacossa, der die Auronzohütte am Fuße der Drei Zinnen mit der Hütte am Col de Varda verbindet und die Cadinigruppe damit von Nord nach Süd durchquert. Die Route basiert wieder einmal auf der Trasse alter, teilweise ausgesprengter Kriegssteige, die später zu einem stellenweise gesicherten Höhenweg ausgebaut wurden. So stellt man sich einen typischen Dolomiten-Höhenweg vor: abwechslungsreich im Verlauf über mehrere Scharten, garniert mit tollen Ausblicken auf die umliegenden Massive und interessanten Einblicken in die bizarre Architektur Cadini selbst. Ein klein wenig erinnert mich der Sentiero Bonacossa an die berühmte Via delle Bocchette. Er ist in puncto Routenführung zwar nicht ganz so verwegen und spektakulär wie der Supersteig in der Brenta – und auch nicht so anspruchsvoll –, geizt ansonsten aber in keinster Weise mit landschaftlichen Finessen.

Zum Rifugio Fonda Savio Wer ohne vorherigen Zustieg beim Ⓐ **Rifugio Auronzo** losmarschiert, kehrt den Drei Zinnen erst einmal den Rücken – natürlich nicht ohne sich immer mal wieder umzudrehen, denn das Dreigestirn offenbart auch auf seiner Südseite eine eindrucksvolle Kulisse. Im Osten wissen die Massive über dem Tal von Auronzo zu gefallen, unter ihnen der mächtige Zwölfer, gen Westen sind es der Cristallo und die Pragser Dolomiten. In der Vorausschau fesseln nun aber die filigranen Spitzen der Cadini, wecken vor allem unsere Neugier. Man kann es kaum erwarten, ihren gut gehüteten Geheimnissen auf die Spur zu kommen. Wir wandern auf Weg Nr. 117

Vorherige Seite: Dieses Bild präsentiert sich uns, wenn wir von Norden in die labyrinthischen Cadini di Misurina eintauchen.

durch die schwache Kammsenke der Forcella Longéres in Richtung ❶ **Le Cianpedele** (2346 m). Die offizielle Trasse führt knapp links um die mit Steinmännchen besetzte Kuppe herum und dann auf Bändern mit ersten Drahtseilen weiter. Hinter einem Stollen gehört der Abstieg an einer Rampe zu den anspruchsvollsten Abschnitten am Sentiero Bonacossa, vor allem in einer halb überdachten, oft feuchten Verschneidung, die aber gut gesichert ist. Im weiteren Verlauf schleichen wir über reizvolle Schrofenbänder, dann mit etwas Auf und Ab gratnah in die ❷ **Forcella de Rinbianco** (2176 m). Steige von Ost und West münden in diesem Bereich. Man setzt seinen Weg nun leichter in das nordseitige Kar fort, bevor man in eine gesicherte Rinne kommt, der rechts auf den Passo dei Tocci entstiegen wird. Gleich dahinter steht das ❸ **Rifugio Fonda Savio** (2367 m) – Halbzeitstation!

Zwei Scharten bis zum Col de Varda Den nächsten Steilaufbau der Cima Cadin Nordovest umgeht man auf der Westseite, quert dabei durch Schotterfelder und erreicht im Zickzack mit der grimmigen ❹ **Forcella del Diavolo** (ca. 2480 m) den höchsten Punkt des Sentiero Bonacossa. Einschüchternd das jenseitige Bergab: Über felsdurchsetzten Schutt wird es noch steiler, wobei sich an Stufen auch zwei Leiterpassagen dazwischenschalten. Der Zickzackkurs leitet ins Cadin de la Neve, das diagonal absteigend auf die gegenüberliegende Seite gekreuzt wird. Dort beginnt an einer bröseligen Rinne der letzte Gegenanstieg hinauf zur ❺ **Forcella di Misurina** (ca. 2330 m). Abermals geraten wir in Steilgelände mit diversen Sicherungen, einmal sogar in eine Art Felsloch. Jenseits der Scharte ist nur die anfängliche Rinne mit Drahtseil versehen. Danach läuft der Sentiero Bonacossa als normaler Wanderweg mit herrlichem Blick auf Sorapìss und Cristallo aus. Der Schrägabstieg leitet über die gebietstypischen Schuttreißen zum **Rifugio Col de Varda** (2115 m), von wo man mit dem Sessellift letztlich gemütlich zum Ⓔ **Lago di Misurina** hinabschwebt. Was bleibt am Ende? Ganz sicher die Erinnerung an einen herrlichen Bergtag abseits des großen Dolomitentrubels. Und andererseits die Erkenntnis, dass es neben – oder sollte ich besser sagen: hinter – den Drei Zinnen auch noch vieles zu entdecken gibt.

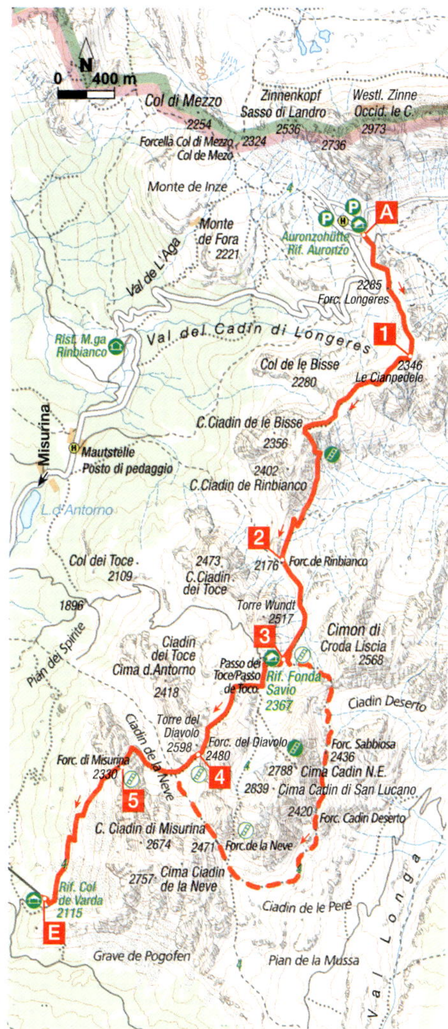

Tipp

Ein spannungsreicher Verlauf ist auch dem **Sentiero Durissini**, der einen Bogen um das Massiv der Cima Cadin di San Lucano schlägt, zu eigen. Vor allem der Sprung von einem Schärtchen zum nächsten auf der Ostseite ist in dieser Form einzigartig und von stets veränderten Nahimpressionen geprägt. Vom Ablauf her wäre es praktikabel, die Überschreitung der Forcella de la Diavolo am Sentiero Bonacossa durch den Sentiero Durissini zu ersetzen und über die Forcella de la Neve (2471 m) wieder auf die Originalroute zurückzukehren (mindestens 1 Std. Mehraufwand). Oder man lässt die Tour über das Rifugio Città di Carpi (2110 m) gemächlicher ausklingen.

Rund um die Drei Zinnen

Das berühmte Gipfelensemble von allen Seiten

leicht 8 km 400 m 3.30 Std.

Tourencharakter
Leichte, streckenweise sehr breit ausgebaute Wanderwege mit geringen Höhendifferenzen. Außer elementarer Bergtauglichkeit keine nennenswerten Anforderungen.

Ausgangspunkt
Rifugio Auronzo (2320 m), Großparkplätze am Ende der Drei-Zinnen-Straße von Misurina (sehr teure Maut!)

Öffentliche Verkehrsmittel
Busverbindungen von Toblach und Cortina nach Misurina, auch die Drei-Zinnen-Straße wird in der Hauptsaison bedient.

Höchster Punkt
Paternsattel (2454 m)

Gehzeiten
Rifugio Auronzo – Paternsattel ¾ Std. – Drei-Zinnen-Hütte ¾ Std. – Forcella del Col di Mezo 1½ Std. – Rifugio Auronzo ½ Std.; insgesamt 3½ Std.

Aufstieg/Abstieg
Gut 400 Hm

Beste Jahreszeit
Mitte Juni bis Mitte Oktober

Hütten/Einkehr
Rifugio Auronzo (Tel. 0435/390 02), Rifugio Lavaredo (Tel. 349/602 86 75), Drei-Zinnen-Hütte (Tel. 0474/97 20 02), Lange Alm

Karte
Tabacco, 1:25 000, Blatt 010 »Sextener Dolomiten« oder 017 »Dolomiti di Auronzo e del Comelico«

Die berühmteste aller berühmten Felsformationen in den Dolomiten steht ganz im Nordosten, in den Sextenern: die Drei Zinnen. Reine Kletterberge sind sie und dabei auch ein touristisches Allgemeingut, zum Mythos hochstilisiert. Trotz zahlloser Postkarten- und Kalenderbilder: Sie mit eigenen Augen zu sehen, ihre unvergleichliche Aura zu spüren, ist am Ende etwas ganz anderes …

Ein alpines Schönheitsideal Mit diesen Bergen verhält es sich schon sonderbar, verkörpern sie doch eine Mischung aus trivialem Sightseeing-Sujet, das man auf einer Dolomitenreise eben mal abhakt, und echtem Bergsteigergeist. Manche können sich vor Begeisterung kaum zügeln, während andere schon abwinken, wenn sie diesen Namen hören, der ja noch nicht einmal ein richtiger Name ist: Drei Zinnen. Der Massentourismus hat hier eine Hochburg! So etwas zieht mich persönlich auch nicht unbedingt an. Doch bei den Drei Zinnen schaue ich trotzdem immer wieder mal vorbei – vielleicht zur Vergewisserung, dass etwas

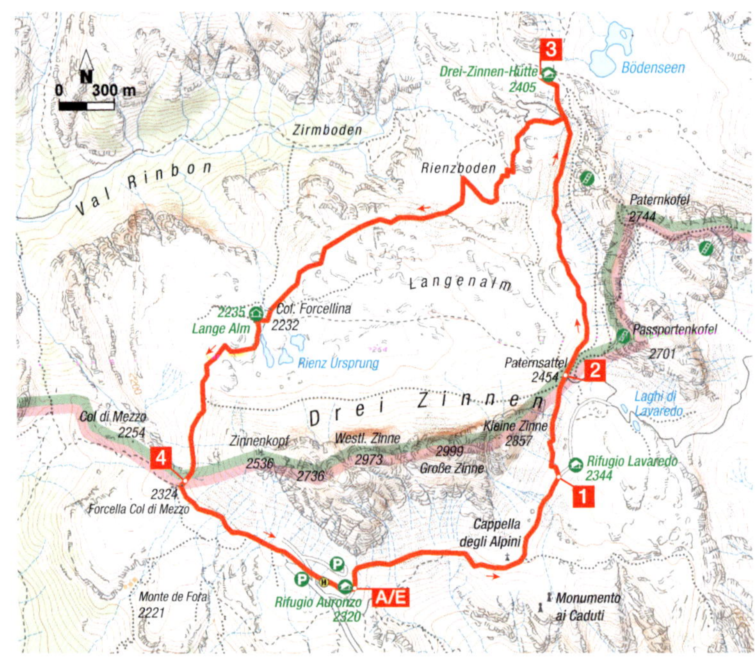

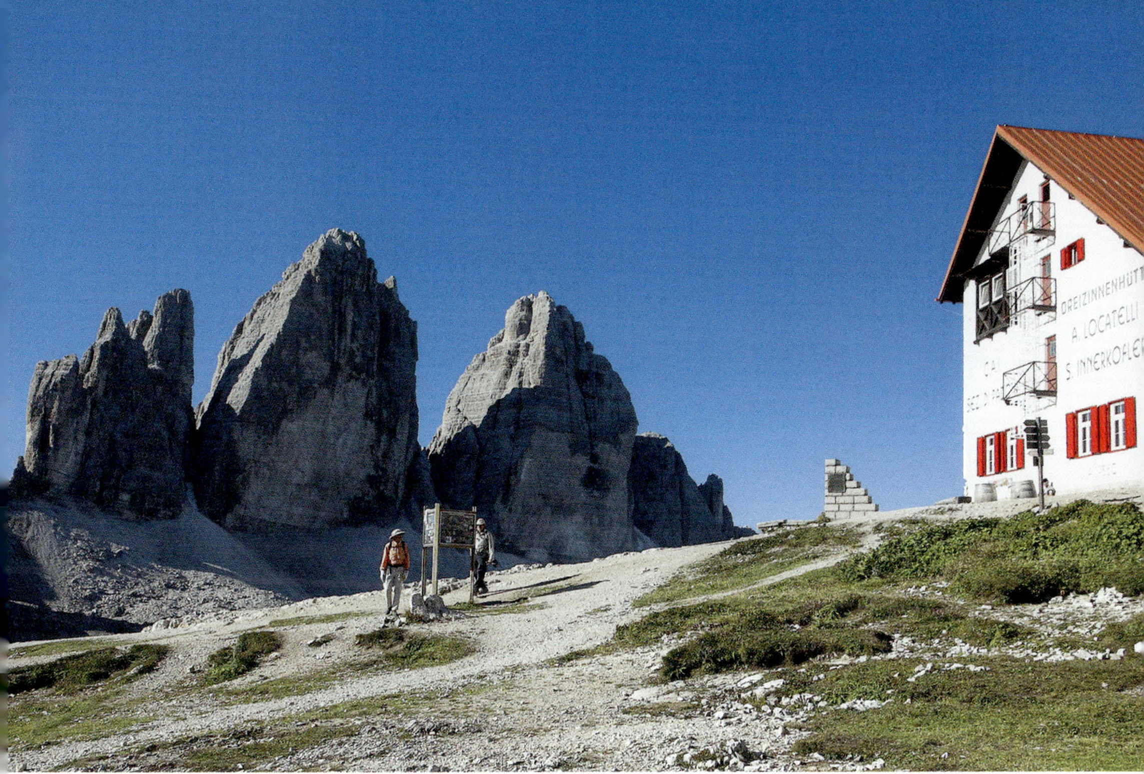

Magnet für Bergfreunde aller Couleur: die Drei-Zinnen-Hütte mit ihrem unvergleichlichen Felstriumvirat

Vertrautes, Liebgewonnenes noch unverrückt an seinem Platz steht. Wie ein Kunstwerk auf einem Sockel posiert das Felstriumvirat über den kargen Böden der Langenalpe. Und ringsherum führt eine Höhenwanderung, die zu den Klassikern schlechthin zählt, sodass wir diese Preziose ausgiebig von allen Seiten betrachten und bewundern können. Regelrechte Karawanen sind auf dieser Strecke unterwegs, erzeugen fast ein Flair wie in einer großstädtischen Fußgängerzone – insbesondere auf der Verbindung von der Auronzohütte über den Paternsattel bis zur Drei-Zinnen-Hütte, wo man dann den ultimativen Nordwandblick genießt. Warum bloß so viel Bohei um einen Haufen markant geschichteter, ausgewitterter Steine? Mit nüchterner Geologie kommt man dem Phänomen »Drei Zinnen« wohl kaum bei. Keine Frage, die Formen sind klar und unverwechselbar – kantige Linien im Kontrast zum Kobaltblau des Himmels oder den weißen Wolken, die manchmal auch wie Fahnen dranhängen. Die Wirkung ist…wie soll ich formulieren: erhaben, majestatisch? Ein gewisses Pathos scheint den Zinnen gerecht zu werden, denn in ihrer schaurig-schönen Art schaffen sie es mühelos, jedem Betrachter zu gefallen. Hinzu kommen eine bedeutende Kletterhistorie und vielleicht sogar die sonst eher seltene Möglichkeit, Felsakrobaten aus relativer Nähe in Aktion zu beobachten. Überhaupt sind die Zinnen gleichsam zum Greifen nah, weil ja schon eine breite Straße bis unter ihre Südwände führt. Gäbe es bloß diese Straße nicht, denke ich manchmal, dann würde es hier wesentlich ruhiger und würdevoller zu-

Variante

Wer die Drei-Zinnen-Runde nicht im Sinne eines modernen Konsummenschen abhaken möchte, sollte einen Start drunten am **Fischleinboden** (1454 m) erwägen. In diesem Fall lenkt man seine Schritte zunächst einmal dem Nordabsturz des Einserkofels entgegen, biegt dann ins Altensteiner Tal ab und nähert sich mit zunehmender Spannung über die Bödenalpe dem Toblinger Riedl…

gehen, nicht so konsumorientiert im Sightseeing-Modus. Freilich bleibt es jedem unbenommen, drunten im Fischleintal, im Innerfeldtal oder im Höhlensteintal zu starten und erst einmal an die drei Stunden erwartungsfroh bergauf zu hatschen. Der Erlebniswert gewinnt dabei, so viel sei versprochen. Neulich habe ich die Runde mal wieder stilvoll absolviert, wohlbedacht noch im Morgengrauen vom Basislager der Drei-Zinnen-Hütte aus. Die Stimmungen waren schlicht traumhaft, die Magie war da! Doch nun Schluss mit den philosophischen Ausflügen und rein in die praktische Drei-Zinnen-Runde, so wie sie von den meisten lustig unternommen wird …

Via Paternsattel zur Drei-Zinnen-Hütte Vom **A** **Rifugio Auronzo** begeben wir uns in östlicher Richtung auf den breiten, horizontalen Weg Nr. 101. Schon blicken wir unmittelbar in den Südabsturz der Drei Zinnen – die auf dieser Seite vielleicht nicht ganz so elegant, aber allemal profiliert wirken – und haben gleichzeitig ein Auge auf die Ansammlung filigraner Zacken im Süden: die Cadini di Misurina! Ein obligatorisches Foto ist bei der Alpini-Kapelle fällig, die sich auf halbem Weg

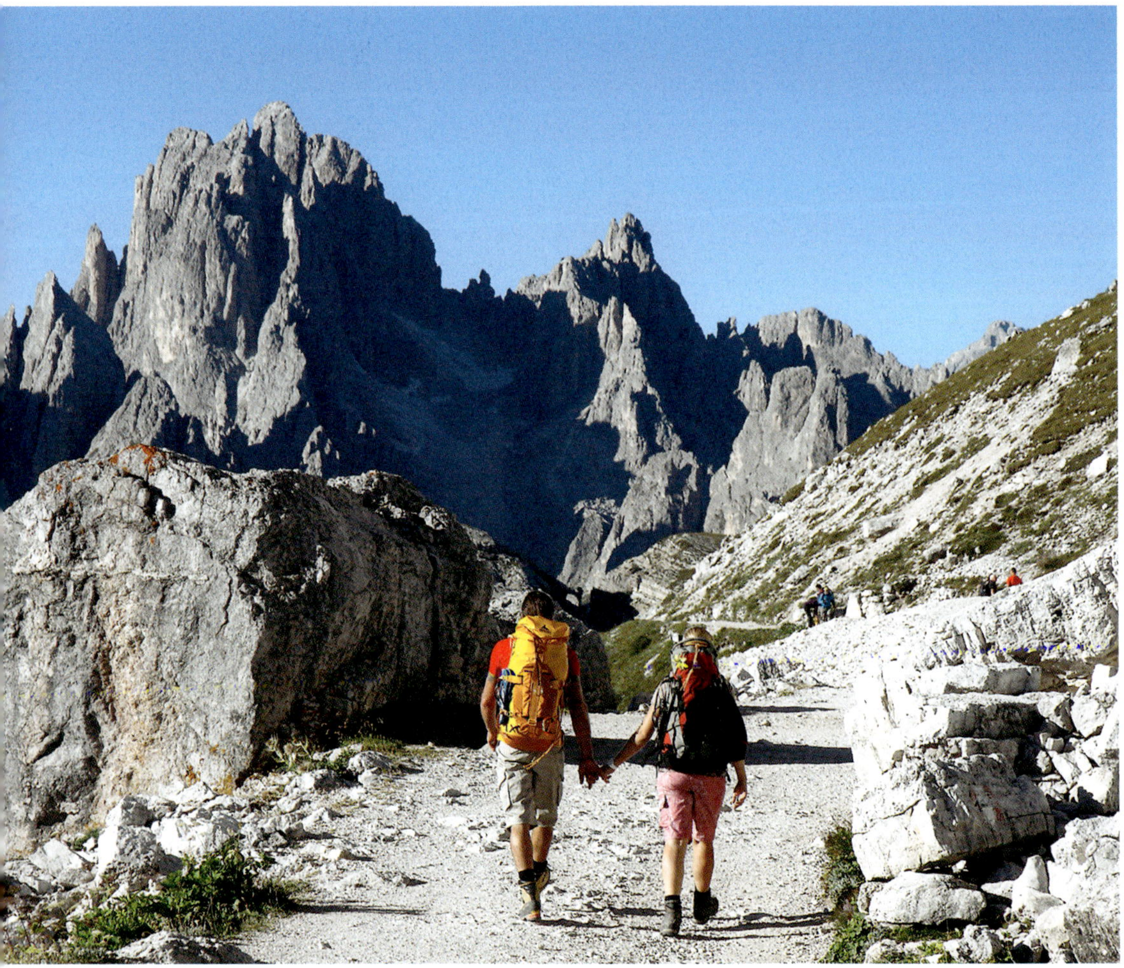

Viel begangen ist die Wanderpromenade zwischen Auronzo- und Lavaredohütte; im Hintergrund die Cadinispitzen.

zum ❶ **Rifugio Lavaredo** (2344 m) befindet. Der dort anknüpfende Schottersteig bringt uns rasch zum ❷ **Paternsattel** (2454 m) hinauf. Die Kleine Zinne mit ihrer »Gelben Kante« ist hier ganz nah, die Schrägperspektive in die Nordwände ein Knalleffekt.

Unterhalb des Paternkofels entlang zieht die breite Trasse weiter Richtung ❸ **Drei-Zinnen-Hütte** (2405 m), welche zuletzt mit einer kleinen Gegensteigung erreicht wird. Ein solcher Standort wie am Toblinger Riedl ist natürlich Gold wert. Die Drei-Zinnen-Hütte befindet sich nicht nur in Idealposition dem großen Schaustück gegenüber, sondern auch am Schnittpunkt etlicher Wege. Freilich sind es nicht nur die Zinnen selbst, die uns hier in Bann ziehen. Auch das formschöne Felshorn des Paternkofels macht daneben eine gute Figur. Nordwärts imponiert die Dreischustergruppe und aus der Ferne grüßen Cristallo und Hohe Gaisl herüber.

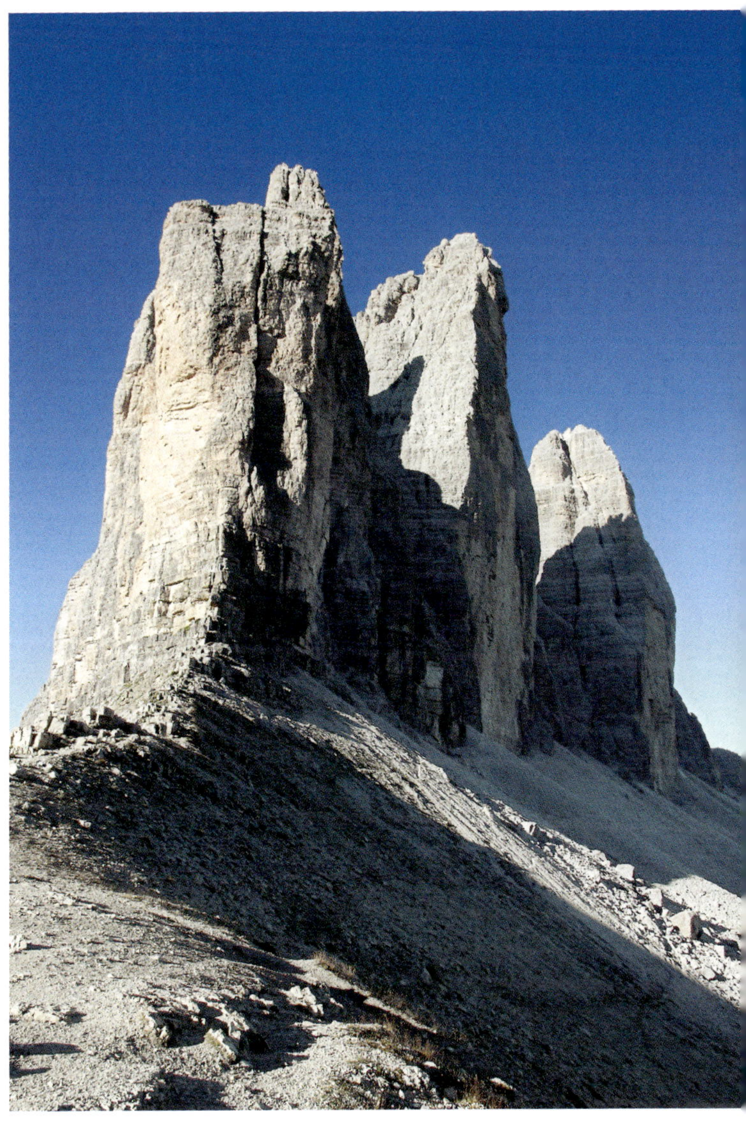

Am Paternsattel ergibt sich eine erste Schrägperspektive in die berühmten Nordwände der Drei Zinnen.

Über die Forcella del Col di Mezzo

Die Fortsetzung führt nun über das dem Dreigestirn unmittelbar vorgelagerte Plateau der Langenalpe. Dazu müssen wir mit Nr. 105 zunächst 200 Höhenmeter bis zum Rienzboden absteigen und von dort einen leichten Gegenanstieg schräg nach rechts einleiten. In der leicht kupierten Landschaft ist der Col Forcellina (2232 m) kaum ausgeprägt. Dahinter erscheint in der Nähe einiger Seeaugen die Sennhütte »Lange Alm«, die auch ein Jausenangebot bereithält. Interessant, wie sich die Perspektive auf unsere steinerne Dreifaltigkeit ständig verändert. Über einen kleinen Rücken hinweg gelangen wir zur Traverse eines sandigen Hanges und damit in die ❹ **Forcella del Col di Mezzo** (2315 m). Hier tauchen wieder die Cadini und rechts davon der Cristallo in voller Größe auf, während der zerklüftete Rautkofel im Norden aus dem Blickfeld verschwindet. Am oberen Rand der Piani de Longéres querend, schließen wir die Runde zu den Großparkplätzen beim Ⓔ **Rifugio Auronzo**, die sich im Laufe des Vormittags immer mehr füllen.

Sextener Hüttenrunde

Die Glanzlichter über dem Fischleintal

mittel 16 km 1170 m 6.45 Std.

Tourencharakter
Gut ausgebaute Bergwege mit steinigen Strecken, aber ohne besondere Hürden. Elementare Trittsicherheit und im Rahmen einer Tagestour Ausdauer nötig.

Ausgangspunkt
Parkplatz Fischleinboden (1454 m); Zufahrt von Sexten bis zum Ende der öffentlichen Straße im Fischleintal (großer, gebührenpflichtiger Parkplatz)

Öffentliche Verkehrsmittel
Buslinie von Toblach über Sexten bis zum Fischleinboden

Höchster Punkt
Büllelejochhütte (2528 m)

Gehzeiten
Fischleinboden – Zsigmondyhütte 2½ Std. – Büllelejochhütte 1 Std. – Drei-Zinnen-Hütte 1 Std. – Fischleinboden 2¼ Std.; insgesamt 6¾ Std.

Aufstieg/Abstieg
Bis Zsigmondyhütte 770 Hm Aufstieg, Übergang zur Drei-Zinnen-Hütte ca. 400 Hm, insgesamt 1170 Hm

Beste Jahreszeit
Ende Juni bis Anfang Oktober

Hütten/Einkehr
Talschlusshütte (Tel. 0474/71 06 06), Zsigmondy-Comici-Hütte (Tel. 0474/71 03 58), Büllelejochhütte (Tel. 337/45 15 17), Drei-Zinnen-Hütte (Tel. 0474/97 20 02)

Karte
Tabacco, 1:25 000, Blatt 010 »Sextener Dolomiten« oder 017 »Dolomiti di Auronzo e del Comelico«

Hütten fungieren seit eh und je als bevorzugte Anlaufpunkte im Gebirge. Wenn sie dann noch so attraktive Kulissen und gut angelegte Verbindungswege besitzen wie im Herzen der Sextener Dolomiten, sind die Zutaten für einen echten Wanderklassiker vorhanden. Von dieser Runde über dem Fischleintal kann man sich nur begeistert zeigen.

Fast ein Sextener »Best of« Über insgesamt vier Schutzhäuser führt diese Stafette! Die Talschlusshütte ist dabei eher noch als talnahes Ausflugsziel zu werten, während die anderen drei eine eindeutig alpine Ausrichtung vorweisen. Es sind freilich kapitale Hochgebirgsbilder, wenn man die Zsigmondyhütte vor der Nordwand des Zwölfers sieht oder die Drei-Zinnen-Hütte mit ihrem Pendant! Und ein ganz schön strammer Marsch ist es auch, sodass man sich am Ende körperlich wie mental voll erfüllt fühlen wird …

Zwischen Zwölfer und Drei Zinnen Zu Beginn der Tour zieht sich ein breiter Weg kaum merklich ansteigend ins Ⓐ **Fischleintal** hinein. Die urge-

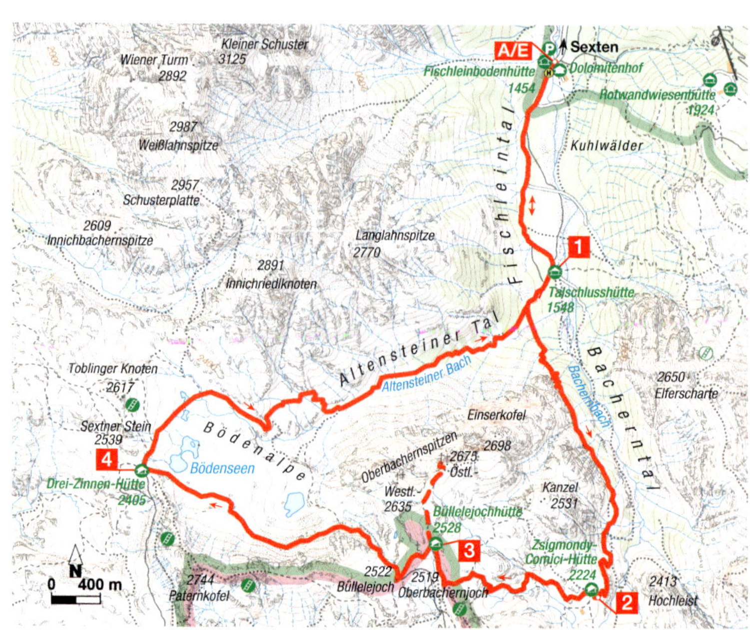

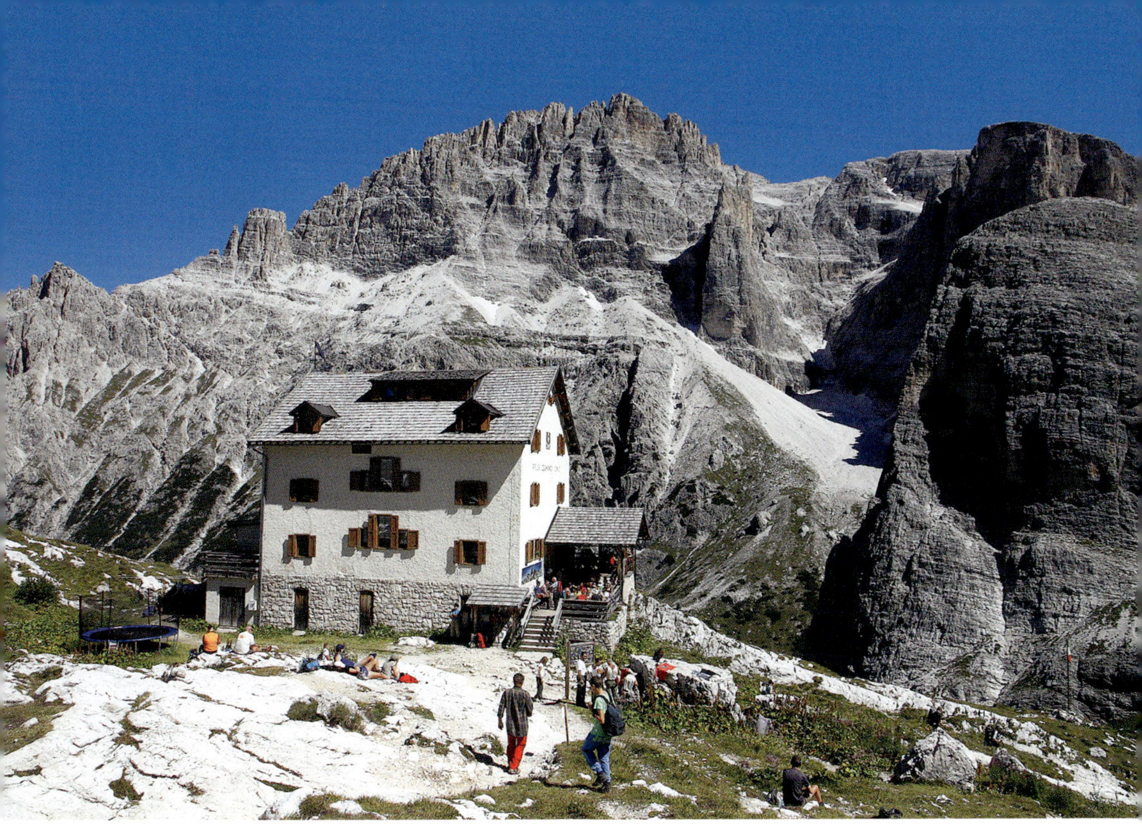

Bei der Zsigmondyhütte gewinnen wir instruktive Einblicke in das Elfermassiv und den Verlauf des Alpinisteiges.

waltige Felskulisse, beherrscht durch den Einser, rückt näher und lässt die Spannung steigen. Hinter der 1 Talschlusshütte (1548 m) verzweigt sich die Route. Während es rechts zur Drei-Zinnen-Hütte (Nr. 102) ginge, folgen wir linker Hand Nr. 103 Richtung Zsigmondyhütte. Die ehemalige Wegführung in den Geröllfluren

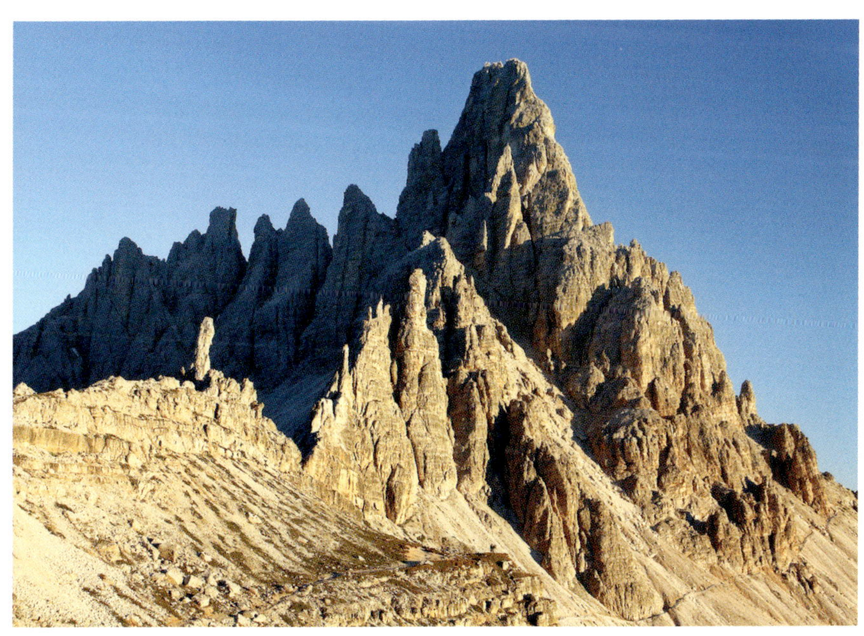

Bei der Drei-Zinnen-Hütte besticht das markante Profil des Paternkofels im Abendlicht.

Gipfeltour

Ein lohnender Gipfelabstecher führt von der Büllelejochhütte über die harmlose Südabdachung auf die **Oberbachernspitze** (2675 m), wo uns der lotrechte nordseitige Abbruch verblüfft. Das Extra verlangt hin und zurück etwa 1 Std.

am Fuße des Einsers wurde verschüttet, als am 12. Oktober 2007 ca. 60 000 Kubikmeter Fels herabdonnerten, und musste ein gutes Stück verlegt werden. Über eine Reihe von Serpentinen nähern wir uns der Felswand und wandern auf der Ostseite hoch über dem Einschnitt des Bacherntals schräg aufwärts. Die Trasse wird holpriger, bleibt aber gut ausgebaut, schaltet einige Kehren dazwischen und steuert schließlich im Angesicht des vorspringenden Felsbugs der Hochleist sowie des überragenden Zwölferkofels die Hangterrasse mit der ❷ Zsigmondy-Comici-Hütte (2224 m) an. Wunderbare Einblicke gewährt auch die gesamte Front der Elfergruppe. Das schütter begrünte, gen Westen wellig ansteigende Gelände trägt jetzt unseren Weiterweg (Nr. 101). Dabei weicht man allen steileren Riegeln geschickt aus und gelangt so mit einigen Schleifen mäßig steil ins Oberbachernjoch (2519 m) hinauf. Dort trennt uns nur noch eine kurze Aufwärtstraverse über ein Band von der winzigen ❸ Büllelejochhütte (2528 m), die an schönen Tagen beinahe überrannt wird. Auch das eigentliche Büllelejoch (2522 m) ist auf einer kammnahen Traverse rasch erreicht. Wir folgen dort dem Weg Nr. 101 in den nordseitigen Karschlauch und verlieren rund 200 Höhenmeter, um an einem Felssporn vorbeizukommen. Eine gutmütige Spur durchquert anschließend

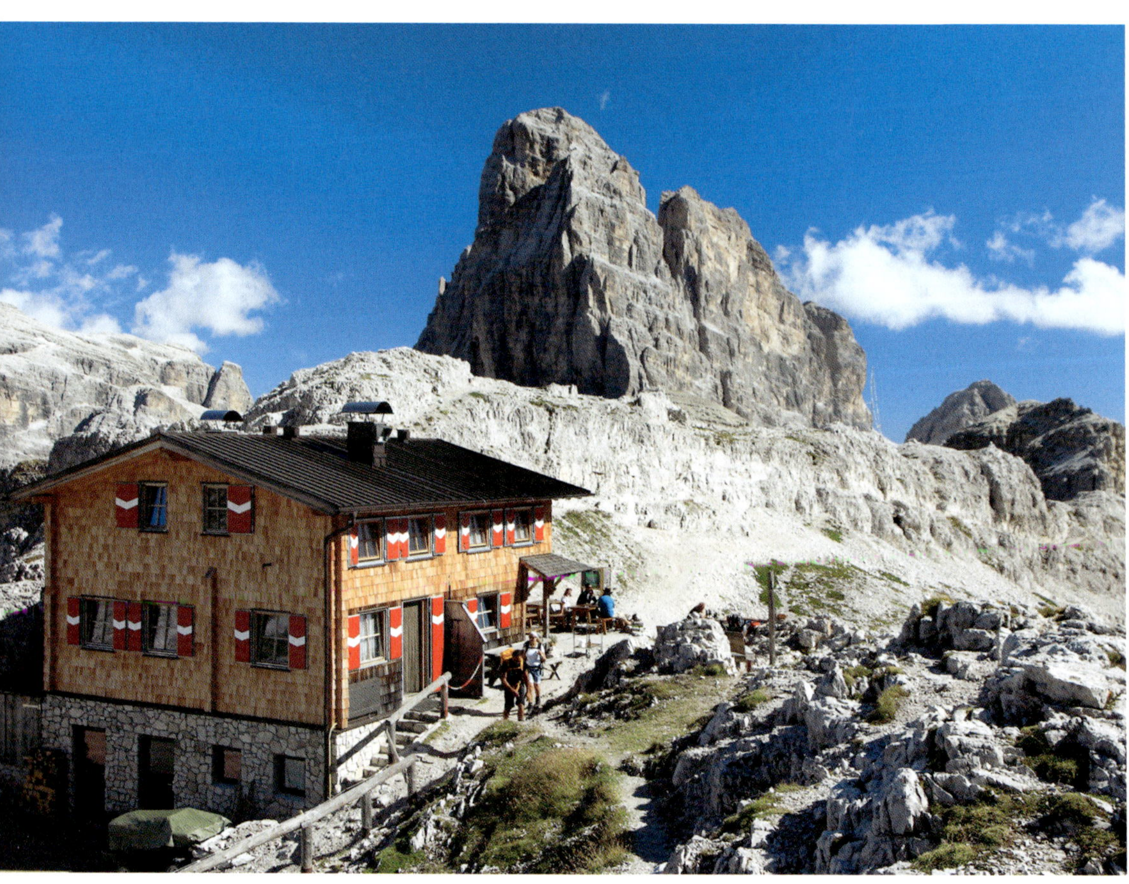

Starke Kulisse: die Büllelejochhütte vor dem Zwölfer

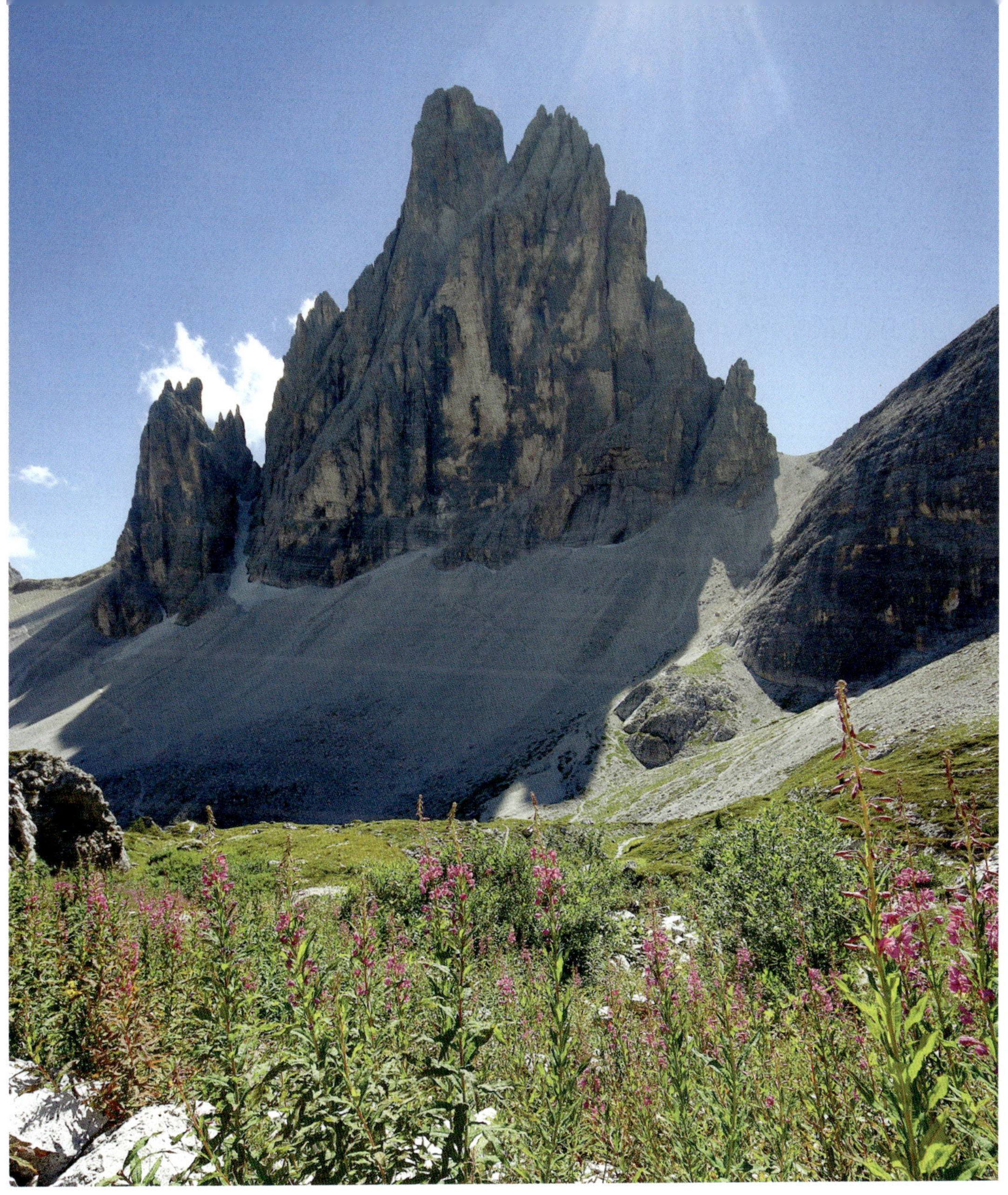

die Schuttreißen oberhalb der Bödenalpe sowie die Blocklandschaft am Fuße des Paternkofels und steigt bis zur ❹ Drei-Zinnen-Hütte (2405 m) am Toblinger Riedl wieder etwas an.

Jetzt erhaschen wir also auch noch den Galablick in die Zinnen-Nordwände – diese Tour spart nicht an Höhepunkten. So wird man schließlich rundum zufrieden den Rückweg antreten: mit Nr. 102 auf die sanfte Terrasse der Bödenseen (die rechts bleiben), unter den Abstürzen des Innichriedlknotens über eine Geländeschwelle ins Altensteiner Tal hinab und in der Latschenzone links vom Bach noch weit, aber nur mäßig steil abwärts. Am Auslauf kommt man wieder zur ❶ Talschlusshütte und bummelt die finalen zwei Kilometer hinaus zum Ⓔ Fischleinboden.

Der wuchtige Zwölfer ist auf dieser Tour immer wieder dominant.

Der Alpinisteig

Der fulminante Bänderweg am Elfermassiv

schwer 15 km 1400 m 8.15 Std.

Tourencharakter
Hochalpine Tour mit wiederholten Klettersteigpassagen (A bis B), dabei teils sehr ausgesetzter Verlauf auf Bändern. Absolute Schwindelfreiheit und Trittsicherheit Voraussetzung, Klettersteigausrüstung samt Helm anzuraten. Nur bei stabilem Wetter und günstigen Verhältnissen (die Nordtraverse zwischen Elfer- und Sentinellascharte ist bei Schnee oder Vereisung sehr kritisch!). Übernachtung ratsam.

Ausgangspunkt
Parkplatz Fischleinboden (1454 m); Zufahrt von Sexten bis zum Ende der öffentlichen Straße im Fischleintal (großer, gebührenpflichtiger Parkplatz)

Öffentliche Verkehrsmittel
Buslinie von Toblach über Sexten bis zum Fischleinboden

Höchster Punkt
Je nach Ablauf Sentinellascharte (2717 m) oder bei der Elferscharte (2650 m)

Gehzeiten
Fischleinboden – Zsigmondyhütte 2½ Std. – Einstieg Salvezzaband 1 Std. – Elferscharte 1¾ Std. – Sentinellascharte ¾ Std. – Fischleinboden 2¼ Std.; insgesamt 8 ¼ Std., bei Ausstieg Elferscharte 7¼ Std.

Aufstieg/Abstieg
Zustieg zur Zsigmondyhütte 770 Hm Aufstieg, insgesamt ca. 1400 Hm

Beste Jahreszeit
Anfang Juli bis Ende September

Hütten/Einkehr
Talschlusshütte (Tel. 0474/71 06 06), Zsigmondy-Comici-Hütte (Tel. 0474/71 03 58)

Karte
Tabacco, 1:25 000, Blatt 010 »Sextener Dolomiten« oder 017 »Dolomiti di Auronzo e del Comelico«

»Strada degli Alpini« nennen die italienischen Bergfreunde die atemberaubende Route durch die Steilflanken des Elfers im östlichen Teil der Sextener Dolomiten. Eine Straße im herkömmlichen Sinn darf man zwar beileibe nicht erwarten, doch wie kühn und dennoch komfortabel die Soldaten hier während des Ersten Weltkrieges trassiert haben, ist schon bemerkenswert. Für viele geht mit Beschreiten dieser originellen Linie – halb Höhenweg, halb Klettersteig – eine absolute Traumtour in Erfüllung!

Ein Höhensteig der Extraklasse Wie zahlreiche interessante Routen in den Dolomiten gründet sich der Alpinisteig also auf eine grausige Episode der Geschichte. Zwischen 1915 und 1917 verlief die Front ja mitten durch das Reich der »Bleichen Berge«, vom Karnischen Hauptkamm über die Sextener Dolomiten, Cristallo und Tofane, weiter über Lagazuoi und Col di Lana in die Marmoladagruppe und schließlich Richtung Lagoraikette. Wir sind im Rahmen dieses Buches des Öfteren darauf gestoßen. Vielen der damals angelegten Front- und Nachschubwege wurde später eine touristische Funktion zugewiesen, die sie wohl auf lange Sicht tadellos

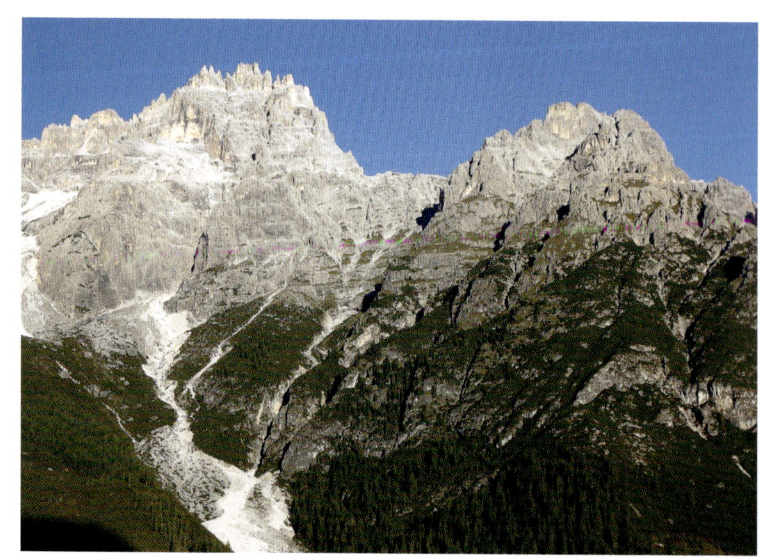

erfüllen werden. Denn ihre oft spektakulären Routenverläufe sind so recht geeignet für ein spannendes Wandererlebnis. Am Alpinisteig ganz besonders, handelt es sich doch schon um einen ausgewachsenen Klettersteig, der eine gute Portion Bergerfahrung voraussetzt und dafür reichlich Nervenkitzel verspricht. Die von den italienischen Soldaten im Ersten Weltkrieg ausgesprengten und später gesicherten Bänder erlauben ein günstiges Vorankommen in nicht selten prickelnder Ausgesetztheit.

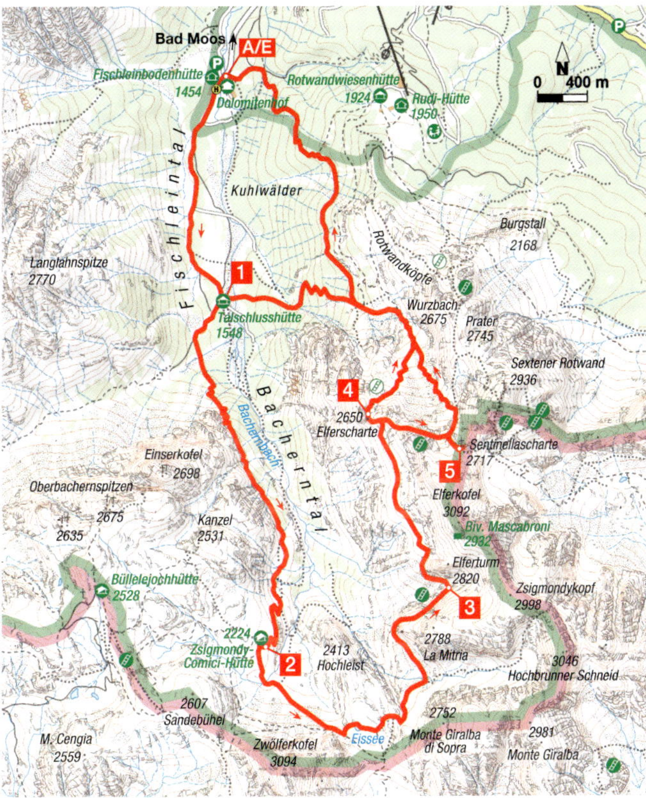

Zustieg aus dem Fischleintal Als Warmlaufprogramm dient der Aufstieg zur Zsigmondyhütte, so wie im vorherigen Kapitel bereits beschrieben. Man wandert also ins Ⓐ **Fischleintal** einwärts, orientiert sich bei der Verzweigung hinter der ❶ **Talschlusshütte** (1548 m) am Weg Nr. 103 nach links und steigt unter den Wänden des Einsers, die das Bacherntal flankieren, zum Basislager der ❷ **Zsigmondy-Comici-Hütte** (2224 m) auf. Die Umgebung zu Füßen des zyklopenhaften Zwölfers kann sich zur Einstimmung mehr als sehen lassen. Und der Blick in die von der Abendsonne beschienene Westflanke des Elfers offenbart uns bereits instruktiv den Wegverlauf des Alpinisteigs. Ist man hingegen am Morgen zu einer Tagestour aufgebrochen, wirken die Felsen noch düster und abweisend. Durch die Schuttreißen des Zwölfers halten wir auf das Giralbajoch zu, drehen aber ein Stück weit vorher mit Nr. 101 links ab, um die Schwelle des Hochleiströckens (dessen Nordkante wie ein Schiffsbug das Bacherntal prägt) zu überschreiten. Vor dem Karwinkel des Inneren Lochs schlagen wir einen ausgeprägten Linksbogen und nähern uns damit dem ❸ **Einstieg in den Alpinisteig**. Nun wird's ernst – das Klettersteiggeschirr wird angelegt, und der Helm wandert auf den Kopf!

Die traumhafte Bändertraverse Am Sockel der Spada betreten wir das legendäre Salvezzaband, das um mehrere Ecken biegt und bald darauf im sogenannten »Busento« verschwindet. Aus dieser tiefen, düsteren Felsnische werden gewöhnlich die ausdrucksstärksten Fotos geschossen, typische Schattenrissmotive mit Bergsteigern am überdachten Felsband. Danach zieht das horizontale, mitunter kurz abgestufte Band in die Rinne des Äußeren Lochs, wo oft ein Schneefeld überdauert. Das Drahtseil geleitet uns normalerweise sicher auf die andere Seite. Dort führt das Band weiter um die nächste Kante und löst sich zunehmend in einer breiteren Schuttterrasse

Linke Seite: Dreischusterspitze und Gsellknoten ragen jenseits des Fischleintals auf.

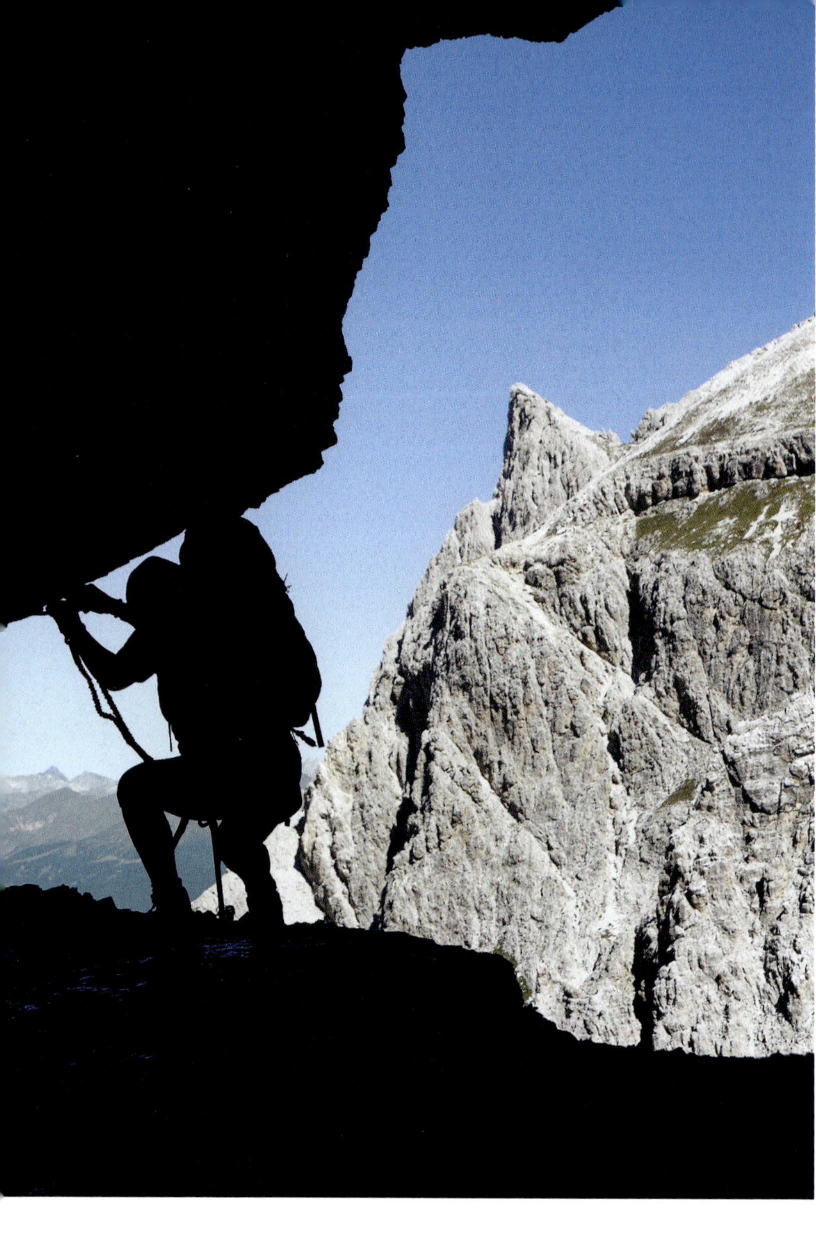

Angesichts solcher Szenerien verwundert es nicht, dass der Alpinisteig zu den begehrtesten Höhenwegen weit und breit gehört.

auf. In der Westflanke des Elfers werden jetzt nach und nach einige Höhenmeter gewonnen, bis man plötzlich an der Kanzel unweit der ❹ **Elferscharte** (ca. 2650 m) steht. Ein ausgiebiger Blick in die Runde beweist: Die Umrahmung des Fischleintals gehört unbestritten zu den landschaftlichen Highlights der Dolomiten.

Nicht nur das persönliche bergsteigerische Können, sondern auch die herrschenden Verhältnisse geben den Ausschlag, ob wir uns die schärfere Fortsetzung des Alpinisteigs Richtung Sentinellascharte zutrauen dürfen. Das Gelände wird nun inmitten nordseitiger Steilabbrüche grimmiger und neigt zu häufiger Vereisung. In solch einem Fall sollte man die Abstiegsmöglichkeit von der Elferscharte ins Anderteralpenkar wahrnehmen. Man zweigt dann links ab, schlüpft durch die Lücke und folgt dem anfangs noch mit Drahtseilen versehenen Zickzackkurs durch eine steile Rinne, die unten gutmütig ausläuft.

Für Geübte bis zur Sentinellascharte Sind eigene Verfassung und Bedingungen hingegen optimal, steht jetzt der alpinistisch anregendste Teil bevor. Mit zahlreichen Klettersteigpassagen auf luftigen Bändern, durch enge Verschneidungen und über Wandstufen geht es auf- und absteigend durch die schattige Felsflanke. Kurz vor der ❺ **Sentinellascharte** (2717 m) – die man rasch noch erklimmen wird, um einen Blick in den jenseitigen Vallon Popera zu werfen – weist uns eine Abzweigung das endgültige Bergab. Allerdings sind die Schwierigkeiten noch nicht vorbei, denn bevor wir die Schuttfelder im oberen Anderteralpenkar betreten, ist zuerst eine längere gesicherte Passage im Steilfels zu meistern. Auf Steig- und Rutschspuren lassen wir es durchs Geröll abwärtslaufen, nehmen bei P. 2212 die Abkürzung auf und haben weiter unten im Kar zwei Möglichkeiten: entweder direkt hinab zur Talschlusshütte oder etwas angenehmer auf Weg Nr. 124 nach rechts. Die Hangtraverse führt in den Wald, verliert dort in Kehren später deutlich an Höhe und kommt aus der Berglehne unmittelbar gegenüber dem Parkplatz am E **Fischleinboden** heraus. Ein Blick zurück auf die Felsmonumente der »Sextener Sonnenuhr« – fürwahr gewaltig und mit den Erlebnissen am Alpinisteig im Rucksack noch mal so schön!

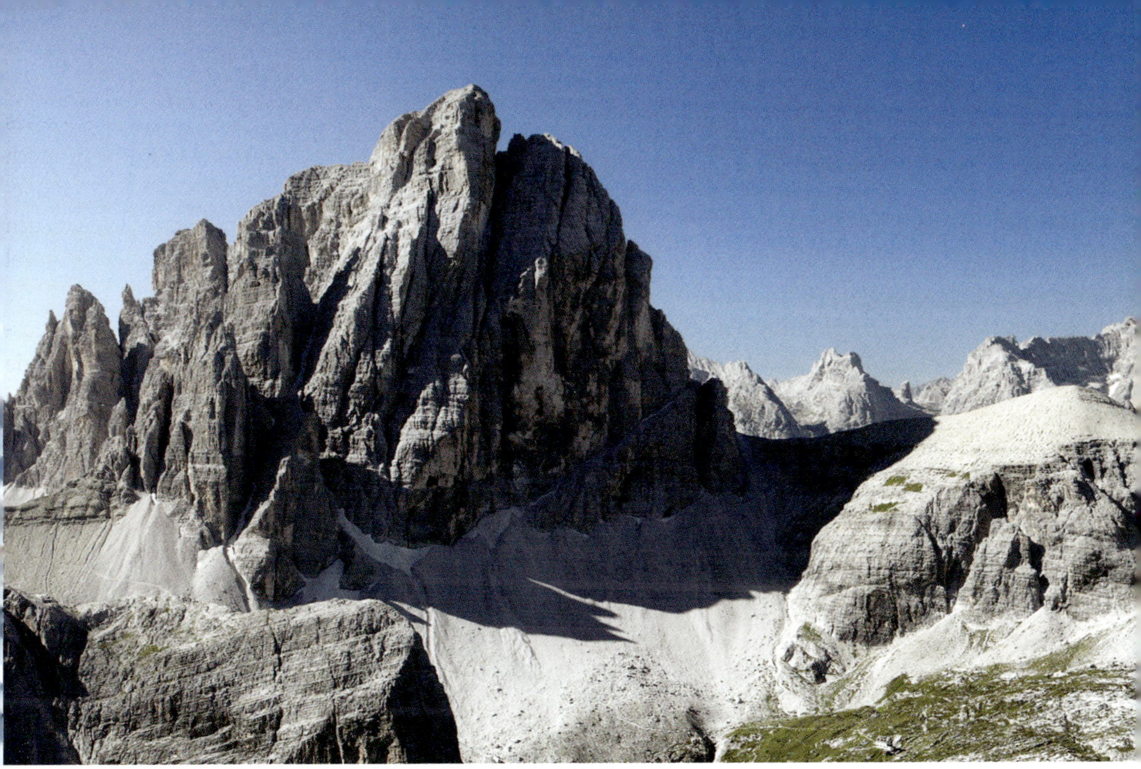

Eines der großen Schaustücke in den Sextener Dolomiten: der Zwölferkofel

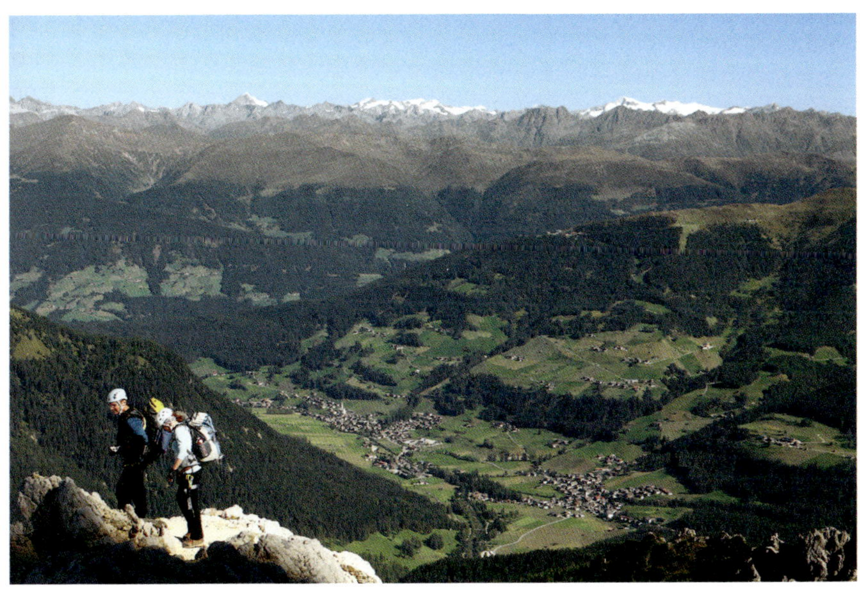

Aussichtskanzel hoch über Sexten; die Schau reicht bis zum Alpenhauptkamm.

Burgstall-Höhenweg

Zu Füßen der Sextener Rotwand

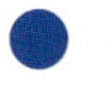 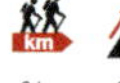 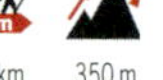 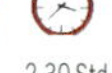

leicht 6 km 350 m 2.30 Std.

Tourencharakter
Leichte, wenig anstrengende Halbtageswanderung mit einigen Schotterabschnitten

Ausgangspunkt
Bergstation der Rotwandbahn (1920 m) von Bad Moos; Zufahrt über Sexten ins Fischleintal. Betriebszeiten von Anfang Juni bis Mitte Oktober (8.30 bis 17.30 Uhr)

Endpunkt
Kreuzbergpass (1636 m), Straßenpass zwischen Sextental und Comelico

Öffentliche Verkehrsmittel
Eine Buslinie verbindet Sexten sowohl mit dem Fischleintal als auch mit dem Kreuzbergpass.

Höchster Punkt
Gut 2200 m am Burgstall

Gehzeiten
Rotwandwiesen – Burgstall 1 Std. – Kreuzbergpass 1½ Std.; insgesamt 2½ Std.

Aufstieg/Abstieg
350 Hm Aufstieg, 630 Hm Abstieg

Beste Jahreszeit
Mitte Juni bis Mitte Oktober

Hütten/Einkehr
Rotwandwiesenhütte (Tel. 0474/71 06 51); Rudihütte (Tel. 0474/71 00 63), Hotel Kreuzbergpass

Karte
Tabacco, 1:25 000, Blatt 010 »Sextener Dolomiten« oder 017 »Dolomiti di Auronzo e del Comelico«

Nach dem spektakulären Alpinisteig im vorigen Kapitel lassen wir diesen Band auf der anderen Seite der Sextener Rotwand mit einer beschaulichen Tour ausklingen. Sie steht ebenfalls im Zeichen wuchtiger Felsmassen, wirkt aber nicht so gefangen von diesen und bietet auch eine offene Schau auf den westlichen Karnischen Hauptkamm.

Eine Tour für Genießer Die Rotwandwiesen gelten als liebliches Kleinod im Vorfeld der großen Sextener Felsmassive, genauer gesagt der Rotwand, die im Verein der »Sextener Sonnenuhr« als Zehner fungiert. Da man bequem mit der Seilbahn hinaufgelangt, sind sie ein viel besuchtes Ausflugsziel und Ausgangspunkt für eine Reihe lohnender Wanderungen und Bergtouren. Besonders schöne Eindrücke verspricht der Höhenweg am Sockel der Rotwand und ihrer Trabanten. Das steile Gemäuer kontrastiert auffällig zum sanfteren Kammzug auf der gegenüberliegenden Talseite. Im Bereich des Burgstalls gibt es zwei Varianten – man sollte freilich die 200 Höhenmeter Mehraufwand über die tolle Felsenkanzel nicht scheuen. Die Tour ist ohnehin nur ein gemütliches Halbtagesprogramm.

Von den Rotwandwiesen zum Kreuzbergpass Nachdem uns die Ⓐ **Seilbahn** bequem in die Höhe gebracht hat, geht es an der **Rudihütte** (1954 m) vorbei südwärts über die Rotwandwiesen bergan, einen Skilift zur Linken. Im Frühsommer blüht es hier ausgiebig. Unser Weg dreht

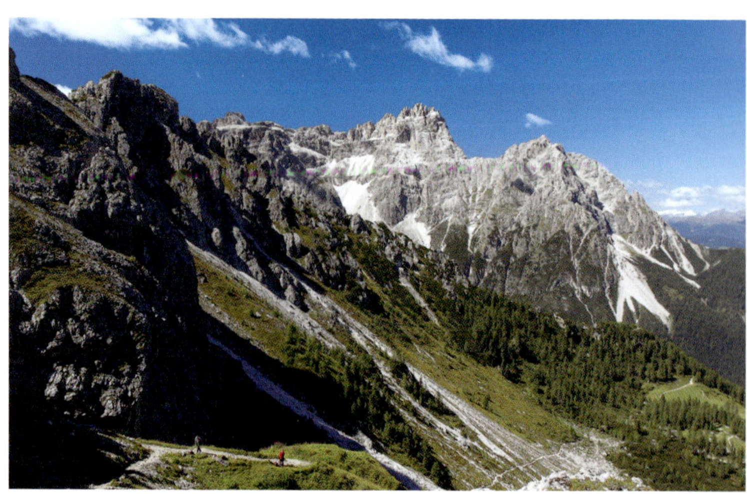

Der Burgstall erweist sich als perfekter Logenplatz; besonders eindrucksvoll zeigt sich die Dreischusterspitze.

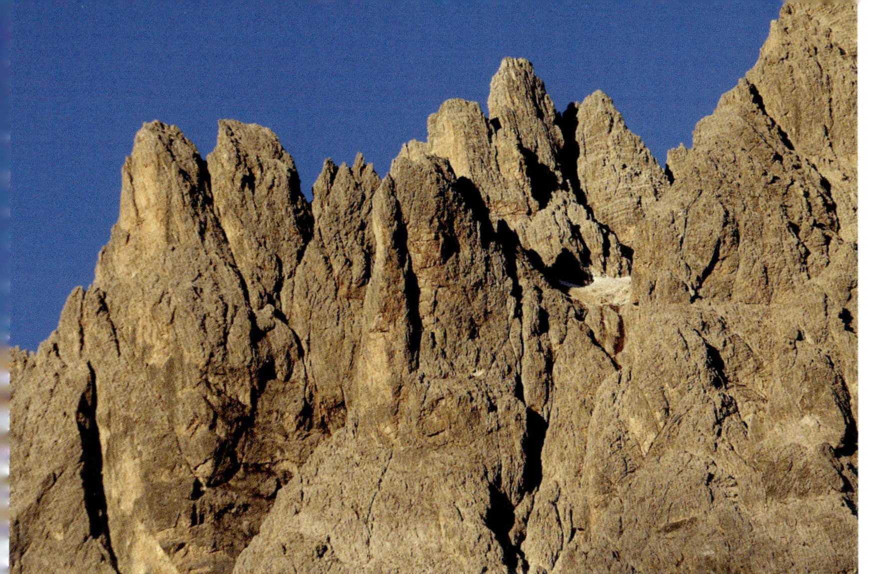

Die Felsenwelt an der Sextener Rotwand zieht wohl jeden in ihren Bann.

leicht links ein und gabelt sich in Kürze. Wer nun weiterhin Nr. 15A folgt, umgeht die vorspringende Nase des Burgstalls (2168 m) ohne wesentliche Höhenunterschiede an ihrem Sockel. Obwohl man dabei oberhalb der Waldgrenze bleibt, vermittelt die Überschreitung der Kanzel ein Plus an Erlebniswert. Auf Weg Nr. 15B wandert man im Schräganstieg zu jenem Sattel, wo der ❶ **Burgstall** mit dem Hauptmassiv verbunden ist, und unternimmt noch ein paar Schritte links hinauf zum schönsten Rastpunkt. Dahinter queren wir die Schotterhalden und verlieren vorerst nur leicht an Höhe, ehe eine mächtige Reiße zu deutlichem Bergab zwingt. Beide Alternativen kommen damit wieder zusammen. Nach Kreuzen des Schuttstroms geht es in leichtem Auf und Ab weiter unter den Abstürzen der Sextener Rotwand sowie des Neuners entlang nach Osten, bis man sich etwa in Falllinie des Arzalpenkopfes befindet. Mit dem Hinweis »Kreuzbergpass« linker Hand durch Lärchenwäldchen sachte abwärts, noch über eine Geländeschwelle hinweg zu einem Skilift und vollends hinab zur Ⓔ **Kreuzberg-Passstraße**. Rechts bei der Passhöhe hält der Linienbus, mit dem man zurück nach Bad Moos fährt.

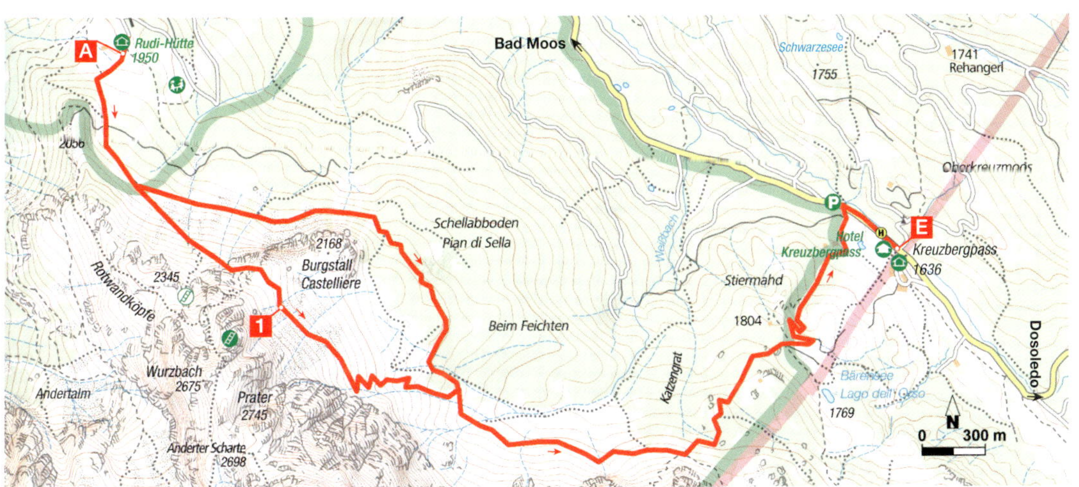

Alle Touren auf einen Blick

Dolomiten West												
1	🔴	Über Plose und Gabler	6.00	17	800/800	•		•	•	•	•	
2	⚫	Günther-Messner-Steig	7.30	15	1200/1200	•	•	•				
3	🔵	Rund um den Peitlerkofel	4.30	11	580/580	•		•	•	•		
4	🔵	Villnösser Sunnseitenweg	3.00	10	570/300	•			•	•		
5	🔴	Am Fuß der Geislerspitzen	5.45	15	950/950	•			•	•		
6	🔴	Von der Raschötz zum Pic	6.15	14	750/1580	•		•	•	•	•	
7	🔴	Rund ums Langental	7.30	17	1100/1650	•		•		•		
8	🔵	Kolfuschger Höhenweg	2.00	5	100/550	•			•	•		
9	⚫	Die Sella-Überschreitung	5.45	10	1000/880	•	•	•		•		
10	🔵	Puflatsch-Runde	2.30	6	350/350	•		•	•	•	•	
11	🔴	Über die Seiser Alm	6.30	19	1100/1100	•		•	•	•	•	
12	🔴	Hammerwand	6.00	10	1200/1200	•		•		•		
13	🔵	Zur Hanicker Schwaige	3.30	9	350/950	•			•	•		
14	🔴	Rundtour im Rosengarten	5.00	10	700/700	•			•	•	•	
15	⚫	Höhenweg am Latemarkamm	7.15	13	1350/1000	•		•		•	•	
16	🔵	Friedrich-August-Weg	5.30	17	300/1270	•			•	•	•	
17	🔵	Der Bindelweg	2.30	6	200/530	•		•	•	•	•	
18	🔴	Von Buffaure zum Passo di San Nicolò	5.00	12	750/970	•		•	•	•	•	
19	⚫	Alta Via Bruno Federspiel	6.45	11	1300/1300	•	•	•		•		
20	⚫	Sentiero delle Farangole	6.45	14	1000/1670	•	•	•		•	•	

21	●	Giro della Pala di San Martino	5.15	11	700/700	•		•		•	•	
22	●	Entlang der Pala-Südkette	7.30	16	1150/1430	•				•		
Dolomiten Ost												
23	●	Rund um die Tamergruppe	8.00	18	1000/1000	•						
24	●	Große Civetta-Rundtour	15.00	30	2570/2570	•		•				•
25	●	Rund um den Monte Pelmo	5.30	12	900/900	•				•		
26	●	Durch die Bosconerogruppe	10.30	20	1620/2670	•	•					•
27	●	Südtraverse des Antelao	8.15	18	1440/1560	•				•		
28	●	Strada Sanmarchi und Sentiero Minazio	14.30	17	2150/2150		•			•		•
29	●	Große Giau-Runde	7.00	16	700/700	•		•				
30	●	Tofana-Höhenwanderung	4.30	10	500/870	•	•			•	•	
31	●	Teriòl Ladin	4.45	11	800/800			•	•			
32	●	Abteier Höhenweg	5.00	15	880/690	•			•	•		
33	●	Über die Pragser Hochalm	6.15	14	1000/1000	•		•	•	•		
34	●	Rund ums Altpragser Tal	13.00	30	2170/2320	•		•		•		•
35	●	Sentiero Ivano Dibona	6.15	9	270/1700	•	•	•		•	•	
36	●	Sentiero Bonacossa	5.00	7	750/950	•	•			•	•	
37	●	Rund um die Drei Zinnen	3.30	8	400/400	•			•	•		
38	●	Sextener Hüttenrunde	6.45	16	1170/1170	•		•		•		
39	●	Der Alpinisteig	8.15	15	1400/1400	•	•			•		•
40	●	Burgstall-Höhenweg	2.30	6	350/630	•			•	•	•	

Piktogramme erleichtern den Überblick

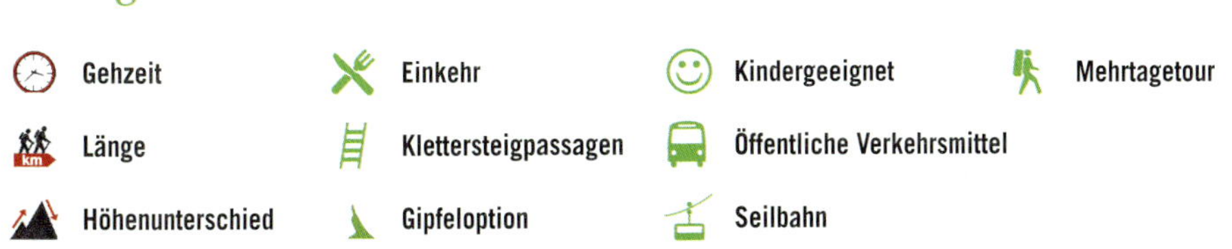

Register

Impressum

Verantwortlich: Stefanie Krüger
Lektorat/Layout: Andreas Kubin
Repro: Cromika
Kartografie: Bruckmann Verlag GmbH, Heidi Schmalfuß
Herstellung: Alexander Knoll
Printed in Slovenia by Florjancic

Sind Sie mit diesem Titel zufrieden? Dann würden wir uns über Ihre Weiterempfehlung freuen.
Erzählen Sie es im Freundeskreis, berichten Sie Ihrem Buchhändler, oder bewerten Sie bei Onlinekauf.
Und wenn Sie Kritik, Korrekturen, Aktualisierungen haben, freuen wir uns über Ihre Nachricht an Bruckmann Verlag, Postfach 40 02 09, D-80702 München oder per E-Mail an lektorat@verlagshaus.de.

Unser komplettes Programm finden Sie unter 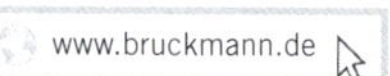

Alle Angaben dieses Werkes wurden vom Autor sorgfältig recherchiert und auf den neuesten Stand gebracht sowie vom Verlag geprüft. Für die Richtigkeit der Angaben kann jedoch keine Haftung übernommen werden, weshalb die Nutzung auf eigene Gefahr erfolgt. Insbesondere bei GPS-Daten können Abweichungen nicht ausgeschlossen werden.

Autorenempfehlung
Sie sind auf der Suche nach weiterführender Literatur? Dann empfehle ich Ihnen mein Buch »Hüttentreks Ostalpen – Südtirol und Trentino«. Oder Sie werfen einen Blick in die Zeitschrift »Bergsteiger«; hier werden Sie bestimmt fündig.
Ihr Mark Zahel

Bildnachweis: Alle Bilder im Innenteil und auf dem Umschlag stammen vom Autor.
Umschlagvorderseite: Unterwegs zum Rifugio Coldai in der Civetta
Umschlagrückseite: Die Rosengartengruppe von Westen

Die Deutsche Nationalbibliothek verzeichnet diese Publikation in der Deutschen Nationalbibliografie; detaillierte bibliografische Daten sind im Internet über http://dnb.d-nb.de abrufbar.

Überarbeitete Neuauflage von »Panoramawege Dolomiten«

ISBN 978-3-7343-1239-7